東大闘争と原発事故

廃墟からの問い

折原浩
熊本一規
三宅弘
清水靖久

緑風出版

目次

東大闘争と原発事故——廃墟からの問い

はじめに

廃墟を前にして言葉を失う。二〇一一年三月の東日本大震災を見て、私たちはそのような経験をした。多くの犠牲者を出した地震と津波の恐ろしさ、ややもやした原発事故の重苦しさのなかで、それまで築いてきたものが崩壊するのを感じ、何か間違っていただろうかと問わざるをえなかった。やがて同じような経験をしたことが過去にあるのを思い出した。一九四五年の敗戦もだろうが、一九六八～六九年の大学紛争も廃墟の経験をもたらした。

一九六八～六九年の大学紛争では、学生が大学を占拠し、教員は対応しきれず、機動隊が導入されて、破壊が拡がった。米軍機が墜落炎上した九州大学で、学生との合意が反故にされた日本大学で、安田講堂の攻防に至った東京大学で、日本各地の大学で抗議運動が強まり、廃墟が生じた。その廃墟は、天災の被災地や空襲の焼け跡とは別のものであっても、同じことを問いかけていた。何が間違っていたのだろうか。そこでの経験を問い直すことが、原発事故の問題を考えるのにも欠かせないと思う。

二〇一一年の震災と原発事故は、廃墟の光景を目に焼きつけた。災害が甚大だっただけでなく、福島第一原子力発電所が電源喪失から爆発し、放射性物質をまき散らしたとき、東京電力は撤退も考え、政府は混乱し、学者は説明できず、住民は避難指示もなくさまよった。それまで原子力発電は、過酷事故の危険がないかのような安全神話が広められ、安価神話もつくられ、核廃棄物の最終処分の見込みもないのに、電力業界の宣伝資金によって強力に推進されてきた。政治家も官僚も学者もマス・メディアも、ほとんどは原発推進に協力し、事故の危険を防ぐ機会があったのに、まともに検討しないでやり過ごしてきた。

福島の原発事故は、とくに科学者への不信をかきたてた。事故直後テレビ番組で解説した大学教授たちは、原発を推進してきた利益関係者だったからか、メルトダウンの事実を直視できなかった。東大教授から原子力安全委員長になった班目春樹は、原発は爆発しないと三月十二日に首相に助言して外れ、電源喪失などの過酷事故を想定したら原発はつくれないから割り切ったと三月二十二日に国会で証言したが、六月五日のテレビ番組では、あの時点で水素爆発を予測できた人はそんなに多くいるとは思わないと弁解した。この人たちは、業界や権力と癒着して、開くべき口も開かず、科学者としての判断力さえ鈍らせていたのではないか。そのような科学者の責任が問われたのが大学紛争であり、彼らはそのとき学生だったのに、何を学んだのか、何か忘れないでいたことがあるだろうか。

一九六八〜六九年の大学紛争は、それを闘った学生にとっては大学闘争だった。不当な学生処分や不正経理や大学立法などを批判し、大学当局や教員と交渉し、学生を組織し、他組織の学生と対立し、警察とも対峙するといった運動は、闘いだと思わなければ難しかった。そのようにして闘った学生自身が大学闘争についてもっと語ってほしい。あれは何だったのか、大学が廃墟となった経緯と問題について、廃墟のあとの経過について、十分に明らかにされてこなかった。一九六八〜六九年の各地の大学闘争のうち、東大闘争から考えることを本書は試みる。

東大闘争については、四十年以上たった今日では、かなり歪んだ理解が流布している。あれは青年期の自分探しだったとか、暴力学生による騒動だったとか、革命をめざす政治運動が挫折しただけだとか。さまざまな学生が参加した闘争だから、そのような一面もあっただろう。しかし東大闘争は、それを闘った学生にとっては、不当な学生処分を撤回させる運動だった。文学部や医学部で学生を処分した教員に対して、その不当さを突きつけたが、大学がまともに受けとめなかったことから、責任の追及が激しくなった。学生は最初から暴力的だったのではなく、怒鳴りあうことはあっても、言葉で闘っていた。その武器はチラシと立看板、デモと集会くらいだった。六八年十一月からヘルメットにゲバ棒の装備が広まったが、七〇年以後の党派間の殺しあいや、連合赤軍や反日武装戦線のような唯銃路線や爆弾戦術はなかった。

東大闘争の経過は、いくつかの時期に分けて考えられる。（一）各学部での闘争の分散期：六八年二月の医学部の事件の処分は医学部で、六七年十月の文学部の事件の処分は文学部で、孤立分散的に論争されていた。（二）全学闘争の昂揚期：六八年六月十七日の機動隊導入から、間もなく全学共闘会議（全共闘）が結成され、大河内一男総長の収拾案が一蹴され、全学部に学生ストが拡がった。（三）収拾策との抗争期：六八年十一月四日の加藤一郎総長代行の就任から、大学当局は紛争の収拾をめざしたが、文学部長軟禁事件、学生党派間の乱闘、入試中止問題の混乱、非全共闘系の七学部集会などがあり、学生が激しく抗争した。（四）闘争の後退期：六九年一月十八・十九日の機動隊の力による安田講堂の封鎖解除から、やがて授業が再開されて秩序の復旧が進んだが、学生は抗議し抵抗した。（五）闘争の伝承期、六九年十月に残った文学部で授業が再開されてから、個々人の闘争となるとともに、東大闘争の伝承が試みられた。

東大闘争で学生が問いかけたのは、学生を不当に処分した大学の責任であり、処分する教員と学生との関係だった。七〇年安保改定などの政治問題も革命運動の党派が持ち込んだが、主に議論されたのはその意味での教育問題だった。授業料の不正経理を追及した日大闘争、米軍の基地問題を論争した九大闘争、あるいは六九年春から大学立法粉砕を掲げた各大学闘争とはやや違って（しかし根本的には違わなくて）、学生処分を問題とした東大闘争では、学ぶ者と教える者との関係が最も問われた。そのなかで、大学とは何か、学問とは何かが議論され、業界や官僚らと癒着した科学者のあり方が批判され、やがて「大学解体」や「自己否定」という言葉が紡ぎ出された。それらを通じて東大闘争では何が問われたのか、それを考えることが本書の第一の狙いだ。

東大闘争は、一九六九年一月十八・十九日の安田講堂の攻防で終ったのではない。その廃墟のなかから、これまでの大学や学問は根本的に間違っていたのではないかという問いがふくらんだ。

問題が解決されないまま授業が再開されるなかで、授業再開に抗議する学生が沢山いたし、授業再開を拒否する教員も少数ながら現れた。駒場の教養学部の社会学の助教授だった折原浩は、六九年三月に教授会決定に反して授業再開を拒み、その代りに連続シンポジウムを開いて東大闘争を語りつづけた。教員が授業をしないとは、今日ではとんでもないことかもしれないが、当時も大変なことに違いなかった。闘争の後退局面で何ができるか、そのことを考えて不服従を続けた教員がいたことを伝えたい。それが本書の第二の狙いだ。

大学紛争後の授業再開に一人でも反対して不服従を選んだ学生や教員が、当時は各地にいた。彼ら批判的少数者は、国公立大学の教官なら「造反教官」と呼ばれたが、その態度決定が注目され、自分ならどうするかが議論された。東京都立大学の化学の助教授の高木仁三郎もその一人であり、教授会などで抵抗したが、七三年に辞職し、やがて脱原発の運動を始めた。原発の危険を暴いてきた小出裕章は、東北大学一年生の六九年に東大紛争の映像に息をのんだことをしばしば語っている。そのように大学闘争以来の志を保ちながら、公害防止や脱原発の運動、また情報公開の運動に取り組んだ人たちは少なくない。本書執筆者の熊本一規や三宅弘の例も含めて、今日に至る原発問題との取り組みを大学闘争の延長として明らかにすることが、本書の第三の狙いだ。

ところで、東大闘争から原発や情報公開など現在の問題を考えようとする本書の執筆者は、一九六九年の廃墟だけでなく、一九四五年の廃墟をも重視している。日本が侵略と戦争を続けて敗れ、瓦礫と焼け野原のなかで出直そうとしたとき、何か間違っていた、それなのに間違っていると言えなかったと人々は気づいた。間違っていると思うことには、まっすぐにノーと言うこと。一九四五年の秋に東大法学部の助教授だった丸山眞男はノートにそう記した。その丸山が大日本帝国の神話を分析し指導者の責任を追及したことへの感銘と、その後の東大紛争での丸山の発言や不発言への疑問が、本書の執筆者には長く澱んでいる。丸山らを中心とする戦後思想史のなかで東大闘争を捉え直すことも、その十全な展開は次の著作を期したいが、本書の狙いに含まれている。

本書の執筆者は、今から四十年ほど前、東大闘争の後退期に闘った教員の折原と、学生だった三人からなる。東大闘争を中心部分で担った学生はいないが、新入生として闘った学生が一人、数年後に追体験的に理解した学生が二人いる。そのうち清水は、折原が授業拒否と内部告発を続けたことに感歎し、折原が語った東大闘争の事実に衝撃を受けた。あれはただの暴動だろうと思っていたからだ。四人とも、七三年十一月に設立された東大闘争資料センターに何らかの形でかかわった。その後も東京大学の廃墟を忘れず、公害防止や情報公開の運動を支えるなどしてきたが、二〇一一年の原発事故の廃墟と科学者の姿を目にして、あれは何だったのか論じなければならないと思った。一九四五年の第一の廃墟だけでなく、一九六九年の第二の廃墟から、現在の第三の廃墟を考えたいと思った。

熊本一規は六八年東大入学、東大闘争を経た後、解放連続シンポジウム『闘争と学問』を支え、その後、原発や開発に反対する住民運動に長く取り組んできたが、八七年から明治学院大学の教員もしている。三宅弘は七二年東大入学、同年秋に折原が再開した演習に出席し、東大闘争資料センターの設立に参加し、法学部を卒業して弁護士となり、日本の情報公開制度を開拓してきたが、〇四年から獨協大学法科大学院で教えてもいる。清水靖久は七三年東大入学、七四年春に折原の演習に出席し、終息気味の東大闘争資料センターに加わり、公開自主講座『人間・社会論』を手伝い、日本政治思想史を学んで八四年に九州大学に赴任した。七一年東大入学の灰庭久博が生きていれば、執筆者の中心となっただろうに、社会学の大学院生だった七八年に亡くなったのは今も惜しまれる。

本書の企画は、東大闘争をよく闘った内田雄造を追悼した二〇一二年二月の折原の文章（折原浩のホームページhttp:// hwm5.gyao.ne.jp/hkorihara/ に掲載）に触発されて生まれた。同年四月に集まった四人は、東大闘争から何を受けとめたかを語りあい、それぞれの原点を確認しあった。もし折原が東大にいなかったら、東大闘争の経過と問題提議はもっと埋もれていたのではないか。四十年ほど前に学生だった三人は、そのように想像しながら、東大闘争から出発して原発事故の問題までを考えた。そして四十年余りの歩みを振返って原稿を書くことにし、折原も懇請されて加わった。経験ある年長者にも、当時のことを知らない若い人たちにも、読んでもらえるように書こうとした。

復旧復興や成長戦略が語られても、福島第一原発の廃墟は消えないし、東京大学の廃墟も心に残っている。私たちは何を間違ったのか、廃墟からの問いを忘れないで、たえず問い直しながら考えたい。

（清水靖久）

第1章　授業拒否とその前後——東大闘争へのかかわり

折原浩

はじめに

本書の企画・編集主幹、清水靖久から、授業拒否を焦点に、その前後を含め、東大闘争へのかかわりについて総括を試みるように、依頼された。三・一一以降、原発に荷担して「安全」を説いてきた学者たちのあり方が厳しく問われる一方、危険を察知した地域住民とともに反対運動に携わり、「民衆の科学」「市民の科学」を標榜してきた批判的少数者の生き方が、注目を集めている。後者のルーツを辿ると、一九六八〜六九年全国学園闘争に行き当たる、というので、この企画が立てられ、各人の歩みを振り返りながら「学園闘争とその後」について考えると聞く。

一 「六〇年安保」と教官のデモ

樺美智子さんが亡くなった「一九六〇年安保闘争」では、東大文学部の教官有志も、本郷キャンパスから国会まで、遺影と「虐殺抗議」の横断幕を掲げてデモ行進した。筆者も、教官のこの決起には感激し、（仏文の院生で、連日デモに加わっていた高校以来の）畏友・加藤晴久君とともに、「右翼の襲撃があったら先生方を守ろう」と教官の後尾に付いた。そのように、この時期には、教官と学生・院生との間に連帯感があった。

敗戦後の学生運動は、長らく日本共産党の指導下にあり、やがて日共とは対立する「新左翼」諸党派の乱立を見るが、いずれにせよ政治運動であった。大学は、街頭行動への出撃拠点として、時の自民党政権と背後のアメリカ帝国主義に対立する民主勢力の一角で、教官は敵ではなかった。なるほど、学生自治会がストを打つと、大学当局は責任者を処分した。しかし、「政治の季節」が去って、ある期間経つと、処分は解除されるならわしであった。処分の前には必ず「事情聴取」がおこなわれ、対象行為の確認と処分理由の説明がなされ、被処分者はある程度納得して処分に服した。(注1)「学問の季節」には、日共の指導に忠実な学生組織の民青が、「トイレット・ペーパーを備えよ」と学部当局に要求して、日常生活改良運動を繰り広げ、オルグした学生を組織に温存し、ときには街頭に動員していた。

二　「大管法」と「国大協・自主規制路線」

ところが、「六〇年安保」後の池田勇人政権は、「高度経済成長」路線を敷き、「所得倍増計画」を発表するとともに、「大学が革命戦士の養成に利用されている」と唱え、「大学管理法」（以下「大管法」）の制定に乗り出した。これに、首相と親しい学界長老、中山伊知郎、東畑精一、有沢広巳の三氏が、「そういうやり方では『一般教官』の反撥を招いて逆効果になる。大学関係者が自主的に対処するように仕向けるから、任せてほしい」（趣旨）と「とりなし」に入り、政権はひとまず「大管法」の国会上程を見合わせた。一九六二〜六三年のことで、「国大協・自主規制路線」(以下「国大協路線」)の発端である。(注2)

このとき筆者は、社会学専攻の院生で、将来は研究者として教職に就き、「戦後民主教育」の一端を担おうと志していた。そこで、「大管法」を、自分たちの将来にかかわる問題と受け止め、院生間に議論を呼びかけた。院生室の一角にライブラリーを設け、マルクス主義や左翼の文献ばかりでなく、ドイツ観念論からマックス・ヴェーバーをへてカール・ヤスパースにいたる学問論と大学論、オルテガ・イ・ガセの技術論と(専門科学者=)大衆人論、カール・マンハイムのイデオロギー論など、広く関連文献を集めて、読み合い、議論した。文学部の学生・院生大会で経過を報告すると、当時学生の集会にもよく顔を出していた堀米庸三氏(文学部教授)が、「こういう学生運動もあるのか」と驚かれた由。氏とは一九六四年の「マックス・ヴェーバー生誕百年記念シンポジウム」で再会し、東京・八王子の「セミナー・ハウス」でもなんどかお目にかかり、親しくしていただいたが、一九六九年の「文学部闘争」(注3)では、学部長職にある氏と、真っ向から対立した。「長年の友情を『こんなこと』で絶たれるのは不本意」との葉書をいただいたが、筆者には「こんなこと」とは思えなかったので、いたしかたなかった。

さて、「大管法」と対決し、自分たちの将来を見越して、生活設計に噛み合う運動を組んだ経験は、その後、一脈通じる「青医連」の「卒後研修協約闘争」(注4)を理解し、共感する素地となった。

他方、運動の渦中で、大学教官の生き方に疑問を感ずる機会もあった。というのも、わたしたち院生は、「大管法」にかかわる所見や試案を集めて、「教授会の構成と権限」「学長の選出」「学生処分」「警察力導入」など、問題の項目ごとに一覧表を作り、討論の資料として教官にも提供し、教室単位で連名の反対声明を出そうとした。当時はなお、「学外権力の介入から『学問の自由』『大学の自治』を守れ」というスローガンが効力を保っていたので、署名は順調に、院生、助手、講師、助教授、教授と進んだ。ところが、「虐殺抗議」の国会デモには加わっていた主任教授のところで、暗礁に乗り上げた。「そういうふうに、下から署名を集めてきて、わたしひとりが署名しないとなると、世間に『あ、本郷の社会学科、割れてるな』と思われる。逆に、わたしが最初に署名すると、他の先生方も同じことを考えて、署名せざるをえなくなる。いずれにせよ『内面的な拘束力』がはたらくから、そういう連署の声明はよくない」といって断られた。「問題は、『世間がどう思うか』ではなく、『先生ご自身がどうお考えになるか』です」と、喉元まで出かかったが、「内面的な拘束力」という言葉に引っ掛かって、一瞬たじろいだ。不覚であった。ただ、今後、同じような状況に直面したら、ひるまずに初志を貫こう、と思いなおした。

三　「マックス・ヴェーバー生誕百年記念シンポジウム」

一九六四年は、泥沼化するベトナム戦争への関心をかき消すように、東海道新幹線や首都高速道が開通し、東京オリンピック景気に沸き立っていた。筆者は、「学問の季節」に戻り、一二月の「マックス・ヴェーバー生誕百年記念シンポジウム」(注5)に向けて、事務方と報告の準備に忙殺された。このシンポジウムからは、いろいろ学ぶところがあった。

ひとつには、参加者の顔ぶれと報告や発言の内容から、敗戦後のヴェーバー研究の主流が、社会学から他の領域に移っている実情を知った。東大経済学会とともに共催団体となった東大社会学会は、富永健一氏と筆者のような若手を当てて「責を塞ぐ」ほかはなく、主任教授クラスは、挨拶を述べるにとどまった。他方、報告への準備会では、専門分野を問わず、ヴェーバー研究の最前線にもいる大家が、一様にフランクなのに、びっくりした。「日本のヴェーバー研究は、鶏が餌箱から麩を突つき出して食い散らしているようなもの」という大塚久雄氏の評言と、「ヴェーバーの概念構成と歴史的な構造分析との間には、ギャップがある」という丸山眞男氏の問題提起が、いまでも記憶に残っている。大河内一男総長も出席して、所感を述べた。

そのように、敗戦後近代主義のオピニオン・リーダーが一堂に会するなかで、筆者も最年少の報告者に起用され、いささか気分高揚して、「この思想潮流を引き継いで発展させる一端を担いたい」と思った。ところが、四年後には、その大先達とも対立することになる。

四　教養課程の理念と現実

一九六五年には、アメリカ軍が「北爆」を開始し、日本国内でも反戦の気運が高まっていた。

筆者は、二月に東大教養学部に赴任し、四月からの授業の準備に没頭した。

研究・教育職を志すさい、筆者は、教育を重視し、とりわけ教養課程を「戦後民主教育」の砦とも主戦場とも位置づけていた。その教養学部に就職できたことは、筆者には「天職をえた」ように幸運に思えた。ところが、教養学部の先輩教官は、むしろ研究のほうを重視し、専門学部にたいして「駒場はセカンド・ベスト」と感得している風情だった。

たとえば、こういうことがある。敗戦直後に教養課程が創設されたころには、「戦前・戦中の科学技術者は、視野が狭く、批判力に乏しく、与えられた目的を鵜呑みにして、軍国主義の戦争政策に協力した」という反省があり、「今後は理科生も、広い視野と総合的な判断力を身につけて、戦後復興を担うように」と説かれた。こうした理念にしたがい、理科生にも、教養科目として人文科学と社会科学、それぞれ三科目一二単位（他方、文科生にも、自然科学三科目一二単位）の履修が、義務づけられた。ところが、教養科目の授業を担当する教官のほうに、そういう理念を受けて立つ身構えが欠けていた。たとえば、研究業績と教育経験を積んだ老練な教授が、各々の専門と同じ学部・学科に進学する学生の科類向けに、入門の講義を担当し、これには相応に熱心であった。というのも、専門学部の専門学科が、進学してきた学生の出来から推して、担当教官の教育実績を評価したからである。反面、そういう「上からの」評価とは関係のない、理科生や（文科生でも）他の科類向けの大教室講義は、若い助教授や講師に委ねられた。講義の時間帯も、朝早い一時間目とか、聴講生が他の授業で疲れきった五時間目とかに、割り振られていた。

というのも、ある理念のもとに、ある団体が設立され、組織が整備されると、「代表」機関の「職業」的特殊利害から、組織の存続と拡張が自己目的とされ、当初の理念は忘却される。これが、ヴェーバーのいう「没意味化」の一般経験則である。他方、筆者の世代は、「いかに生きるか」の拠り所を尋ねて、「マルクス主義か実存主義か」という問題に直面したが、筆者は、どちらかといえば後者に共感し、これと前者との媒介をヴェーバーに求めていた。そこから、個人の主体的決断にたいする実存主義の強調と「没意味化」批判とを結び合わせて、「組織に身を置く個人は、組織維持の利害関心に埋没せず、当初の理念に立ち帰って『没意味化』の現状を批判し、組織の『大勢に逆らい』、世間の『流れに抗して』も、理念の実現に向けて、個人として責任ある決断をくだしていかなければならない」と考えた。こうした一般原則から、筆者は、理科生向け、また文科生でも（文学部社会学科ではなく、法学部や経済学部に進学する）他の科類向けの大教室講義を、「（学生には）二度とない、制度上保障された機会」「（講師には）それだけ責任の重い使命」と捉えた。

ところが、そういう講義担当は、研究上の蓄積も教育経験もない若造には、荷が重かった。当初には、何をどう講義すればよいか、見当もつかなかった。しかしやがて、目標を絞った。自分がこれまでに学びえたなかで、最良の質をそなえ、学生にとっても市民としての自己形成に活かせる、なにかそういう内容を、伝達できればよいのではないか、と。それが自分の独創的業績かどうかは、さしあたりどうでもよい、と思うと、気が楽になった。となると、マルクス、デュルケーム、ヴェーバーといった、それぞれ同時代の状況の問題に現在進行形で取り組んでいる社会科学の古典を、それぞれの根底にある人間観に遡りながら要説する、という方針が立った。

　範としたのは、カール・レーヴィットの『ウェーバーとマルクス』(注６)である。かれの周到な学風には、感嘆して傾倒した。しかし、東北大学に在籍したこともあるこの日本通が、「日本の知識人は、一階では伝統にどっぷり浸り、二階では西欧近代の思想や学問を喋々して暮らしている」と、辛辣な批判を浴びせてくるのには、いささかまいった。図星と思うほどに、「では一階でも、二階の原理原則を貫いて見せよう」と気負ったことは否めない。

　教材とした三人のうち、マルクスの「対象的・感性的自然存在かつ類的存在」という人間観は、城塚登氏と谷嶋喬四郎氏、後期経済学（批判）の展開は、相原茂氏、玉野井芳郎氏、塚本健氏など、教養学部の同僚から学ぶように推奨し、筆者はデュルケームとヴェーバーに特化し、『自殺論──社会学研究』と『プロテスタンティズムの倫理と資本主義の精神』を教科書に使い、通読を促した。

　同時に、そうした「経験的モノグラフ」に具現されている社会学の考え方を、「方法論」文献で補って解説し、学生にも会得と応用を勧めた。とりわけ、身近な問題を「わがこと」と捉えて具体的に「社会学するsoziologieren」(注７)心構えを、「教養」の核心として説いていたので、キャンパス内に問題が起こると、こんどは聴講者のほうから、「現場のこの問題について、講師は具体的にどう『社会学する』のか」と問い返される羽目になった。

五　入学式防衛から機動隊導入まで

講義を始めて四年目の一九六八年四月、大河内総長から全学の教官に「入学式を医学部学生の『粉砕闘争』から防衛せよ」との指令が飛んだ。医学部の高橋晄正・原田憲一両講師が、「被処分学生のひとり粒良君は、処分理由とされた『春見事件』当日、久留米にいて事件現場に居合わせなかった」と論証する文書を発表して、直前の卒業式が大荒れになって流れたあとの非常召集だった。安田講堂前に出向くと、思いがけず丸山眞男氏に会った。氏を守るように隊列を組んでいると、医学部全学闘の学生が現れたが、襲ってはこなかった。式場に入ると、大河内総長の祝辞のあと、新入生席から「先生のいまのお話に質問があります」と手が上がった。「なにかが動き始めている」という予感があった。

六月十五日の時計台占拠まで、駒場キャンパスは静穏に戻っていた。ただ、当時は隔週に開かれていた教授会で、野上茂吉郎学部長が、医学部の事態につき、学部長会議や評議会の議事内容を、詳細に報告してくれた。教官はおおかた、学部長の延々たる報告に不平も漏らさず聴き入っていたが、それ以上には、質問も議論もなかったように記憶している。

六月十七日、事態は一変した。大学は「自治の聖域」という感覚が行き渡っていた当時とあって、機動隊導入は「青天の霹靂《へきれき》」だった。当初、その衝撃に浮足立った駒場生には、「機動隊導入を招いた時計台占拠こそ、暴挙で自治の敵」という受け止め方が、過半を占めていたように思われる。それが、数日のうちに、雪崩を打つように変わっていった。

思うにそれは、「群集心理」に翻弄されたためではない。鋭敏な感性をそなえた、いうなれば「実存主義社会派」の学生が、「いままで、医学部学友の闘いをうすうす知りながら、『対岸の火災』のように傍観してきた自分たちの『日常』こそ、かれらを起死回生の時計台占拠に追い詰めた元凶ではなかったか」「なるほど、占拠それ自体は『暴挙』と難じられようが、では他に、どういう選択肢があったか、『泣き寝入りしろ』とでもいうのか、それよりもなによりも、この自分はどうすればよかったのか」と、当事者の立場に身を置き、問題を「わがこと」として捉え始めたのである。

こうした軌道転轍には、駒場のクラス討論に招かれた医全学闘の学生や青医連の研修生が、「研修協約闘争」の意義(注8)とこれにたいする大量処分の不当性を、確信をこめて明快に語ったことと、数年前の「大管法」闘争のさなか、本郷の銀杏並木で集会を開いた今井澄君らへの処分に抗議して処分された、山本義隆君ら理系の院生が、目前の事態を「国大協路線(注9)」の学内貫徹と捉え、駒場生の疑問に的を射るように答えたことが、大きな要因としてはたらいたにちがいない。駒場生の側にも、「ベトナムにおけるアメリカ軍の暴虐を報道で知りながら、手をこまぬいて『勉強』に明け暮れている自分たちの『日常』とは何か」という懐疑が芽生えていて、本郷からの呼びかけに聴き入り、「してみると、大学も同じ構造に組み込まれているわけだ」と察し、（日本の医療体制全体も射程に収めて、将来への展望を切り開こうとする）医全学闘と青医連の闘いに、大いに共鳴したのであろう。そうした懐疑は、いま、「福島や福井には原発を、沖縄には米軍基地を押しつけ、そういう『差別』と『抑圧』のうえに『繁栄』を追い求めてきた『高度経済成長』下の『日常』とは、何だったのか、その後の低迷を経ても、将来の世代に『付けを回し』ても、旧来の『豊かさ』に戻ろうとする『日常』とは、何か」と問い返している、鋭敏な若者にも、通じているのではないか。

筆者も当初、日頃よく発言するゼミ生が、急速に全学闘—全共闘支持に傾いていくのに驚いたが、議論しているうちに、その理由と背景に思いいたった。大庭健君、近藤和彦君、船橋晴俊君、八木紀一郎君、八林秀一君らの姿が目に浮かぶ。

六　コミュニケーションの途絶と学生の追及

野上学部長の教授会報告は、誠実で克明だった。しかし、そうであればあるほど、情報源が気になった。というのも、それが、学部長会議や評議会への医学部当局の報告にかぎられている以上、当事者の一方の所見に偏ることは否めないからである。他方、全共闘側は、当初から「国大協路線」を尖鋭に定式化して、「教授会はいまや、当の路線に組み込まれた権力機構の末端で、教官は、たとえ個人として良心的に振る舞おうとも、総体としては教授会決定に従属し、権力の手先として機能するほかはないから、かれらの『話し合い』と称する説得は、『国大協路線』を学内で貫徹する策動にひとしく、そのようなものとして断固拒否しなければならない」と唱えていた。そこに生ずる断絶のため、教官は一般に、同じキャンパスにいる学生・院生がいったい何を考えているのか、さっぱり分からない、という状況にあった。

そんなある日、学期末に補講するという条件で、社会学の大教室講義を学内情勢の討論に切り換えたところ、フロアの一学生から「高橋・原田報告書をどう思うか」という質問が飛んできた。「久留米まで足を運んで、真相を究明し、所見を公表した、勇気ある文書」と評価したところ、「それでは、久留米までとはいわないから、同じ東大の本郷キャンパスに出向いて、『医学部紛争』の真相を究明し、所見を公表してはどうか」と切り返された。また、あるゼミ生は、「いま、ヴェーバーの『宗教社会学』と『支配の社会学』とが、どういう関係にあるか、文献上の詮索に耽っている時か、かれの社会学が、この状況で、学内問題の究明と解決に、どう活かされるか、具体的に示してはどうか」と迫ってきた。筆者は、どちらにたいしても、しばし立ち往生の末、「教官としての『多忙』と『責任』」を語って、その場は凌いだ。しかし、学生の言い分は分かり、「逃げ」の後味は悪かった。いずれにせよ、キャンパス内が沸き立っているうえ、こちらが若くて「くみし易い」と見られたせいもあろう、当時は教養課程の学生も、大教室の雰囲気に呑まれず、相手の言い分を逆手にとって切り返す、こういう度胸と技量をそなえていたように思う。この初期局面では、かれらは非常に礼儀正しかった。これでは自分も、問題を「わがこと」

と捉えて正面から対応しなければ、かれらの信頼を繋ぎ止めることはできない、と察した。

七　占拠学生からのヒアリング

そうこうするある日（七月四日）、全学の教官が再度召集され、時計台のまえに並んで、なかにいる学生に占拠を解くように声を揃えた。このセレモニーが無効に終わったあと、教養学部学生部教官の西村秀夫氏が、ロシア―ソ連史の菊地昌典氏と筆者を誘い、「いっそ時計台の玄関口に行って、占拠学生のリーダーから直接話を訊こう」と言い出した。筆者は、全共闘側の強硬な姿勢から、「いま行っても拒否されるだけではないか」と消極的だったが、西村氏には確信があるらしく、「ともかくもやってみよう」ということになった。

講堂の入口で、「番兵」役の学生に、菊地氏が「説得にきたのではない、君たちの主張を直接聴き、この三人の責任で同僚に伝えたいのだ」と強調し、やっと取り次いでもらった。やがて、リーダーとおぼしき学生が出てくると、西村氏は、「××××君」と、フル・ネームで呼びかけた。西村氏の確信は、駒場で培われた、こういう信頼関係に由来するのだ、と合点がいった。筆者は、西村氏と菊地氏のうしろで、メモをとった。「インターン闘争」から講堂占拠にいたる経過――とりわけ、一九六七年の「第一次研修協約闘争」では、学生がストを打っても、医学部教授会は処分を手控えた（全員「戒告」に止めた）が、これを時計台当局から「手ぬるい」と咎められ、

「では、こんどは」と、強硬派を執行部に選出し、「春見事件」を理由とする大量処分にいたった、という経緯――が、淀みなく語られた。そのあと、本郷キャンパスの一隅で、三人の記憶を確かめ合ったが、メモは筆者の手許に残った。その要旨を、そのころ頻繁に開かれた駒場の「教官懇談会」に、やがて野上学部長の要請で教授会に、さらに、学部長のお供をして、医科研病院に入院中の大河内総長にも、報告した。こうした情報提供には、教官の間に、「余計なことをしてくれる」という懐疑と反感もあったにはちがいないが、駒場の教官懇談会では、どちらかといえば、占拠学生との「貴重なパイプ」として「つないでいてほしい」という空気であった。

八　「境界人」として

そんなこんなで、筆者は徐々に、現場の問題に「深入り[注10]」していった。

しかし、いきなり全共闘の味方になり、同調して発言したのではない。学生との対立状況でそんなことをすれば、同僚の教官から相手にされないことは、目に見えていた。筆者はむしろ、「境界人（マージナル・マン）[注11]」として、双方の狭間に身を置き、双方の主張内容を「価値自由[注12]」に比較対照し、いったん相対化して、真相を探り出し、論証のうえ、パンフレットにしたため[注13]、討論を呼びかける、というスタンスをとった[注14]。

こうしたスタンスを一般的要請として掲げることは容易でも、双方からの「交差圧力」にさらされる状況で、その要請に具体的に応えることは、それだけ困難にはなる。しかし、そうしさえすれば、対立状況のなかでも、真相に迫ることができ、双方への説得力もえられ、理にかなう公正な解決に、近づけるのではないか。それはなにも、殊更目新しいことではなく、研究者としての教官が、各々の専門領域で、甲説と乙説との対立に直面するときには必ず採る、科学者として当然の手順ではないか。それをただ、目前の状況の問題に適用するだけのことである。では、じっさいには、どうだったのか。

九　「春見事件」と「医学部処分」

対立の争点は、医学部、後に文学部の学生処分にあった。全共闘は、両処分を「不当処分」と主張し、一九六八年七月十五日に決定した「七項目要求」中の二項目として、白紙撤回を要求していた。そこでまず、「医学部処分」（以下、医処分）を採り上げよう。

全共闘側は、六八年三月一二日に発令された、学生・研修生一七名への処分を、「国大協路線」というある実体的な流れが、東大当局を経由して医学部に達し、処分に発現したかのように（いわば「流出論」的に）捉え、全処分白紙撤回という獲得目標も、「国大協路線粉砕」というスローガンのもとに位置づけていた。他方、「高橋・原田報告書」は、粒良処分という一件にかぎり、久留米と熊本に出向いて粒良君個人の足跡を調べ、「春見事件」の現場に居合わせることは不可能、と結論づけていた。(注15) 当の処分が問題なのも、そのように事実誤認を犯しているからで、それがはたして「国大協路線」の「流出」であるかどうかは「解釈次第」と考えたのか、触れていない。

ちなみに、この調査報告は、「公権力の発動による不利益処遇にたいする当事者の人権保障」という問題に、大学（学部）設立の理念からすれば関心を向けてしかるべき法学部の教官によってではなく、問題が起きた現場の医学部教官、それも批判的少数者によってなされた。制度上の関連専門部局は、久留米に出向いて再検証するとか、せめて医学部当局の公式見解と比較対照して当否を検討するとか、理念と設置目的からすれば当然の責務を、果たそうとはしなかった。それどころか、六月二五日、豊川医学部長が、記者会見で「『疑わしきは罰せず』とは、英国法の常識で、わが東大医学部はそんな法理には支配されない」（趣旨）と豪語したとき、驚いた新聞研究所（当時）の荒瀬豊氏が、『東大新聞』に投稿して抗議し、法学部教官にも専門家としての所見表明を求めたが、法学部教官は黙して語らなかった。

さて、筆者は、「高橋・原田報告書」の限定は取り払い、一七名の処分全体を問題とした。他方、医学部に出向いて双方の証人から事情を聴くのは困難と予想されたので、さしあたり双方の文書を、争点ごとに比較対照し、「春見事件」の現場における当事者たちの「行為連関」を再構成して、処分の当否を再検証しようとした。そのうえで、「国大協路線」も射程に入れ、処分の背後の動機連鎖に遡って、その因果的意義を突き止めようとつとめた。

「春見事件」の現場を歩いて、双方の主張を比較照合すると、三つの地点（Ⓐ Ⓑ Ⓒ）(注16) が区別される。Ⓐは、六八年二月十九日の正午過ぎ、「十数名の」学生・研修生が、（一月二十九日のスト入り以来、面会を拒まれ、キャンパス内で姿を見かけなかった）上田病院長を見つけて、面会の約束をとろうとした「病院外来受付付近」、Ⓑは、病院長が、学生・研修生に「取り囲まれ」、駆けつけた春見医局長と学生・研修生との間に「摩擦」が生じた「路傍植え込み付近」、Ⓒは、病院長がⒷ地点から移動し、「三階の上田内科で会う」と約束しながら、急遽姿をくらませた「〔吉利〕内科病室内一階廊下」で、ⒶとⒷ、ⒷとⒸの間には、それぞれ五〇メートル以上の距離がある。

争点のひとつは、事件の発端となるⒷ地点の「摩擦」にあった。学生側は早くから、「上田医局員数名が突然学生の輪の中に突入し」、「学生の顔面を肘で打ち」「学生の眼鏡が落ちフレームがこわれた」と主張していた。[注17] これにたいして、教授会側は、「上田病院長は、一時は［Ⓑ地点で］路傍の植え込みの中に押し込まれる形にもなったが、通報によってかけつけた上田内科春見医局長他数名の医師に守られて、内科病室内一階廊下［Ⓒ地点］に達することができた」、そのさい「春見医局長は、学生らの集団に取り囲まれた上田教授に近づくにあたって暴力を用いたと非難されることをおそれ、腕組みをして近づくだけの配慮をしていたし、数名の医師もこの情況を目撃している」と主張した。[注18]

そこで、双方の所見を比較照合すると、後者は、Ⓑ地点付近で、医局長が学生の「囲み」に「腕組みをして近づく」時点と、病院長がその「医局長他数名の医師に守られて」Ⓒ地点に移動するまでの間に、何が起きたのか、病院長がどのように「囲み」から脱したのか、については沈黙を守っている。[注19] ところが、この状況で、学生たちが、面会の約束を拒む病院長への「囲み」を自発的に解いたとは考え難い。むしろ、医局長が「十数名の」学生の「囲み」に割って入り、病院長が「囲み」から脱する空間を開け、学生に代わって病院長を囲み、Ⓒ地点に移動した、と見られよう。そのさい、医局長が「腕組みをし」たまま学生を左右に振り払ったとすれば、「学生の顔面を肘で打ち」という（当局側の文書よりも前に発表されていた）学生側の記述とも符号する。「腕組みをし」たまま振り払う行為は、体重がかかるので、手で掻き分けるよりもそれだけ激しくなる、と推認されよう。

そこで、「数名の医師」が、「腕組み接近」以後の「情況」をどう「目撃」していたのか、その証言内容が、この仮説を検証する鍵となる。しかし、疑問がこうした肝心な点にさしかかると、教授会側はきまって、「証人の名前も証言内容も、人権上の問題があるので、出せない」といって拒む。これには、「そういう匿名の秘密証言によって処分され、身分を剥奪される学生側の人権は、どうなのか」との問い返しが避けられない。しかし、教授会側は、とりあわない。こうして、対立が深まるばかりとなる。

その後、学生・研修生は、Ⓑ地点での「摩擦」につき、医局内外で「学生が暴力を揮った」と宣伝されていると聞き、医局長に「暴力行為」を認めさせようと、医局の部屋で翌朝まで押し問答を重ねた。学生側はあらかじめ、「ここは医局だから、場所を変えよう」と提案したが、医局長は「青医連室に連れて行かれるのをおそれて」拒否した[注20]という。この押し問答は、おそらく激しいやりとりではあったろう。しかし教授会の文書も、当夜の経緯については、学生の「威圧行為」とまでは明記しても、身体接触におよぶ「暴力行為」とは書いていない。ところが、医教授会は、当事者からの事情聴取は抜きに、「医師となるべき者が深夜に医局で騒いだ暴力行為」と認定し、学生には退学四、停学二、譴責六、研修生・研究生には病院からの追放二、研修停止二、譴責一、計一七名の大量処分を決めた。

一〇 「教育的処分」の「革命的」廃棄と「国大協路線」

豊川医学部長は、二月二十日朝、上田内科の医局関係者から事情聴取を始めて、処分対象者を割り出す一方、同日の学部長会議に、事件の発生を報告。二十七日の医学部教授総会に、事件の経過を報告したうえ、三月三日には処分原案を提出して、学部長一任を取り付けている。三月五日には、学部長会議にその処分原案を提示。しかし、そこでは、学生からの事情聴取を欠く点に疑義が出され、医学部に再考が求められた。ところが、医学部では、結局、事情聴取を見合わせ、三月十一日の評議会に処分原案を再度提出。そのさい、議長の大河内総長は、事情聴取を欠く点で異例と指摘しながらも、処分案を提議し、評議会の承認をとりつけた。翌十二日、医教授会と病院当局は、一七名の処分を発表、発令。「春見事件」発生後、なんと二十日目である。

さて、この処分は、一挙に一七名を対象とする大量処分であったばかりか、このとおり異例に迅速に決定された。しかもそれは、従来の「教育的処分」制度を、しかるべき改正の手続きなしに覆す、いうなれば「革命的」措置であった。というのも、「教育的処分」制度のもとでは、処分に発動される「特別権力」が、事情聴取を不可欠の要件とし、事実確認と「説得」によって当人から最小限の「納得」は調達する、という制約のもとで、辛うじて「教育的」意味を帯び、機能しえていた。ところが、この医処分では、肝心の事情聴取がなされず、「教育的処分」の機能要件が、突如いっさい停止された。さりとて、「教育的処分」に代えて、近代市民法の「対審」手続きや「罪刑法定主義」が顧慮されたわけではない。捜査権・検察権・裁判権を、素人の医学部長が一手に握り、密室でなんの制約もなく、さればこそ迅速に、行使したのである。

とすれば、こうした「無理」の強行は、学部長会議の「疑義」を受けていったんは医学部に「再考」を求めた最高責任者の大河内総長が、同時に「国大協」の会長であり、「厳正な学生処分」をそのかさないまでも黙認する立場にあった、という事情を抜きにしては、まず考えられまい。また、「再考」を求められた医教授会が、疑義や異論を短時日のうちに斥け、同じ処分原案を六日後には評議会に提出した「無理」も、「第一次研修協約闘争」のさいには「処分回避」の「弱気」を責められ、その「トラウマ」から、こんどは「強気」に出て押し切った、という動機連鎖を想定しなければ、やはり説明がつかないであろう。

さらに、学外の背景に遡ると、かりに学界三長老が「とりなし」に入らず、「大管法」が国会に上程されて、マスコミと世論の関心を喚起し、公然と議論されていたとすれば、とくにそのさい、政府案に、(「教授会の構成を正教授にかぎる」というような問題項目と並んで)「学生処分のさい、当事者からの事情聴取を省くことも、場合によってはやむをえない」といった「但し書き」が付けられるか、そういう「趣旨説明」がなされたとすれば、(学界三長老の予想どおり)「一般教官」の疑義と反撥を招いて、法案は暗礁に乗り上げたのではないか。他方、かりにそうした抵抗を押し切って「大管法」が制定されたとしても、政権の強硬姿勢と公開の討論からは、「一般教官」の間にも疑義と警戒心が目覚めて、医処分の「革命的」措置を「まさに『大管法』の狙い」と察知して問題にすることも、できたのではないか。じっさいには、「大管法」案の国会上程見合わせを「闘争勝利」と総括するかたわら、学内の「無理」は容認し、政権には「高みの見物」を許してしまった。そのかぎり、三長老の「とりなし」は、対立軸を学内に転じ、大学当局に「自主規制」を強い、「大管法」の意図を先取り代行する結果をもたらした、というほかはなかろう。

一一　「粒良処分」の事後処理

そうした「無理」は、事後処理にも持ち越された。しかも、「高橋・原田報告書」の発表後、当局は世間の注目を浴び、対応にはそれだけ、深謀遠慮と技巧が凝らされる。

高橋・原田両氏は、当初には調査の件を、事前に医学部関係者に伝え、学部内の善処を要望していた。ところが、「教授会決定への反逆」という拒否反応が示されるばかりで、埒があかず、三月二十六日に公表に踏み切ったという。そういう経緯から報告書の発表が近いと察知した学部長会議は、三月二十一日、この件を採り上げ、「大学としては学生の言い分は聞くが、医教授会の決定をあくまで支持する……。……粒良君の事実無根の訴えに対し、医学部は確信をもってしたのだから、これは絶対支持する」[注21]と申し合わせた。二十三日には、総長と医学部長が記者会見し、「大学としては医学部の慎重な調査に基づいてきめたもので、誤りがあるとは思えない」（大河内）、「[春見]事件の現場で[被]処分学生を目撃した者の名前や人数は、当人の人権問題になるので、裁判にならなければいえない。これ以上の調査は必要ない」（豊川）と語っている。[注22]

ところが、「高橋―原田報告書」が発表されると、医教授会は翌二十七日、「当人が文書をもって正式に学部長に申し出るならば、事情を聴取する用意がある」と一見折れて出た。これを受けて、粒良君は四月八日、「事情聴取」に応じ、四月九～十二日に上野、四月十三～十七日に長野県池の平で、「事情を聴取」された。その結論は、時計台への機動隊導入のあと、「総長会見」の日（六月二十八日）にやっと出た。その内容は、同日の医学部長「談話」によれば、「粒良君が事件当時九州に居たということも、また事件現場にいなかったということも明らかにできなかった」が、「粒良君が事情聴取の間、教官への信頼感をもって自己の行動についてのべ、良心に誓って現場にいなかったことを主張している点」を「強く認識」して「粒良君の処分を、この際発表前の状態にまで還元する」というものである。[注23]

ところで、この「談話」を普通に読むと、一般には「白でもなく、黒でもない」「どちらともいえない」という判断留保を表明するさいに使う言い回しから、「粒良君は白でもなく、黒でもない（「どちらともいえない」ので「疑わしきは罰せず」の法理を適用して処分を撤回する）」と早合点しかねない。ところが、よく読むと、「粒良君が、事件当時九州に居たということ【白】も、また事件現場にいなかったということ【白】も、明らかにできなかった（粒良君はいぜんとして黒である）」が、「教授会を信頼して、事情聴取に応じた」点を評価し、「この際は処分を、発表前の状態にまで還元する」というのである。この「還元」も、「決定済みではあるが、発表は見合わせている状態に戻す」とも解され、「『騒ぎ』が収まったら、改めて発表する」意図とも読める。また、医学部長「声明」のほうは、「この際は当人の良心への信頼を優先する立場をとって、この処分を処置前の状態に還元する」[注24]と言い替えているが、「処置前」とは「決定後、発表前」ととれば、「談話」と変わりない。「決定前、調査中」と解せば、「再調査、再決定」という形で、原決定が生かされることにもなろう[注25]。

三・一一以降、「東大話法」が問題とされ始め[注26]、それはそれとして大いに結構であるが、当の「欺瞞の言語」そのものは、なにもいまに始まったことではない。

一二　「東大解体論」の発端

さて、一九六八年当時の状況で、筆者が、ここで採り上げたような、一見細かな問題点を指摘すると、同僚教官はしばしば「言葉尻を捉えたあら探し」といって反発した。

しかし、重要なことは、（「医教授会⇩学部長会議・評議会⇩各学部教授会」という）一方的な情報ルートに頼って「教授会側が正しい」と決めてかかるのではなく、他方の当事者である学生側の言い分も聴き、双方の主張を「価値自由」に比較対照して、理非曲直を明らかにすることではないか。とくに社会科学者に求められるのは、ある言表を「額面どおりに」受け取ってすますのではなく、「言葉尻」の背後に隠されているかもしれない現実の行為連関に思いを馳せ、「エンパシー（当事者と共苦・共感する想像力）」（マンハイム）をはたらかせて、真相を究明することではないのか。

粒良君は、当時の状況で、運動仲間との信頼関係を損なうリスクを犯しても、「教授会を信頼して」「事情聴取」に応じ、上野と池の平で七～九日間におよぶ「供述」をおこなった。医教授会は、その信頼にどう応えたか。供述と再調査の内容はいっさい秘匿し、巧妙なレトリックで「黒」との判定を維持し、総長との間で「差し戻し―処置（発表）前の状態への還元」と辻褄を合わせたにすぎない。

粒良君は、「事情は聴取」されたものの、「高橋・原田報告書」との照合結果も明らかにされず、「ああでもない、こうでもない」と、学生身分を弄ばれた。「いったいどれが本当なのか」「すべての資料を全学に公開して、責任をとれ」と叫びたくなるのも、当然ではないか。九月の青空集会で「のらりくらり」と逃げる教官を前に、「こんな東大なら、つぶれたほうがいい」という言葉が、粒良君の口をついて出た。「東大解体論」の発端である。

一三 「文学部処分」と「十月四日事件」

つぎに、「文処分」を採り上げよう。

文学部では、敗戦後いつのころからか、教授会、以文会（助手会）、学友会（学生自治会）の三者間で、学部の運営をめぐって協議（文学部協議会、以下、文協）するならわしがあった。協議とはいえ、そういう「話し合い」の慣行が成立していた事実は、文学部が（たとえば法学部に比べて）「権威主義的」でも「官僚主義的」でもなかったことを物語る。

ところが、一九六七年には、新設された「学生ホール」の管理をめぐって、教授会と学友会との間に対立が生じ、文協の会場に、学友会委員以外の文学部学生も入室して、傍聴するようになった。教授会も、当初はこの「オブザーバー」を「ホール利用団体の代表」として認めていたようであるが、「学生との協議は、正式の代表にかぎれ」という「国大協」方針の下達にともない、五月二十四日、「オブザーバー排除」を決めた。そのために対立が夏を越した十月四日、教授会の前に開かれた文協の閉会直後、教官委員と学生との間に（医学部の「春見事件」の場合と同じく）「摩擦」が生じ、一学生が、「教官への非礼」を理由に停学処分に付され、文協も事実上閉鎖された。

問題は、ここでも「摩擦」の実態にある。学生側は、「教官のほうが、学生の『袖口をつかんで引きずり出す』『暴力行為』をはたらいたので、学生はその先手に抗議した」「この後手だけを取り出して処分するのは、不公正な身分差別で、納得できない」（要旨）と主張していた。他方、文教授会は、医処分が全学で問題とされ始めた六八年の夏、急遽この処分を解除してしまった。ところが、十一月四～十一日の「文団交」(注27)で、学生の追及により、文処分の事実関係が問題とされ、議論され始めると、文学部の長老教授は、東京・池之端の法華クラブで密議(注28)を開き、「十月四日事件」の再現を企てた。その結果、十二月一日午前(注29)、文教授会名の文書「×××君の処分問題についてて」が発表された。

これによれば、当日の文協では、（輪番によって議長をつとめていた）以文会委員が、教授会委員の要請をいれて閉会を宣言し、委員長の玉城教授が、（「次回文協の日取りを決めてほしい」という）学生側の要求に「即答はできないので、われわれ相互で相談の上、追って回答する」と答えたあと、「教授会側委員は教授会出席のため、一斉に退出しようとした。そのとき議場入口付近にいた『オブザーバー』学生はこの退席を阻止しようとして入口の扉付近に集まったが、教授会側委員は、築島助教授、関野教授、玉城教授、登張教授の順で、学生たちをかきわけて扉外に出ようとした。このとき一学生が、すでに扉外に出ていた築島助教授のネクタイをつかみ、大声を発して罵詈雑言をあびせるという行為に出た(注30)」。

さて、この文書も、「春見事件」にかんする医教授会の文書と同じく、四教官が「扉外に出ようとした」時点と、一学生が「すでに扉外に出ていた築島助教授」の「ネクタイをつかむ」時点との間に、何が起きたのか、については沈黙を守っている。そこで、この場合にも「エンパシー」をはたらかせて、沈黙の背後にある行為連関の再構成を試みなければならない。するとまず、一学生がなぜ、「すでに扉外に出ていた」築島助教授に、(「ネクタイをつかむ」という)ともかくも尋常でない行為におよんだのか、その動機が分からない。というのも、こうした状況では、文協閉鎖の危機感を抱いている学友会委員も「オブザーバー」も、つぎの日取りの約束と確認をとろうと、まだ扉内にいる委員長玉城教授のほうに向かい、「すでに扉外に出て」しまった平委員の築島助教授には、特別のきっかけがなければ、とりたてて関心を向ける理由はないはずである。他方、築島助教授のほうは、扉内に取り残された三委員を尻目に、教授会室に向かって立ち去るのは「同僚の誼に反する」と感じたにちがいない。この動機から、つづいてくる同僚の退出空間を「開けよう」と、「入口の扉付近」で「囲み」の最後列にいる学生に、背後からなんらかの(たとえば「袖をおさえる」といった)「制止行為」におよぶことも、ありえたのではないか。

なるほど、その行為自体は、教官一般の恒常的習癖から推して、「摩擦」状況でも、さして激しくはなかったかもしれない。しかし、かりにそうでも、その制止行為の受け手にとっては、逆方向の玉城委員長に気を奪われ、そちらに向かって動いていたであろうからには、背後からの接触行為の手応えはそれだけ大きく、振り向きざま「何するんだ」と「並外れて激しい」抗議におよぶことも、これまたありえたと推認されよう。少なくとも、この状況で、そういう動機は(「明証的」に）理解でき、この動機にもとづく行為は（教官と学生との「身分」上の非対称性を考慮に入れても）十分起きえた（「客観的に可能」）と推認されよう。それに比べて、かりに一学生の行為が、文教授会や後々まで加藤執行部が主張していたとおり、「退室阻止」だったとすれば、それがなぜ、「すでに扉外に出ていた」平委員の築島助教授に、（まさに文教授会の文書が強調するとおり）「並外れて激しく」向けられなければならなかったのか、理解できない。じっさい、後に（一方では学生がストを継続し、他方では筆者が、この仮説を一般の紙誌上にも発表して問いかける、そのつど小出しに）発表された諸資料（たとえば、堀米文学部長自身の公開の回答）によると、事実はこの仮説のとおりであった(注31)。処分の対象とされた一学生の行為は、文協会場からの「退室阻止」ではなく、扉外の築島先手にたいする後手抗議だったのである。

一四　「文処分」解除と「教育的見地」

では、この処分の事後処理は、どうだったか。

文教授会は、一九六七年十二月二十三日（冬休みに入る日）に発令したこの処分を、翌六八年夏、医処分が全学で問題にされ始めると、急遽九月四日（夏休み明け直前）に解除した。

ところで、当時の「教育的処分」制度のもとで、処分の解除には、①処分期間中の謹慎、②改悛と③復学の意思表示、という三条件がみたされ、「教育」効果の達成が確認されなければならなかった。ところが、当の被処分学生は、謹慎どころか、大学に出てきて、六月二十五日の学生大会では議長となり、ストライキ提案を受けつけて、決議している。これは、当時の「矢内原三原則」に違反し、解除どころか、逆に追加処分の対象とされなければならない所為である。しかし、文教授会は、「処分当時、停学では重すぎるという意見もあった」「四月には復学させる考えだった」「すでに八カ月が経過し、償いはできている」と、突如「応報刑的・有期刑的発想」を持ち出して、解除案を作成し、八月二十七日の評議会に提出した。評議会はいったん「本人との面会」を要請し、これを受けて、教室主任の岩崎武雄氏が、九月二日に本人と面会したところ、「本人は『背景を考えなければ無意味』といって自己の非を認めてはいない」が、それは「組織の中で活動している者としての図式的な答えのように［岩崎氏には］思え」、「話し合いの態度は静かで、……言外に反省の様子が窺え、……停学解除の件を持ち出しても反撥する風もなく、勉学意欲は失っていないようであった」(注32)という。評議会は、この報告を受けて、九月四日、解除案を承認、可決した。

さて、この解除について、文教授会の文書はこう語る。「この間、文学部教授会を支配した有力な意見は、専ら教育的見地に立つもので、もともと有期の含みをもつ停学処分を、本人の反省を極度に困難にする客観的情勢のすすむままに退学にも等しい処分へと発展させるよりは、まず処分を解いて、自由な立場における本人の反省を待つべきであるとするものであった」。さらにいう、「規則の遵守は必要であるが、教育の場においては、教育的見地が規則や慣行の単なる墨守に優先する」(注33)と。

ところが、当時の「教育的処分」制度では、停学処分がことごとく無期停学と決められており、それには相応の理由があった。被処分者の心にいつ反省と改悛が萌して、「教育」の効果が達成され、解除の条件がととのうかは、事柄の性質上、期限を切って予定することができないからである。ところが、岩崎氏との面会では、「本人は……自己の非を認めてはいない」のに、岩崎氏の外見上の判断を本人の内面に押し込み、「解除条件の充足」に見立て、期限を切ってしまっている。この措置は、「教育的処分」の本旨に照らすと、「教育」の途中放棄であろう。しかも、本人が謹慎せずに登校して「矢内原三原則」違反を公然と犯しているまさにそのとき、当の新しい問題行為を不問に付すばかりか、原処分まで解除してしまうのは、「教育」の二重放棄にちがいない。

文教授会も加藤執行部も、「文処分は、医処分とは違い、『事情聴取』がなされているから『適法』」と主張した。しかし、原処分決定時の「事情聴取」は、一方的な「陳謝請求」で、事情聴取の体をなしていない。まさにそれゆえ、築島氏の先手が看過され、後手抗議が「退室阻止」と誤認されたのであろう。解除のさいにも、面接者の主観的印象を優先させ、それだけで「解除条件の充足」を決め、「教育」と正当化している。加藤執行部も、文教授会の報告を鵜呑みにし、公式文書にも「退席しようとしたT教官を学生のN君が阻止しようとして」(注34)と明記し、この事実誤認を正さないまま、「七学部代表団」から「確認書」をとりつけ、安田講堂に約八五〇〇人の国家警察機動隊を導入した。

一五　「理性の府」神話の崩壊――「大学解体論」と「自己否定論」の想源

以上のとおり、医文両処分について、当事者双方の主張を比較対照し、「摩擦」の真相を究明してくると、いずれの場合にも、教授会側文書の叙述が途切れる隙間に、教官側先手の行為連関が潜んでいた。これが、「事情聴取」の回避、あるいは一方的な「陳謝請求」への短絡のため、誤認され、隠蔽されたまま、当時の「教育的処分」の要件をみたさない処分が、一方では「国大協路線」の圧力のもとで違法に決定され、他方では、学生側のストや建物占拠という実力行使の対抗圧力を受けて、これまた違法に解除された。

筆者自身、この紛争が起き、処分理由の行為連関を「社会学する」対象に据え、真相を究明するまでは、大学でこれほど理不尽なことがおこなわれていようとは、思ってもみなかった。「教育の府」「理性の府」という神話が、教授会と当局の「特別権力」を「正当化」するイデオロギーとして、学生にも教官にも浸透し、日常の秩序を支えていたからである。

ところが、そうした「正当性」神話は、いったん暴露されると、支配者が破綻を取り繕おうとするつど、こんどは一転して、それだけ激しい憎しみの対象となる。神話の呪縛から解き放たれた批判的理性は、反転して神話そのものに向けられ、その崩壊に拍車をかける。

全共闘側では、先に触れた契機から「『こんな東大』解体論」が産み落とされるや、「対象否定」

の情念が、「東大の解体」「大学の解体」へと普遍化され、翻って「（東大生・大学生として「ある」）わが身の否定」「自己否定」へと反転、回帰した。「大学」は、「近代公教育」体制の「帝国主義的再編」にともない、類型別技術労働力の効率的養成装置として「合理化」され、「差別・選別体系」の要として整備されている。自分たちは、そうした「差別・選別体系」の梯子をよじ登るつど、（いま教官において可視的となっている）高慢と差別を、無意識裡にも植え付けられ、否定されるべき存在に成型されて、現に「ある」。学生運動のただなかで、敗戦後おそらくは初めて、「大学とは何か」「学問とは何か」「自己とは何か」「人間とは何か」という問いが、キャンパスのあちこちで飛び交った。

これらの問いは合流して、「対象否定」と「自己否定」とを根底で支える「人間存在の原点とは何か」「何を究極の拠り所として闘うべきか」という問いに深められ、これに答えて、滝沢克己氏の普遍神学（注35）＝「ただの人」論が登場する。敗戦後の学生運動も、ついに「『政治の季節』と『学問の季節』との単純な交替・循環」を脱して、運動の「究極の根拠」を探り、これを踏まえて立とうとする地点にまで、到達したのである（注36）。

一六　当局と全共闘との政治的「同位対立」と「収拾連合」の形成

しかし、ここではむしろ、東大全共闘のそうした思想特性が、加藤執行部の登場以降、学内の大衆運動に、政治的にはむしろ否定的に作用した（長所即短所の）関係に、注意を留めなければならない。

当時しばしば、「論理の赴くところ、どこへでも行こうではないか」という信条が語り出されたが、その「論理」は、否定対象を普遍的に拡大して抽象的に規定する方向に向かい、具体的な事実は置き去りにして「一人歩き」する傾向を帯びた。

この観点から見ると、東大闘争の初期局面では、「高橋―原田報告書」の意義が大きかったと思う。それは、「粒良処分は事実誤認にもとづく冤罪処分」という事実を具体的に論証して、（「国大協路線粉砕」のスローガンには、にわかには同調できない）学生・院生・教官大衆も、「処分撤回」には賛同する契機となり、闘争に弾みをつけた。ところが、文処分となると事情が違った。「文団交」で初めて明るみに出された事実関係とその問題点が、「高橋―原田報告書」のような論証に集約されて、全学に出回ることはなかった。むしろ、文処分問題そのものが、医学部闘争の全学化後に、六八年七月段階で「七項目要求」に持ち込まれた（全共闘側の）事情から、「あれは『便乗』ではないか」という疑惑が尾を引いていた。

筆者も、十二月になって文教授会の資料が発表されるや、学生側の主張と比較照合して、上記のような事実認識には到達し、学生側の主張が基本的に正しいと考えはしたが、築島先手の行為連関を論証し、文書として発表するには(注37)いたらなかった。西村氏と筆者は、教養学部の教官懇談会や教授会で、「全共闘が『加藤提案』に応じようとせず、『話し合い』解決の目処が立たないのは、『七項目要求』中の文処分が残されているからで、ついてはその事実関係を、ここで再検討しようではないか」と提唱した。ところがこれには、「なに？『文処分』の事実関係？どうしてそんなことを、いま、教養学部教授会で話題にしなければならないのか？もはや、そんな段階ではない!!」と、猛烈な反発が沸き起こり、とても議論にはならなかった。

一方、全共闘のほうも、文学部学生以外は、文処分にさほど関心を示さず、とりわけ細かい事実関係の詮索と論証には、気乗り薄だった。「問題は、そんな些細なことではない、教授会の処分権そのもの、それを一環とする大学の存在そのもので、これをどう『解体』するかだ!!」といわんばかりであった。「どうなったら『七項目要求』の『貫徹』といえるのか」といった問いに、具体的な答えは返ってこなかった。当時、全共闘に共感を寄せる「一般学生」からも、しばしば「闘いの展望を示せ」という要求が出されていた。これに全共闘は、「展望は、闘うなかでしか開けない。だから共に闘おう」と、抽象的に答え、スト体制の堅持と封鎖の拡大を訴えるばかりだった。

他方、スト解除―収拾派の「一般学生」から民青にいたる反全共闘系の勢力は、「全共闘は、加藤執行部が『七項目要求』をおおかた呑んだのに、こんどは『呑み方が悪い』といい出し、『大学解体』『自己否定』などと『わけのわからないこと』を喚いて『自滅への道』を歩み始めた」と唱え、「七学部集会」「スト解除」「授業再開」に向けて「『なにがなんでも収拾』路線」に合流し始めた。「なにがなんでも」というのは、かれらも「七項目要求」を掲げる以上、「加藤執行部が

『七項目要求』をはたして『おおかた』は呑んだのか」と問い、事実関係を再検証する必要があったろう。かれらがそうしていれば、「それなりに学生らしい、筋の通った態度」と評価されよう。ところが、かれらはそうしなかった。もともとそうするつもりもなかった、と推認される。というのも、かりにそうするつもりがあったとすれば、「七学部集会」を、現になされた「手打ち式」には終わらせず、その場で事実誤認問題に踏み込めたであろうし、その後も、闘争を継続する文学部学生への支援を、文処分白紙撤回までは、つづけられたはずである。ところが、かれらはそうしなかった。

しかし、である。学園闘争を大衆運動として展開しようとするかぎり、当初はおおかた全共闘に共感を寄せていた「一般学生」を、そういう「脱落者」「転向者」「敵対者」に追い込まないように、「右翼秩序派」といった「流出論」的範疇でくくって敵意を剥き出しにするのではなく、極力、論証と熟議を重ねて、かれらの支持を繋ぎ止め、大衆的基盤を確保していくことが、必要だったのではないか。では、それにはどうすればよかったか。

筆者は、東大全共闘が、一方では、加藤執行部の「話し合い提案」に応じ、その土俵で、文処分の事実誤認を論証して、当局の論拠を覆し、責任者に責任をとらせ、「七項目要求」の貫徹を確認したうえ、無期限ストは解除し、封鎖も解き、学生・院生大衆の支持を繋ぎ止めたまま、ひとまず「政治の季節」は収束させ、他方、「大学解体」「自己否定」に登り詰めた思想は、つぎの「学問の季節」に送り込む、(注38)という選択肢も、ありえたのではないかと思う。

一七　「一一・一八～一九機動隊導入」

さて、全共闘が、加藤執行部との政治的「同位対立」に巻き込まれてしまえば、後者にとって「解決」とは、政治的力関係の問題となる。加藤執行部も、文処分にかんする事実誤認を温存したままでは、解決は不可能と、ある時点で察知したはずである。ところが、加藤執行部にとって「幸いなことに」、全共闘が「話し合い」に応じて、文処分の事実誤認を公開場裡で衝いてこようとはしないのであるから、それをなにも、加藤執行部のほうから持ち出して、文教授会との関係(注39)をこじらせ、みずから窮地に陥る必要は毛頭ない。「話し合い」のポーズを維持し、「先方が『話し合い』に応じないのだから、しかたがない」といって、かわし通すことができる。代わっては「入試中止・東大閉鎖」キャンペーンを張って、（医・薬・文の関連三学部を除く）七学部の「一般学生」大衆を「『なにがなんでも収拾』連合」に誘導し、囲い込み、「十項目確認書」締結儀式の「話し合い」を済ませれば、あとはただ「話し合いを拒んで孤立した」全共闘を「片づける」「大掃除」だけである。

それには、日共・民青系の暴力部隊導入（一九六八年十一月十二日夜半）に端を発する「学内における衝突の危険」を訴え、「危険回避のためには、機動隊の導入もやむをえない」と警告すればよい。そうすれば、日共・民青は暴力部隊を撤収し、全共闘系だけが安田講堂その他に立てこもって、防備を固めるにちがいない。「警告」は、「予言としての自己成就性」を発揮し、機動隊の導入をじっさいに招き寄せる。それだけでは不十分とあれば、マス・コミのキャンペーンに便乗して、「ニトロ化合物持ち込み」の噂を『学内広報』でも流し、導入「必至」の演出を補強すればよい。加藤執行部は、そうした政治計算により、「紛争の解決は別にやる」「機動隊導入はもっぱら衝突の危険を回避するため」と称して、計算どおり機動隊を導入し、首尾よく全共闘系だけを、安田講堂その他の建物から排除した。

しかも、その効果は、物理的排除に止まらなかった。「一・一八〜一九機動隊導入」による「安田砦攻防戦」は、(「医学部中央館」に非武装で居残って、「卒後研修協約闘争」以来の日常的思想性を堅持した医全学闘・青医連の小部分を除き)一方は「砦」に立て籠もって機動隊に実力で抵抗し、火炎瓶を投ずる「精鋭」部隊と、他方は機動隊の背後で「攻防戦」を見守る大衆とへの両極分解をもたらし、全共闘運動の大衆的基盤を掘り崩した。それ以降、全共闘系の「残存部隊」は、「機動隊の背後で『攻防戦』を見守るしかなかった」自分という「負い目」を抱え、「過補償」的に「上擦る」他者追及へと駆動された。

一八　全共闘支持の原則決定――「境界人」から闘いへ

さて、筆者は、「六・一七機動隊導入」以降、研究と教育を「やむなく」中断し、「片手間に」

学内問題に「かかずらわった」のではない。思いがけない学内紛争ではあったが、「わがこと」と受け止め、「大管法」闘争の延長線上で、研究上の蓄積も動員し、まずは争点とされた問題の真相究明につとめた。

ところで、敗戦後日本の社会学は、「封建遺制」「前近代性」「官僚主義」「無責任体質」といった日本社会の否定面を、農村・都市・家族・親族・近隣・町内会・企業・労使関係・労組・政党・政府・行政機関・軍部・小中高校・伝統芸能団体・「病理集団」などについて、実証的に究明し、実践的に克服されるべき問題の所在を突き止めてきた。ところが、そうした調査・研究活動の拠点ともいうべき大学は、「大学自治」への学生運動の関係と同じく、批判的理性の適用を手控えられ、「聖域」として温存されていた。「研究の自由」の主唱者が、自分自身とその足元は「自由に研究」しなかった。社会学は、安全地帯に身を置く気楽な他者批判であった。ところがいま、そうした「殻」を突き破り、研究活動とその拠点を「社会学する」対象に据え、社会学の地平を飛躍的に拡大すると同時に、そうした自己批判にもとづく自己更新機能を、大学に「ビルド・イン」していく可能性が開けてきた。

他方、筆者は、この紛争を「社会学する」対象に据え、真相を究明し、理にかなう解決を探ることが、「『社会学する』とはどういうことか」と問う学生に、手近な思考素材を提供し、学生自身が「社会学する」一助ともなり、この状況下で教養課程の理念にかなう教育活動であると考えていた。なるほど、状況の問題に現在進行形で取り組めば、過ちを犯す危険もある。しかし、その場合には、どう誤ったか、そのつど検証し、是正していくほかはない。そうすることが、「状況における『教える自由』と『学ぶ自由』との出会い」ではないか。あるいは、「学生たちが、やがて市民としてさまざまな紛争に直面するとき、その渦中でも『社会学する』ことができるように、そのさいにも参考として活かせる思考法や指針を、目前の問題に具体的に適用して会得を促す『事例研究演習』」としても位置づけられよう。そう考えて筆者は、学生からの公式・非公式の討論の呼びかけには、よろこんで応じた。当時、学内状況に投企したパンフレット(注40)に、引用文献を明記して参照を促したのも、「こういう機会にこそ、活かせる教材」として、学生にも、手にとって読んでほしかったからである。

では、そのようにして、真相の究明につとめた結果、何が分かったか。一方では、全共闘側の基本的な正しさと、他方では、事実誤認を秘匿・隠蔽・正当化し、そうしきれなくなるや権謀術数と機動隊に頼る、東大当局の驚くべき「没意味化」「頽廃」の実態である。とすれば、そういう真相を知った一科学者として、全共闘が政治的には不利な状況に追い込まれていても、否むしろ、まさにそうであればこそ、政治的利害よりも理非曲直を優先させ、全共闘支持の旗印を鮮明にして、東大の頽廃と闘うべきではないか。そうせずに、この期におよんで「教官の立場」に戻り、「正常化」に荷担するとすれば、しばらくは(「境界人」一般にたいする通例の否定的評価どおりに)「二股膏薬」として「日和を見た」けれども、真相が明らかになるや、目をつぶって頽廃に荷担し、「保身に憂き身をやつす」ことになるではないか。そうなったら、自分の研究—教育者志望とは、いったい何だったのか。何のための「大管法」闘争、「境界人」論研究、ヴェーバー研究、マンハイム研究、等々だったのか。そのうえ、この状況で「社会学する」ことにいっとき期待をかけた学生たちも、「ああ、やっぱり……」と失望し、不信をつのらせ、「学生の立場」に舞い戻ってしまうのではないか。

そう考えて、筆者は、「全共闘を基本的に支持する」という原則を決め、学内外に表明し、（それまでは意図して学内にとどめていた）論証文書を学外にも公表して、全共闘と（「別個に進んで共に撃つ」形態も含めて）共に闘おうと決意した。闘いの具体的な中身としては、①文処分白紙撤回をめざす「文学部闘争」の継続、②（安田講堂に立て籠もって逮捕され、起訴された学生・院生被告団の）「東大裁判闘争」への支援・参加、③「解放連続シンポジウム『闘争と学問』」（以下「連続シンポ」）の開設と実行、④全国「教官共闘」の結成を展望する「造反教官」有志の連携と人事院（公開口頭審理）闘争、を考えていた。

一九　授業拒否——再争点化に向けての「捨て身」戦術

ところで、こうした活動①～④には、授業は再開し、それと並行して携わることも、不可能ではない。しかし、全共闘との共闘と、その全共闘が反対している授業再開との両立は、まず状況論として難しかった。それに、筆者自身、全共闘の主張を基本的に正しいと認め、他方、授業再開を要とする「正常化」は、その主張を押しつぶす（たとえば文処分の事実誤認を押し通す）形で進められている以上、当の授業を再開することは、原則論としても自己矛盾と感得された。そこで筆者は、授業再開拒否を決めた。同時に、その状況で、授業拒否自体に、なにか積極的な意味と展望を見出すことはできないか、とも考えた。

思想運動としての東大闘争は、「大学解体」「自己否定」の理念にまで登り詰めていた。そこからは、旧来の授業を「単位認定権と成績評価権を梃子とする『教える者』と『教えられる者』との二元的固定化」として否定し、「自由な探究と相互的な自己形成の場」として「反大学」「批判大学」「解放大学」を展望する発想が、生まれていた。その方向で構想を立て、足元から（たとえば③「連続シンポ」として）実現を企てることは、不可能ではない。しかし、そういう萌芽が伸び、「正常化」としての授業にとって代わるには、なお長年月の困難な闘いを要し、現実には当面、「正常化」が進み、「学問の季節」が回帰してくるにちがいない。(注41)そうなれば、授業再開の業務命令がくだされ、これを拒否すれば、処分され、解雇されるだろう。そのとき、どうするか。

「独立法人化」以前の当時、国立大学の教官は国家公務員で、人事院規則によって「身分保全」の公開口頭審理を請求することができた。この制度を逆手にとれば、請求者側の（規則上、請求者が自由に選任できる）代理人とともに、処分者の当局を公開の場に引き出すことができる。その土俵で論戦し、東大闘争の全経過に即して、全共闘の基本的な正しさを、もういちど状況に顕出させ、再争点化することもできる。なるほど、闘いを始めるのに、「勝利」を展望するのではなく、「負け」を予想し、逆利用しようというのであるから、冴えない意味づけではある。それに、そうした「捨て身」の戦術が「第二次東大闘争」の起爆剤となるかどうか、まったく分からない。状況の不確定要因のほか、人事院の審理指揮権に制約されて、公開論争を徹底できず、「起死回生の一打」とはならない公算も大きい。

しかし当時、授業拒否への現実的で積極的な意味づけとして、それ以外には思い浮かばなかった。ただ、そのようにして「刀折れ、矢尽きた」あとに、何が残るか、についても、思うところはあった。この点については、次節で東大闘争の全経過を振り返って述べよう。

二〇　実力行使の意義と落し穴――教官追及への呼応と黙示的反批判

この間、筆者の真相究明と論証は、当局側の自発的な情報提供によって円滑に進められたのではない。東大当局は、黙っていれば事実を秘匿し、部分的に破綻が生じて、疑問を投げかけられても、黙ったまま居直りつづけた。「六・一五時計台占拠」は、そうした状況で「泣き寝入り」を迫られた医全学闘・青医連が、壊滅寸前、そういう黙殺態勢の厚い壁を突破しようと試みた、起死回生の実力行使だったろう。ただ、そこにいたる討論の積み重ねをとおして、その衝撃を受けた全学の世論を、すかさず説得する（「インターン闘争」に始まる経過説明などの）言語闘争の態勢も、ととのえていたにちがいない。

「六・一七機動隊導入」によって、闘争は全学に拡大した。しかし、この局面転換は、「六・一五時計台占拠」の「実力行使が効を奏した」というふうに、短絡的に総括されてはならない。むしろ、間髪入れず、より大きな実力行使「六・一七機動隊導入」をもって応じた大河内総長の言語的釈明が、占拠者側の対抗言説に比して、内容と説得力において劣り、後者のほうが、「実存主義社会派」を筆頭とする「一般学生」にも受け入れられ、「共鳴盤」が形成されて、短時日のうちに「勝利」を遂げた、と見られよう。

ところが、「勝利」には落し穴が潜む。「時計台占拠」と直後の迅速な説得活動によって闘争が全学化すると、これに動揺した東大当局は、以後一転して、全共闘側が「一押し」すると、そのつど(全共闘側から見て)「面白いように」譲歩を重ねた。こんどは黙っていても、夏休み中に文処分を解除して「火種を消し」にかかった。こうした措置が、当局の「逃げ腰」の姿勢を象徴していた。やがて、夏休みが明けて、各学部学生が無期限ストに入り、建物封鎖を拡大して、実力行使をエスカレートさせると、当局はそのつど、場当たり的な学生対策の一環として、弁明文書を小出しに発表した。こうした対応が、闘争者側に、「実力で押せば、どこまでも行ける」と映っても、不思議はない。

こうした経緯で、実力行使への対応として初めて発表される弁明文書が、確かに真相究明に役立った。したがって、「実力行使も、やむをえなかったし、現にやむをえない」という全共闘側の主張も、正当性をそなえているというほかはない。少なくとも、当の黙殺態勢に無自覚に荷担し、一方的な情報源に頼り、真相究明を怠っている東大教官に、そうした実力行使を「暴力」と難じて斥ける資格はない。

ところが、全共闘側が、その域を越え、「実力行使が、言語闘争では越えられない壁を突破して真相を暴露したからには、実力行使こそ、言語闘争に優る、高次の闘争形態である」と唱え、もっぱら実力行使に頼り、それだけ言語闘争を軽んじるとなると、どうか。実力によって理屈ぬきにも主張は通せるとなると、論証は不要となり、論証への緊張は解かれ、それだけ論理は弛緩し、説得力も薄れる。じっさい、「六・一七機動隊導入」の直後、すかさず自分たちの主張を論証としても研ぎ澄まして全学に浸透させた、医全学闘・青医連のあの緊張は、闘争の高揚につれ——ということは、あとから闘争に「乗って」「押しに押す」部分が増えるにつれ——て、運動総体としてはかえって薄れ、論証による説得力もそれだけ弱まったように見受けられる。そのうえ、「安田砦攻防戦」以後、そのようにして「実力主義」に傾いた闘争者は、まさにそれゆえ、「『砦』の武闘には加われなかった」自分に、それだけ「苛立ち」を感じ、翻って「言語闘争者」への追及を「上擦らせ」た。その局面で、筆者も、「全共闘の実力行使による実態暴露『の後を追い』」、その論証という言語闘争『に止まり』、結局は『一・一八〜一九機動隊導入』を『阻止できなかった』」と自己批判したうえ、非言語闘争に踏み切れ、と追及された。

指摘された言語闘争の限界は、まさにそのとおりであった。そこで、筆者も、授業再開拒否に始まる非言語闘争に踏み出すけれども、そのことが同時に、「実力主義」への批判として、黙示的な意味は帯びるように、筆者自身は①〜④の言語闘争と緊密に関連づけていこうと考えた。こうした実力主義批判が、やがては追及者自身にも受け止められよう、と思った。

三月十七日の教養学部教授会で、授業拒否の挨拶をすませた。ここで発言するのもこれかぎりかと思うと、一瞬悲哀が胸をよぎった。しかし同時に、何をいうのにも教授会発言を先行させせなければならない重荷から、これでやっと解放される、という安堵感もあった。（注42）

二一　「文学部闘争」の継続

全共闘との共闘の①は、「文学部闘争」の継続にあった。一九六九年秋、文教授会は、文処分を「取り消す」意向を示し、これを評議会は、九月三十日に了承した。ところが、その趣旨は、「授業再開と正常化に向け、教官—学生間の不信を取り除くため、このさいあえて処分を取り消し、『教育的処分』制度と『批判的に訣別』する決意を示す」と説明され、文処分そのものについては、相変わらず、「当時の『教育的処分』制度に則って『適法』になされ、誤りではなかった」と正当化されていた。（注43）「十月四日事件」に遡って事実関係を再検証し、責任者の責任を問い、そうした批判的総括のうえで、改革に取り組もうというのではない。一〇学部中文学部だけが授業再開に取り残された政治状況への危機感から、視線を将来に逸らして問題の直視を避け、処分は「なかったことにして」、その決定と解除への責任追及はかわそうとする「窮余の策」と見えた。

十月九日、当局が授業再開に向けての大掃除のため、本郷キャンパスに機動隊を導入した夜、藤堂明保、西村秀夫の両氏、助手共闘の塩川喜信氏らと筆者は、正門横の工学部列品館前に踏み止まった。筆者は、大音量の携帯用アンプを持ち込み、ＢＧＭを流しながら、「処分理由とされた学生の行為は、『退室阻止』ではなく、すでに退室した築島教官の先手にたいする後手の抗議で、当局は相変わらず事実誤認のうえに立っている」と説き、加藤総長と堀米文学部長に「この場に出てきて、話し合いに応じてほしい」と呼びかけた。

筆者はその数日前、不退去の理由として、文処分の事実誤認を論証した原稿「これだけはいっておきたい——東大文学部問題の真相」を『朝日ジャーナル』誌の編集部に送り、不退去罪の現行犯で逮捕されたら、「造反教官も逮捕」という「新段階の」報道と同時に、掲載してほしい、と依頼していた。

しかし、当夜は、筆者の解説を聴いていた機動隊員に、楯で正門の外へ押し出されただけだった。逃げ足の早い学生たちがどこからともなく集まってきて、「どうです？……そんなことじゃ、やはり駄目でしょう」と、皮肉を交えながらも連帯感を漏らす口調で、笑った。その夜は、西村氏宅に泊めていただき、ぐっすり眠った。翌朝の各紙には、「造反教官、激しく抵抗」という見出しで、かなり詳細な記事が載った。

約一年後、当初から文処分に疑問を呈し、反対していた、藤堂明保、佐藤進一の両氏が、「教授会が責任をとらないのなら、せめてわれわれが……」と、引責辞職された。

二二 「東大裁判闘争」

一九六九年の秋から、筆者は、院生共闘被告団（「自立社」）の裁判闘争に、傍聴人また「特別弁護人」として加わった。そこでは、「第一次研修協約闘争」以降の東大闘争の全経過に即して、全共闘の基本的な正しさと東大の「頽廃」を、当局側の文書資料に法廷証言も交えて論証し、最終弁論として陳述し、一書にまとめて公刊した。(注44)

この陳述も論著も、全共闘支持の立場を鮮明にし、価値判断を前面に押し出してはいる。しかし、立論の根拠については、双方の所見を「価値自由」に比較対照し、事実関係の論証につとめている。むしろ、そうしながら、「価値自由」とはけっして「無立場性」「没価値性」「中立性」「第三者性」等々でないことを、再確認した。

裁判は七三年四月までつづけられたが、東大闘争自体は、明らかに山場を過ぎていた。しかし、筆者としては、そうであればこそ、裁判をとおして事実を記録し、後続世代に伝えることが重要と確信し、全力を傾けた。

その間、裁判を拒否する政治党派との対立もあって、裁判闘争そのものの維持も、けっして容易ではなかった。自立社の事務方を担った田尾陽一君、成川秀明君、最終陳述で、「大学に就職して、学生とともに、市民の立場から『町づくり』にかかわり、専門性も活かせるだけは活かしたい」」と決意表明した建築共闘の故内田雄造君(注45)など、折々の光景が思い出される。自立社メンバーのその後について、語るべきことは多いが、いずれ独自の論集が編まれることを期待したい。

二三　「解放連続シンポジウム『闘争と学問』」

駒場キャンパスでは、西村秀夫、最首悟（生物学、助手共闘）、石田保昭（東洋史）、信貴辰喜（ドイツ語）の諸氏と語らい、一九六九年晩秋には③「連続シンポ」を開設した。「正常化」がなし崩しに進められ、全共闘系の学生・院生・教官が集う機会もなく、分散と昏迷を余儀なくされた局面で、再結集軸とはいかないまでも、誰もが思い思いに集まって語り合える「広場」は確保しようという趣旨である。ほぼ週に一回（七〇年に入ると週に二、三回、各回約半日）の頻度で、テーマを決めてシンポジウムを開き、終了後には希望者がその場に居残り、任意にたむろして語り合った。第一回には、三百人近い学生が参集した。

当初のテーマには、「精神科医師連合はなぜ粘り強く闘うのか」「生活・闘争・模索（文学部社会学共闘）」「林学科闘争の軌跡と現状」など、学内の闘争現場からの報告が多い。海外出張から帰った宇井純氏も、第七回（一九七〇年一月十四日）に「なぜ公害にとりくむにいたったか」、第三五回（五月九日）には「公害の政治学」というテーマで参加している。他方、一九七一年四月からは、（復活した入試の第一、二年度を受験して）入学してきた新入生を対象に、「東大闘争の事実とその意味」シリーズを開設し、同年十月十九日の第五回（通算第一四三回）まで、最首氏と筆者が報告を担当した。しかし、全体の流れとしては、関心が学内から学外に向かい、教育・差別・公害の三大テーマに収斂していった。なぜか。

全共闘運動は、従来の学生運動に「大学の存在を肯定し、そのなかで管理され、抑圧されている被害者として、その枠内で自分たちの権利を拡張しようとする」限界を見出し、「大学の枠内では被害者としてある自分が、全社会的に見ると、まさに大学生・院生・教官として特権者・加害者である」という関係を見据えた。

そこから、学内では、学生以上に、（あるいは、まさに学生によって）抑圧されている職員・臨時職員との連帯を志向し、地震研・応微研では（「臨時職員をさしあたり正規の職員として雇用せよ」と要求する）「臨職闘争」を闘った。と同時に、全社会的に見て、体制の抑圧を厳しく身に受けている学外者の闘いに関心を寄せ、具体的かつ持続的にかかわって「自己否定」の方向性を探り、「自己否定」を実あらしめようとした。そこから、三大テーマについて、各地の闘争者を招き、具体的事実の報告を求める企画が組まれた。それを契機に、参加者には「ひとつの闘いに、腰を据えて取り組みたい」という思いがつのり、救援会のような小運動体をつくっていった。そうしたグループに、「エチル化学労組を支援する会・東京連絡会」（注46）、「八木下浩一さんを囲む会」（注47）、「東京伝習館救援会」（注48）などがある。

他方、そうした学外への流れに拮抗する形で、自分たちの思想的ルーツを問いなおす企画も組まれている。たとえば、「科学技術論①②」（最首、上谷）「アジア農民闘争と毛沢東思想」（石田）、「東大闘争と法学的世界観」（森下、山田）、「マルクス主義の諸問題①②」（村尾、富岡）、「ヨーロッパ人類学と植民地主義」（小野）、「アナーキズム論」（岡安）、など。同時に、そうした問いなおしを踏まえて、「対抗ガイダンスに向けて① 薬学批判」（岸江）、「同② 工学批判」（熊本）のように、「正常化」として再開された授業の中身を、専門の部局ごとに洗い出し、進学を予定している学生に、問題点を示し、専門性に即した批判活動の継続と展開を期待する企画も、萌芽を現している。「連続シンポ」とは別に、この方向を一歩進め、教官の専門的研究内容への批判にも踏み込んだ『ぷろじぇ』同人の企画については、後段第二五節で採り上げよう。

「連続シンポ」の運営は、誰でも名乗り出て担える建前であったが、じっさいには西村氏の全面的配慮のもとに、熊本一規君と故灰庭久博君が、実行委員として支えてくれた。しかし、「連続シンポ」も、三年あまりで行き詰まった。理由は、いろいろ考えられようが、筆者はこう思う。「一元的固定化」の廃棄という理念から、「運営業務の平等な負担」が建前とされ、追求されたが、西村氏他の主力メンバーには、多彩な参加者には委ねきれない責任（注49）があり、他方、多様なテーマについて各地から闘争者を招聘する見返りに、先方から招聘を受けた場合、誰もが「輪番で平等に」出向くというわけにもいかなかった。そのため、主力メンバーに負担と疲労が溜まった。また、一九七〇年度以降の新入生からの参加は、いやおうなく漸減し、学生との接点を求めるかぎり、方針転換を迫られていた。

二四　人事院闘争と「教官共済基金」構想

大学闘争が全国に広がると、教官のなかにも、それぞれの現場で闘う「造反教官」が現れた。筆者も、各地の動向に関心を広げた。当時、大阪大学にいた（中学以来の）畏友・白鳥紀一君の招きで、関西の諸大学を訪ね、久米三四郎氏、井野博満氏にお目にかかり、九州大学では滝沢克己氏、倉田令二朗氏、北大では花崎皋平氏らと交流した。

とくに、神戸と岡山では、単位認定と成績評価を拒否して独自の「自主講座」運動を展開し、停職（その後、解雇）処分を受けた松下昇氏、荻原勝・坂本守信両氏の人事院（公開口頭審理）闘争に、請求者側代理人として参加した。そのさい、神戸の松下氏は、学生全員に「祝福の零点」をつけるというように、意表を衝く個性的な闘いを繰り広げていたが、学内では孤立無援の道を辿っていた。それにたいして、岡山には、荻原・坂本両氏と必ずしも行動を共にするわけではないが、両氏を支援して、代理人席には座り、処分者側の教授会メンバーと対峙する、好並隆司、淡路憲治、両氏ほかの支援グループがあった。

筆者は、その事実に感銘を受け、そうした緩やかな連帯関係と支援態勢をととのえ、大学内における批判的少数者個人の異見表明や異議申し立ても、それだけ容易にしていくような運動は組めないものか、と考えた。いきなり「教官共闘」を結成するのは無理としても、「教官共済基金」

のようなものをつくって、被処分者とくに被解雇者を支援し、再就職後返済を受け、経常活動も維持していく、という構想である。これには、思いのほか多くの賛同がえられ、早速発足して、京都大学の野村修氏が几帳面に事務をとってくださった。しかし、見通しが甘く、突出したある闘いへの支援に、全額注ぎ込んでも足りず、早々に挫折した。

二五　『ぷろじぇ』同人の企画と「自己否定」のディレンマ

そのころ駒場で、「連続シンポ」とは別に、理工系の若手研究者からなる『ぷろじぇ』同人が(注50)「正常化」の一環として工学部教官が編集・執筆・刊行した「工学入門」の教科書を採り上げ、執筆者を招いて「公開討論集会」を開いたことがある。同グループの山口幸夫氏らは、教科書の数式やデータの誤りまで、克明に指摘し、執筆者は返す言葉もなく、工学部に進学を予定していたフロアの学生たちも、工学部の研究・教育内容の問題性を目の当たりにして、批判的なスタンスの堅持を肝に銘じたにちがいない。筆者もその場で、この方向に「第二次学園闘争」の課題がある、と直観した。

というのも、「第一次学園闘争」は、大学教官が、(それぞれ専門の研究領域ではともかく)状況の問題を「わがこと」と捉えて取り組み、理非曲直を明らかにすることはできない、という実態を具体的に暴露した。なるほど、「専門科学者」へのそうした批判は、オルテガ・イ・ガセが、

『大衆の蜂起』（一九三〇年刊）で「（専門科学という）轆轤《ろくろ》に繋がれた駄馬」を「大衆人」の一類型に数えて以来、つとに話題とされ、議論されてはいた。ただ、全共闘は、そうした実態に「専門バカ」という呼称を当てたうえ、さらに一歩を進めて、「『専門バカ』は、同時に『バカ専門』でもあるのではないか」と問うた。筆者自身は、そうした抽象的罵言の「一人歩き」を危惧し、「没意味専門経営」という言葉で代替したけれども、助手共闘のなかには「『専門バカ』は『バカ専門』なり」と唱える人もいた。ただ、個々の教官を、それぞれの専門的研究―教育の内容に立ち入って、公然かつフェアに批判する、という課題は、全般的に見て、やはり躊躇され、回避されたといえよう。この限界を越える思想―学問闘争は、『ぷろじぇ』同人のように、専門領域でも抜群の力量をそなえた人たちでなければ、あるいはそういうリーダーがいなければ、担いきれない、と思われた。

そこには、同時に、「自己否定のディレンマ」も予感された。というのも、山口氏、梅林宏道氏、高木仁三郎氏ら『ぷろじぇ』同人は、「実存主義社会派」の感性もそなえ、「大学解体」「自己否定」の問題提起にも鋭敏に反応した。同人諸氏は、大学は辞め、たとえば三里塚に常駐して「自分を鍛えなおし」たうえ、住民運動に取り組み、専門性も活かし、「民衆の科学」「市民の科学」を標榜して、それぞれ個性的な運動を繰り広げていった。

ただ、当時の状況では、辞職はむしろ「大学現場における闘争の放棄」と感得されていた。「力およばずに倒れることを辞さないが、力を尽くさずに挫けることは拒否する」という信条が語られ、「『打ち首』か『とんずら』か、と問われたら、前者を選ぶ」という志向が立ち勝っていた。筆者も、そうした状況で、「打ち首」を予期して授業再開拒否に踏み切り、「打ち首」の沙汰がなく「生殺し」の状態に陥ってからも、「ここで現場を見限ってよいのか」という問いにつきまとわれていた。

この問いは、ヴェーバーの「合理化」論(注51)と関連する。「合理化」は「専門化」の進展をともなわざるをえないが、そうなると、「非専門家」の大衆は、自然科学の専門技術的応用の所産は日用財として享受しながらも、応用の基礎をなす合理的原理からは、ますます疎隔され、自分では技術を制御できず、「専門家」に頼らざるをえなくなる。とすると、大学で養成される「専門家」ないし「テクノクラート」が、「『専門バカ』であると同時に『バカ専門』でもある」となったら、どうやって技術を制御するのか。「合理化」のこのディレンマにどう対処するか、考え併せると、大学現場を放棄する選択にはそれだけ慎重にならざるをえない。むしろ現場に止まり、そこに敷きつめられた「体制テクノクラート」への軌道を「『自己否定』的反テクノクラート(注52)」の方向に転ずる方途を、探るべきではないか。

そこで、筆者は、「①徹底抗戦、②解雇、③辞職、④授業再開」という四つの選択肢を想定し、それぞれの利害得失を考えたうえ、(注53)（筆者個人としては、①②の可能性が断たれたあと、③④から）④を選択し、大学に止まった。それだけに、専門的研究―教育内容に踏み込む「『自己否定』的反テクノクラート」型の闘いと、そうした闘いを担える批判勢力を、大学現場に残せず、たとえば東大工学部が「原子力ムラ」御用学者の温床となるのを阻止できなかったことに、責任を感ずる。筆者自身にはその方面の力量がなく、みずから専門的内容批判を買って出ることは不可能だったとしても、(注54)駒場を拠点に、そうした批判勢力を培い、組織化する方向で、なにかなすべきことが、あったのではないか。たとえば、政府機関の審議会委員となっている教官を系統的にピック・アップし、『ぷろじぇ』同人がやったように、あるいはその協力をえて、専門的研究内容を批判的に検証するとともに、審議会発言との整合性も問う、というような運動が、考えられよう。

しかし、じっさいには、駒場の「連続シンポ」(後には「公開自主講座」)から、本郷の「公害原論」(宇井純氏主宰)と「生存基盤原論」(高橋晄正氏主宰)に向けて、通路を開いておくだけで、精一杯だった。

二六　授業拒否の敗北と総括

筆者は、裁判が結審を迎えた一九七二年度の後期から、授業を再開し、教授会に復帰した。三年半の授業拒否闘争の敗北である。そのこと自体に、弁解の余地はない。ただ、授業拒否と並行して進めた①〜④の活動については、それぞれ総括して、敗北後に引き受ける現実のなかでも、引き継げるものは引き継ぎたい、と考えた。

①「文学部闘争」は、文処分の「取り消し」という結末を迎えた。なるほど、背後の「国大協

しが見えたら、こんどは素早く対応して、未然に食い止めるほかはない。しかし、それには、学内で監視を怠らず、再発の兆しが見えたら、こんどは素早く対応して、未然に食い止めるほかはない。

じっさい、一九七七年の夏、全共闘運動の志を継いだ文学部学生有志が、「東大百年祭・百億円募金」に反対して文学部長室に泊り込んでいたところ、現場から小火が発生してしまった。学生は、「失火」の疑いで本富士警察署の取り調べを受けたが、署の実験では、タバコの火や蚊取り線香では床面に火がつかなかった。ところが、文教授会は、床面の発火地点と灰皿との間に、フトンがあり、これが「着火物」となって火災にいたった、と主張し、「学生の失火」と断定して、処分を画策した。

『学内広報』に発表された火災現場の図面(注55)を見ても、当のフトンは、発火点から約四〜五メートルは離れた位置にあり、火源と発火とを媒介することは不可能であった。だが、このときも、ある党派の学生が、「消火作業の放水で、フトンが離れた位置に飛ばされたまで」と主張し、処分をそそのかした。しかし、フトンは、窓ないし扉からの放水では飛ばされようのない方角にあった。

なるほど、小火そのものは痛恨の不祥事で、筆者もまずは、若者の闘争規律の甘さないし弛緩を、原則的に批判した。(注56)しかし、そうだからといって、市民としては刑法の「軽失火」を問われることもない事案につき、文教授会が出火原因を捏造して処分することは、容認できない。一九六八〜六九年には、文処分の事実関係にかんする論証と発表が遅れ、これが機動隊導入を許す一因ともなったので、こんどは迅速にことを運び、当時本郷で開かれた討論集会で、加藤一郎著からの引用も交えた資料を添え、所見を発表した。(注57) この集会には、旧助手共闘とその周辺の批判的少数者が、数多く出席していて、筆者の所見に賛成し、その線でそれぞれの学部教授会メンバーを説得してくれたと聞く。処分案は、こんどは評議会で採択されず、葬られた。文教授会は、「いつか来た道」の破局を、寸前で免れた。

②「東大裁判」は、筆者の授業再開時には、結審され、翌七三年四月に判決が予定されていた。目標の全員無罪が勝ち取れなかったことは、「敗北」とも総括されよう。しかし、刑罰が比較的軽微で、ひとりの「指導者罪」を除き、被告団の全員に執行猶予が付いて身柄を拘束されなかったことは、『勝利』ではなくとも、一概に『敗北』とは断定できまい。

むしろ、被告団とともに力点を置いたのは、審理の過程であった。そこでは、当局側の意図と背景を、証人尋問をとおして究明し、「第一次研修協約闘争」に始まる東大闘争の全経過を論証して、最終弁論と一著作『東京大学——近代知性の病像』に集約することができた。これは、公判廷を「逆利用」する闘いの成果といってもよかろう。とくに、東大闘争が、「事件としては死に」「歴史となって」議論されるさい、重要なのは、(映像記録その他もさることながら) 当事者による実証的全体像であろう。『東京大学』には、激震時に一瞬垣間見られた「理性の府」の実態が、相応に克明に記録されている。

③「連続シンポ」は、「『正常化』に抗しきれず、正規の授業にとって代わることができなかっ

た」という意味では、敗北である。しかし、全共闘およびシンパの学生たちが、闘争圧殺による昏迷から立ちなおって、それぞれの人生に再起していくのを、多少は介助できたであろう。また、入試復活後の新入生に、東大闘争の事実と意味を伝え、「このキャンパスで学生時代を安穏と過ごすわけにはいかない」との思いを触発し、批判的スタンスの形成を促すことも、あったにちがいない。

問題は、参加者が「連続シンポ」から何を汲み取り、その後の人生と学問に、どう活かすか、にあった。そこでは、前述のとおり、学内から学外へと関心が広がり、筆者もその流れに沿って、教育・差別・公害にかかわる全国各地の住民運動に馳せ参じたが、そこからは、そうしたネットワークの一端を担うばかりでなく、どれかひとつの闘いに集中的に取り組み、そこに生活の拠点も移して、人生と学問の再起をはかる、という選択肢もありえた。本書の共同執筆者のひとり熊本一規は、そのようにしてかれ自身の人生と学問を切り拓いたし、『ぷろじぇ』同人の自然科学者も、文科系では花崎皋平氏も、それぞれの大学闘争から、基本的には同一の決断をくだし、「民衆の科学」「民衆思想史」を構築する道に進んだ。

二七　授業再開と「公開自主講座『人間―社会論』」

筆者は、授業を再開し、教授会に復帰した。しかし、その条件(注58)のもとでも、一教員としての裁量権が許すかぎりで、闘いをつづけた。一九七二年度の後期には、正規の演習をふたつ再開した。ひとつは、「エートス論」と題し、「プロテスタンティズムの倫理」論文をテクストに使って、「社会学する」スタンスの会得と「変革のエートス」の形成をめざした。テクストの厳密な読解につとめながら、随所で医・文処分を採り上げ、社会学を身近な行為連関の解明に活かすことができ、そうして初めて方法として身につくことを説いた。読解についても、東大闘争における「亀派」教官のように、論争を恐れ、「首をすくめて嵐が過ぎるのを待つ」のではなく、みずから論争を提起し、あるいは正面から受けて立ち、論争でこそ明晰さを発揮する「強靭な読み」を、修得するように勧めた。

いまひとつは、「東大闘争論」と題したかったが、生々しすぎて無理だったので、「『主張すること』と『立証すること』」と抽象化して登録し、裁判の公判調書をデータとして、東大闘争の経過について議論した。とくに、全共闘の「主張」と、後期局面および公判廷における「立証」との間にギャップがあることを見据え、「立証しつつ主張して闘うスタイル」として「論証・熟議民主主義」(注59)の可能性に着目し、それには資料・情報の公開が不可欠の条件をなすことを説いた。このゼミに参加し、この問題を「『官僚制の秘密主義』に対抗する『情報公開』」というふうに再設定して、「情報公開法」制定に向けて奔走し、論証的に闘いを進め、同法の制定にこぎつけたのが、本書の共同執筆者のひとり三宅弘といえよう。

一九七三年四月には裁判が終わり、筆者は、正規の講義も再開し、さしあたり、六八年以前の講義から「デュルケームとヴェーバー」の教材編成を引き継いだ。ただ、この講義を（別枠ながら）内容上はそのまま公開し、「差別・選別体系」の一角は取り払う「公開自主講座『人間―社会論』」を、一九七七年の「東大百年祭・百億円募金」への対抗企画として開設し、九三年のドイツ出張まで、十六年間継続した。一九七〇年代から、大学教員が自分の研究内容を一般に公開する「カルチャー・センター」風の企画が、新聞社・出版社などの肝煎りで広まったが、筆者は、この「公開自主講座」を「大学解放」運動の一環と位置づけ、大学の教室を借りて手弁当で実施し、一般の「カルチャー・センター」には、別に反対はしないまでも、講師として出向したことはない。(注60)

さて、「公開自主講座」では、やがて、聴講者が「常連」となり、「デュルケームとヴェーバー」を繰り返すわけにもいかなくなったので、「プロテスタンティズムの倫理」から「世界宗教の経済倫理」シリーズに進み、「儒教と道教」「ヒンドゥー教と仏教」「古代ユダヤ教」の三部作を通読した。テクストには邦訳を用いたが、参加者市民の読解のため、毎回プリントを用意し、（少なくとも講義時間以上の）時間をとって「脱線歓迎」の議論もした。もとより、参加者市民が、各々の状況の問題に「価値自由」に取り組み、「論証・熟議民主主義」の創成と発展を担ってほしいと念願してのことである。十六年間そうするなかで、筆者としても、一般に難解とされるヴェーバーの論述が、どうすれば一般市民の読解に耐え、咀嚼され、活かされるようになるか、多くのことを学んだつもりである。

実行委員は、「連続シンポ」と同様、誰でも名乗り出て担える建前であったが、故灰庭久博、清水靖久、苅谷剛彦、大谷秀彦、渡辺雅昭、中野敏男、横田理博の七君と、市民参加の大淵正、森島頼子、両氏らが、安定した運営を支えてくれた。大隅清陽、苅部直、福岡安則らの諸君も、手伝ってくれて、実行委員も含め、毎回、終了後の談論風発を楽しんだ。

しかし、本稿にとって重要なのは、むしろ内容上の問題であろう。

二八　ヴェーバー研究の動機と東大闘争

ヴェーバーの「理解社会学」は、医・文処分の行為連関の究明にも、有効に適用された。しかし、それ自体が、そういう微視的適用をめざして編み出されていたのではない。筆者としても、「境界人」論ともども、そうした適用にあらかじめそなえていたわけではない。

筆者はむしろ、敗戦後の混乱（「急性アノミー」）のなかで、敗戦を「終戦」と言いくるめ、（丸山眞男氏を除けば）戦争責任を問わず、「科学技術開発によって『生産力』を回復し、『封建遺制』を払拭すれば、『戦後復興』は成り、『経済成長による豊かな暮らしへ』」、あるいは『社会主義をへて共産主義へ』の未来も開ける」と唱えたり、「教科書に墨を塗る」ことを誇示ないし讃美したり、要するに「欧米近代に『追いつき追い越せ』路線」の柵を乗り越えられない「戦後思想」の諸潮流に、不信と懐疑の念をもって対峙した。

筆者は逆に、混乱を混乱として見据え、「アノミー（無規制）」の「危機」を深め、掘り下げ、徹底させて、根底から「突破口」を探ろうとした。そうした方向で、敗戦後の文化の混乱を、「欧米近代」と「日本の伝統」との双極に「理念型」として集約する方法と、「欧米近代」の「来し方・行く末」にかんする包括的な知見とを、ともに提供してくれそうな先達として、ヴェーバーに注目した。

同時に、異質な文化の狭間に生きる個人を、関心の焦点とし、対抗文化間の「雑種」という新しい個性の誕生を媒介してくれそうな一般理論として、「境界人」論にも注目した。これを、ジンメルの「異邦人」論やベルジャエフの「ロシア」論などと結びつけて再解釈し、（インド、ロシア、中国、日本など）「非欧米マージナル・エリア」群の比較類型学的研究に活かそうと企てていた。その矢先、そうした巨視的展開に予定された理論が、思いがけず、職場の紛争に微視的にも適用され、その意義の一端を垣間見せてくれたのである。

ところで、東大闘争という微小な時空の「実験室」状況に浮上した人間群像は、敗戦直後の限界を越えず、同じ欠陥と脆弱性を露呈していた。自分の状況で現にみずから直面している問題を「わがこと」として捉えようとはせず、ことの拠って来る所以を、科学者として原因に遡って突き止めようともせず、したがって責任を問えず、派生態のどこかに引っ掛かって思考を停止し、右往左往する東大教官の姿は、非道で無謀な戦争を始めて止められなくなった軍国主義者と、そうした戦争に歓呼賛同して引きずられた圧倒的多数の大衆と、どこでどう違うのか。丸山眞男氏の「無責任体系」批判は、氏自身にとって現場の、東大のこの状況でこそ、有効性を試されてしかるべきだったのに、いったいどこへ飛び去ったのか。この問題は、本書の企画・編集者で共同執筆者のひとり清水靖久の、十年来の研究課題であり、本書でも、同君の「戦後思想史」研究の一端として、その成果が示されるであろう。

二九　ヴェーバーの「比較歴史社会学」——「欧米近代」の来し方・行く末

では、ヴェーバーの「理解社会学」は、本来は何に予定されていたのか。「欧米近代」の来し方・行く末を巨視的に問うためである。

かれは、第一次世界大戦前後に、「『近代資本主義』『近代国家』『近代科学』『近代技術』など、それぞれ『合理化』されて『近代合理主義』に特有の性格を帯びる文化諸形象が、西欧の中世から近世にかけて発生したのはなぜか、どういう諸条件が出揃い、どう組み合わされた結果なのか」と問うた。この問いは、「そうした『合理化』が、今後合流して全地表に普及し、『化石燃料の最後の一滴が燃え尽きるまで』止めどなく進むのか、それが人類の運命なのか」という危機意識に発している。

さて、この問題設定に答えるには、「合理化」がおよそ発生しなかったか、発生しても別の方向に発展した、西欧以外の諸文化圏（「文明」）との比較が必要とされる。また、そうした比較を有効に進めるには、諸文化圏に跨がる「家、近隣、氏族、種族、宗教教団、市場、法仲間、政治団体、階級と身分、国民、聖俗の支配体制、都市、国家、政党」といった、どこにでもある普遍的な「社会形象（構成態）」について、それぞれの「類—類型概念」（一般概念と、各文化圏に特有の形態にかんする「類的理念型」概念）を構成しなければならない。この課題を負う著作が、『経済と社会』の「旧稿」（以下「旧稿」）である。他方、そこで構成された「類—類型概念」を、手始めに西欧以外の中国、インド、古代パレスチナなどに適用し、それぞれの宗教と支配構造を焦点に、西欧とは異なる発展を見通し、類型的分岐の諸条件を索出しようとした労作が、「世界宗教の経済倫理」シリーズである。

ところが、「旧稿」のほうは、今日まで、全篇が精確には読まれていない。遺稿のテクストが、三次にわたり、誤って（「社会学的基礎範疇の術語を変更した」という著者の断り書きを無視して）編纂され、読者誤導が野放しにされてきたためである。そこで、各編纂の誤りを指摘し、原著者自身の意図と構想に立ち帰ってテクスト内容を再構成する基礎作業が、執筆後一世紀を経た今日なお、ヴェーバー研究の最前線にある。筆者は一九九三年、停年退職間際に初めて外国に出張し、一年間ドイツに滞在して、そうした実情をつぶさに確認し、（『全集』版編纂中の）ドイツ学界に「『旧稿』編纂問題」を提起して帰国して以来、この問題を当面の研究課題とし、論争している。ヴェーバー比較歴史社会学の「非欧米マージナル・エリア群」への応用・展開という巨視的研究課題には[注61]、学問上、「旧稿」のそうした再構成を踏まえて、取り組まなければならない。

二〇　ヴェーバーの科学論と「責任倫理」要請

とはいえ、そうした研究の進捗を待たなくとも、「大管法」闘争、東大闘争、それ以降の公害問題、原発問題への取り組みを、ヴェーバーの科学論と関連づけ、これを再解釈しながら捉え返し、位置づけるとすれば、おおよそつぎのようにいえよう(注62)。

ヴェーバーは、科学一般の権能を大別して、①与えられた目的にたいする手段の適合度の検証、②当の手段を採用したばあいに生じうる犠牲(随伴結果)の予測、③当の目的の意義にかんする知識の提供、に求めた。ある人が、自分の目的を明晰に捉え、適合する手段を選択し、その犠牲も予測して、利害得失の秤量を怠らず、「責任倫理」的に振る舞うには、科学知の援用を欠かせない。ところで、科学知にはつねに、「ここまでしか分からない」という限界がある。それはちょうど「旅人にたいする地平線」のように、どこまでいってもそのつど後退し、捉え尽くせない「未知の領域」が残る。

ところが、まさにそれゆえ、一方には、そうした限界を弁えず、「すべてを知り尽くした」かのように思い込む「全体知(的固定化)」「科学迷信」(ヤスパース)が生まれる。他方、科学者の真理探求と、技術者(としての技術者)の効率追求との間に、緊張が発生する。科学と技術は、「科学技術」と一括されたり、「技術は科学の意識的適用である」と唱えられたりして、双方の順接―

親和関係が前提とされやすい。ところが、ヴェーバーは、双方の逆接—緊張関係に注目し、技術にたいする科学の否定的—、批判的意義を重視する。すなわち、ある目的の達成をめざして、ある技術の採用が提唱され、議論されるとき、当の目的の唱導者ばかりか、その目的のもとに適合的手段を考案しようとする技術者も、ともすれば目的達成の「正価値」に目を奪われ、ひたすらその効率的達成を追い求めるであろう。そうすると、①手段の適合度の検証はともかく、②「負価値」としての犠牲の予測は、それだけ甘くなり、科学知の限界内でも、障碍や破綻による犠牲の発生を看過ないし軽視しがちであろう。ましてや、その限界を越える、当面「予測できない」不具合や事故の可能性は、まったく顧慮しないことにもなろう。ところが、まさにそうであればこそ、科学者には、それだけ鋭く科学知の限界を指摘し、限界内の確かな予測の域を越えても、不具合や事故の可能性を想定し、警告を発することが求められよう。

そのさい、科学者は、ひとたび事故が起これば犠牲を被りうる関係者（技術的装置の運転員、その設置が予定されている地域の住民、など）とも、科学知の限界を自覚して、公明正大に議論する必要があろう。なるほど、そうした関係者は、関連領域に精通した「専門家」ではないであろう。しかし、万一不具合や事故が起これば、その被害を（犠牲がおよび難い目的唱導者や設計技術者に比して）直接身に受けるから、それだけ敏感に、事故や不具合の可能性にかんする仮説を直観的に孕むことができよう。とすれば、そうした仮説の厳密な検証は、専門の科学者に委ねるか、（望むらくは）専門の科学者と共にするとしても、実質上、科学知の限界の確認と（場合によっては）その拡張に寄与するパートナーともなりえよう。反対に、科学者が、そうした関係者との議論を回避し、検証に欠かせないデータを秘匿するとすれば、それはかれが、科学者であることを止め、目的唱導者の利害ないし権力に仕える「下士官僚」に成り下がっていることを、意味するほかはなかろう。

ところで、そうした目的達成と犠牲との相互秤量の中身は、個々の場合に応じて多種多様であろう。しかしここで、ふたつの極限事例を「理念型」として区別することができる。ひとつは、事故が起きる公算は高いとしても、犠牲は限定されていて、目的達成のメリットをさほど棄損しないという場合である。これをかりに「通常技術」と呼ぼう。ところが、いまひとつ、「万全の対策」をとっても、科学知の限界から、事故が起きない保障はなく、万一起きれば、犠牲は甚大で、取返しがつかず、目的達成の「正価値」を棄損してあまりある、という場合もあろう。また、事故が起きて「急性のakut犠牲」が生ずることは稀でも、常時、有害で危険な副産物や廃棄物が排出され、処理されずに、あるいは「処理」「再処理」されても危険なまま、累積されて、そういう「慢性のchronisch犠牲」が、後続世代に先送りされることもあろう。この類型をひとまず、「通常技術」にたいして「特異技術」（注63）と呼ぼう。両者を範疇として区別するのは、一方では「事故の教訓を学んで安全対策に活かそう」という（抽象的には「もっとも」でも、「通常技術」にしか通用しない）一般的建前を掲げて、問題の「特異技術」の存続自体は容認していく議論と、他方では、一種の「自然崇拝」に短絡して科学と「通常技術」まで敵視する議論との、双方の落し穴を「同位対立」として避け、議論を進めていくのに必要と思われるからである。

科学者は、「特異技術」については、その採用による目的達成のメリットがいかに大きく見積もられようとも、万一の事故を考え、翻って当の目的の意義について反省し、その当否を問い返すであろう。そのとき、科学の権能③が求められ、人文―社会科学との連携の道も開ける。すなわち、当の「特異技術」の意義につき、それが、どんな文化史的背景のもとに、どこから来て、どこへ向かうのか、その採用を見合わせた場合、ライフ・スタイルと価値観にはどういう変革が求められ、産業―経済構造はいかに再編され、代替エネルギーはどう調達されるか、といった一連の問いに答え、こんどは当の「特異技術」の廃棄にともなう犠牲も予測して、廃絶まで責任ある廃棄を進める課題、が提起されよう。

三二　「合理化」と「神々の争い」

他方、ヴェーバーにおいては、科学と技術との緊張関係が、科学（真理）と技術（効率）との間だけではなく、目的唱導の背後にある政治（権力）や経済（富）との間にも、「（価値秩序の）神々の争い」として見据えられ、この「神々の争い」が、普遍的な「合理化」の一環として捉えられていた。「合理化」は、「社会的分化―専門化」をともない、科学・技術・経済・政治・芸術・性愛・宗教といった各生活領域の「固有価値」と「固有法則性」が、それぞれ知性によって認識され（「主知化」）、「ratio（合理的計算）」にしたがってひたすら追求される。その結果、「価値秩序（の神々）」も引き裂かれて、互いに相剋し、狭間に身を置く人間には、緊張をもたらす。

しかし、「神々の争い」が、「専門家」に、必ず内面的「緊張」として体験されるとはかぎらない。たとえば、もっぱら「効率」に仕える技術「専門家」は、たとえ「科学者」としての経歴はそなえ、「科学者」として遇されていようとも、技術にたいする科学の緊張を、内面的には体験しないであろう。当の「技術者」を養成した「大学」組織が、科学という設置目的には背いて「国家目的」という政治価値に従属していたり、「技術者」が現に所属する「企業」組織に、「産業優先」の経済価値が浸透していたりすれば、とくにそうであろう。

この観点から、「大管法」闘争と第一次学園闘争は、じつは「大学」が、政治価値や経済価値に絡め捕られ、理念と設置目的からは離れ、「科学者」が「科学すること」を忘れている現状を、内部から問い返して緊張を喚起し、本来の設置目的にかなう「使命としての科学」の蘇生を迫った事件として、位置づけられよう。

三二 「合理化」と「文明人」のディレンマ

他方、「合理化」は、各生活領域の「固有価値」をその「固有法則性」に即してそれぞれひたすら追求する「専門家」と、そうした「専門家」的「経営」の所産に適応し、その効用を享受する大衆との間に、溝をうがち、これを拡大する。科学的原理の「発見」は「発明」として技術的に応用され、さまざまな日用財が製造され、普及するであろう。ところが、そうした日用財を享受する「文明人」大衆は、諸財の増大と多様化につれて、創案―設計―製造のさいには基礎とされ、応用された、自然科学の合理的原理そのものからは、ますます疎隔され、無知の状態に追い込まれざるをえない。

「文明人」はただ、「そうした日用諸財が、人間によって創り出された人工物であるからには、（自分では難しくとも）『専門家』の合理的予測によって制御できると信じているにすぎない。この点、「未開人」が、「（生活の禍福を左右する）『呪力』のはたらきは、（自分では難しくとも）『呪術者』（という一種の『専門家』）の仕種によって制御できる」と信じているのと変わりはない。したがって、両者とも、生活上の効用―機能体系に不具合が生じ、予測が外れ、信頼が崩れると、自分では対処できず、「パニック」にも陥る。

しかも、「合理化」され、分化―専門化―多様化され、それだけ複雑化された世界に生きる「文明人」は、比較的単純な生活条件を経験的に熟知している「未開人」に比して、平均的には、自分の生活条件についてはるかに無知、不安定で、「目的合理的」に振る舞えるとはかぎらない。ヴェーバーの「合理化」論を、後にナチズムが台頭する状況で受け止め、敷衍―展開したマンハイムは、社会の「機能的合理化」が、個々人の「実質的合理性」（「所与の状況で、事件の相関関係をみずから洞察して知的に行為する能力」）を高めるとはかぎらず、かえって「非合理化」をもたらしうると喝破した。個々人は、社会的機能体系の「危機」に直面して、みずから「実質的合理性」を発揮して混迷から脱し、機能─信頼体系を再建していくよりもむしろ、そうした模索と選択を耐え難い「重荷」と感じ、「肩代わり」を「約束」するカリスマ的リーダーを待望し、歓呼して迎え入れもする。

ヴェーバーが、いまから一世紀近くまえ、科学一般の権能を明らかにしながら「職業Berufとしての科学」を説いたとき、そのBerufには、そのように「非合理化」をともなう「合理化」という全社会的条件のもとで、大衆ないし公衆に委ねきれず、「民主・自主・公開」の三原則によって保障され、おのずと解決されるわけではない、科学の三権能の発揮による技術批判が、技術的応用の原理的基礎に通じている専門科学者に負わされた、科学本来の「使命Mission」として要請されていた、と解されよう。

さて、原発事故を予想し、理に適った原発反対をとなえ、制御不可能な「特異技術」への「科学迷信」をたしなめてきた自然科学者が、確かにいた。そういえばただちに、故高木仁三郎氏が思い出されよう。

氏は元来、理想主義者であり、(注64)「職業科学者」のままでいては、科学本来の使命は達成されないと察知し、「市民科学者」「体制内のポストを捨てる『自前の科学』派(注65)」となって、「特異技術」批判という科学本来の使命をまっとうした。ただ、氏の鮮やかな転身と事績に感嘆するあまり、「職業科学者」と「市民科学者」とを、範疇として分け、後者でなければ科学本来の使命は達成できない、と断ずるとなると、氏の本意に反するのではないか。それでは、かれ個人には既設大学の学生・院生・助手時代に習得されていた基礎的教養・実験現場経験・研究実績といった先行要件が、「市民科学者」の後続世代には絶たれることになり、科学性そのものの減衰と、運動としての先細りを、余儀なくされるのではないか。むしろ、「市民科学者」と「職業科学者」とが、互いに連携して、持続的に科学本来の使命を追求し、「犠牲」を被りうる「非専門家」との議論の場も拡大して、論証と熟議を重ねていくことが、必要かつ重要と思われる。

むすび

第一次全国学園闘争では、学生が教員に「学問のあり方」を問い、これを正面から受け止めた批判的少数者が、「使命としての科学」に目覚め、地域住民と連携して反公害―、反原発運動にも取り組んだ。ところがいま、大学は、なにごともなかったかのような無風状態にある。第一次東大闘争に萌芽を現した「第二次学園闘争」――「専門研究者が状況の問題には科学者として対応できない」という限界の暴露を踏まえ、専門領域における研究内容の批判的検証にも踏み込み、大学を「使命としての科学」「論証と熟議」の場にしていく闘い――は、いつ起きるのか。本稿が、第一次東大闘争にかかわった一教員・研究者の総括として、今後の議論に、問題提起ならびに資料として用いられることを祈念する。

注

注1　というよりも、「矢内原三原則」によって、学生大会へのスト提案、議長の採択、スト決議の執行が、禁止されていたので、責任者は、処分を予想し、覚悟のうえで、ストに踏み切っていた。

注2　「『大管法闘争』と『国大協路線』」（拙著『学園闘争以後十余年』一九八一年、三一書房刊、以下、『十余年』と略記、二二〜二五ページ）参照。

注3　後段の第一三、一四、二一節参照。

注4　その経過と意義については、「医学部処分とその背景」（『十余年』一七〜二二ページ）参照。

注5　その記録は、大塚久雄編『マックス・ヴェーバー研究』一九六五年、東大出版会刊。

注6　ただ、レーヴィットの論述は、思想と学説の平面にかぎられていたので、思想展開の時代的・社会的背景については、筆者として補充につとめた。

注7　ヤスパースが「哲学Philosophie」に「哲学することPhilosophieren」を対置した顰みにならった。

注8　拙稿「医学部処分とその背景」（『十余年』一七〜二二ページ）参照。

注9　国大協の「第三常置委員会」は、一二月九日、「最近の学生問題に関する意見」を発表し、「学生の秩序違反には、学外の行動も含め、厳正な処分をもって臨み、警察力の導入もためらうべきでない。教官は常時、学生とのコミュニケーションを密にし、一朝有事のさいには一体となって説得に当たれ。学生との交渉や協議は、正式の代表者にかぎれ」（趣旨）と説いていた。

注10　〝s'engager〟をこう訳す。

注11　たとえば「人種上の交配種hybrid」の「ムラート」、「文化上の雑種」としての「散住ユダヤ人」のように、異質な文化の「交錯域」に生きる個人。拙著『危機における人間と学問――マージナル・マンの理論とウェーバー像の変貌』一九六九年、未來社刊参照。

注12　事実認識と価値判断とを思考範疇として区別し、後者に曇らされない前者と、前者に捕われない後者との双方を、緊張関係においてともに堅持せよと説く、ヴェーバー社会科学方法論の規範的要請。

注13　後に拙著『大学の頽廃の淵にて――東大闘争における一教師の歩み』一九六九年、筑摩書房刊に収録。

注14　後の言葉では「熟議民主主義」に近いが、筆者としては「論証ー熟議民主主義 argumentative und deliberative Demokratie」と呼び、「論証」に力点を置きたい。

注15　『東大紛争の記録』一九六九年、日本評論社刊（以下、『記録』と略記）、二三～二七ページ、高橋「証言東京大学医学部」、『婦人公論』一九七〇年六月号所収参照。

注16　拙著『東京大学——近代知性の病像』一九七三年、三一書房刊、一二九頁に図示。

注17　東大全共闘編『砦の上にわれらの世界を』一九六九年、亜紀書房刊、二九～三〇ページ参照。傍点は引用者、以下同様。

注18　『記録』、三六～三八ページ参照。〔　〕内は引用者、以下同様。

注19　マンハイムは、ある言語形象の「存在被拘束性」を検出しようとするさい、「何が語られているか」よりもむしろ「何が語られていないか」に着目する。

注20　一九七〇年十二月一日の東京地裁牧法廷における豊川証言（『東京大学』一二七～一二八ページ）参照。

注21　『記録』七一ページ。

注22　『朝日新聞』三月二十四日朝刊。後の裁判でも、豊川氏は、「目撃者の名前や人数」を証言しなかった。

注23　六月二十八日「医学部長『談話』」、東京大学弘報委員会『東大問題資料２』（一九六九年、東大出版会刊、以下『資料２』）四〇六ページ。

注24　『資料２』四〇五ページ。

注25　じっさい、豊川医学部長は、後の法廷（一九七〇年一一月一四日、東京地裁・牧法廷）で、「処置前の状態に還元する」とは、「調査中の状態に戻す」という意味であり、「更に調査を続けて再度処分することもありうる」との「含み」をもっていた、と証言した（『東京大学』一五二ページ）参照。

注26　安冨歩『原発危機と「東大話法」——傍観者の論理・欺瞞の言語』二〇一二年、明石書店刊参照。

注27　「林健太郎文学部長『軟禁』事件」。ここで、文処分の事実関係が初めて採り上げられ、議論された。

注28　「密議」というのも、一方では、当事者の築島助教授を除外し、他方では、当初から処分に疑問を呈していた藤堂明保教授を排除していたからである。

注29　当日午後には、公表が停止されている。

注30　「×××君の処分問題について」一～二ページ。

注31　拙稿「東大文学部問題の真相」（『朝日ジャーナル』一九六九年十月二十六日号。後に「『理性の府』の実態」と改題

して『人間の復権を求めて』一九七一年、中央公論社刊、五二〜六六ページに収録)、同「相互理解不能状況を超えて——価値自由な真理探求とその意義」(『ヴェーバーとともに四〇年——社会科学の古典を学ぶ』一九九六年、弘文堂刊、七五〜一〇九ページ)など。

注32 一九六八年九月四日に医科研会議室で開かれた評議会の『記事要旨』より引用。

注33 「×××君の処分問題について」五ページ。

注34 東京大学弘報委員会『東大問題資料1、「七学部代表団との確認書」の解説』一九六九年三月、東大出版会刊、七五ページ。

注35 「神と人との不可分・不可同・不可逆の原関係」論。

注36 全共闘運動の思想的軌跡とその総括については、拙稿「『大学解体論』の内容と意味」および「『自己否定』の論理」(『十余年』三四〜四二ページ)参照。

注37 前注31参照。

注38 ある「殻Gehäuse」に守られて成長した生命が、時満ちて「殻」を割って出ても、無制約・無形式のまま「満開の生」を謳歌しつづけることはできず、ふたたび高次の「殻」を創り出し、そのなかで再成長を遂げるほかはない。「政治の季節」と「学問の季節」との循環を一挙に止揚して、なにか究極の「生—形式」統一に到達することは、不可能である。

注39 文教授会有志四〇名は、十一月二十日、秘密裡に連判状をしたためて加藤執行部に送り、「毅然として文処分を固持せよ」と要求していた。『記録』三三九〜四〇ページ参照。

注40 「折原論文」とも呼ばれていた。唐木田健一『一九六八年には何があったのか——東大闘争私史』二〇〇四年、批評社刊、九七〜一〇三ページ参照。

注41 「学問の季節」の回帰性については、前注38参照。

注42 教官には、「教授会では何も発言せず、裏で学生を煽る人」、「教授会で発言はするけれども、けっして『言い難い』ことは言わない人」など、いろいろなタイプがあった。筆者は、「同じことを先に教授会で発言する」信義ないしフェア・プレーの原則を守ろうとつとめた。しかし、発言の内容が、教授会の多数意見から離れ、対立すればするほど、その先行発言義務が、それだけ重荷と感じられていた。

注43 九月二十六日付け堀米文学部長書簡「紛争の解決に向けて文学部学生諸君に訴える」、『学内広報』第四三号(九月二十九日発行)、三〜四頁。

注44 前掲『東京大学——近代知性の病像』。

注45　『ゆっくりとラジカルに――内田雄造追悼文集』二〇一二年、内田雄造先生追悼文集世話人会（〒一六八-〇〇六三　東京都杉並区和泉三―三四―一三［モモの部屋］内田方）刊。
注46　エチル化学労組（山口県新南陽市）は、ガソリンのオクタン価を高める四エチル鉛を、労災と公害の原因物質と見て、その生産を現場で拒否し、新設工場を廃業に追い込み、鉛公害を未然に防いだ。
注47　公教育における身体障害者差別を告発し、普通学級への入学を要求した。
注48　福岡県柳川市の伝習館高校で創造的な教育実践を試みて処分された茅嶋洋一氏らを支援しながら、公教育のあり方を問うた。
注49　たとえば、公教育体制への異議を唱えて大学受験を拒否し、「解放空間」に集まって語り合うようになった浪人や高校生の諸君が、夜半に引き取った後、戸締りや火の始末を確認して帰る責任、など。
注50　同人誌の表題から推して、サルトルの影響を受けた「実存主義社会派」と見られよう。
注51　詳細については、後段第三一節参照。
注52　拙著『大学・学問・教育論集』一九七七年、三一書房刊、五二～五四ページ、『十余年』六二～六三ページ参照。
注53　その論稿は、当時、同じ問題に直面していた『ぷろじぇ』同人の目に止まり、同誌第八号（一九七二年、七月刊）に掲載された。
注54　ただし、筆者の専門領域では、（『マックス・ヴェーバーの犯罪』と題して公刊された）羽入辰郎論文に、東大人文―社会系大学院が学位を授与した件につき、その研究指導と学位認定を問い、『大衆化する大学院――一個別事例にみる研究指導と学位認定』（二〇〇六年、未来社）を公刊した。
注55　『学内広報』第四四〇号、七ページ。『十余年』一七八ページに引用。
注56　「九月二一日の出火事件と、その後の状況をめぐる考察(2)」、『十余年』一〇九～一一八ページに「大学解放と自主管理責任」と改題して収録。
注57　「九月二一日の出火事件と、その後の状況をめぐる考察(1)」、『十余年』九二～一〇八ページに「権力と大学――教授会―当局の対応に見る十年来の体質」と改題して収録。
注58　復帰の条件にかんする交渉には、教室主任の松島静雄氏が当たってくださった。氏は、筆者の授業拒否に公然とは反対されず、筆者の講義を肩代わりされた。このスタンスは、敗戦後の労使関係研究から割り出された「職場は『生活保障』の場」という学問上、実践上の持論から生まれていた。
注59　前注14参照。

注60　ただし、全共闘運動が政治闘争に先細りして陰惨な結末を迎えたあと、大学闘争としての本質を見つめなおそうと、東京・高田馬場に開設された『寺小屋教室』「ヴェーバー講座」には出向して、「世界宗教の経済倫理」三部作を輪読した。桝本純、姜尚中、鹿島徹、関正則、勝又正直、的射場敬一ほかの諸君が、大いに論じ合い、『ビッグ・ヴェーバー研究・オリジナル』という同人誌を第六号まで出した。

注61　平野健一郎氏門下の故藤田雄二君は、学部、大学院をとおして筆者の演習にも出ていた。遺作『アジアにおける文明の対抗――攘夷論と守旧論に関する日本、朝鮮、中国の比較研究』(二〇〇一年、お茶の水書房刊)は、アジアの「マージナル・エリア」群を対象として、「ゼロト主義―ヘロデ主義」を軸に「境界人」としての知識人を採り上げている。早世が惜しまれる。この領域における筆者の試論には、『マックス・ヴェーバーとアジア――比較歴史社会学序説』(二〇一〇年、平凡社刊)がある。

注62　この問題について詳しくは、拙稿「ヴェーバーの科学論ほか再考――福島原発事故を契機に」(『名古屋大学社会学論集』第三三号、二〇一二年、八五～一〇〇ページ)参照。

注63　この命名は、なるほど控え目ではあるが、原発以外に、たとえば各種の「遺伝子組み換え」「宇宙開発」「深坑掘削」のように、致命的な危険をともなう技術の出現可能性を看過せず、同一範疇で捕捉する必要にもそなえようとの意図もある。

注64　『市民科学者として生きる』一九九九年、岩波新書刊、二二二、二三八ページ。

注65　同右、一二五ページ。

第2章　さまざまな不服従

清水靖久

東大紛争で問われたことは何か、多くの学生が闘ったのはなぜか、その結果として大学は変ったのか、運動が継承されなかったのはなぜか、学生はその後どのように生きたか。日本社会を揺るがしたあの紛争について、それを闘った学生に聞きたいことは多い。しかし当時中学生だった私が問いかけても、まだ話せないことが沢山あるとか、返事もしないとか、黙して語らない者が多い。闘った学生は、あれだけ教員に食い下がったのだから、問われたら語ってほしいものだ。彼らが語らなければ明らかにならないことが沢山ある。

ここでは、闘った学生に連帯して独自に闘った教員のことを考えたい。教員が学生の言い分を認めて、大学当局や同僚教員を批判する。さらに授業再開などの教授会決定に従わない。それは容易なことではない。教授会を裏切ったとか、学生に迎合したとか、なじられながら闘わなければならない。その出処進退は、教員になるつもりのない学生にも、自分ならどうするだろうと考えさせる材料となった。そのような教員が、一九六九年当時は各地の大学にいた。彼らは自分の考えを示す文章をかなり残しているので、学生と比べると調べやすい。その一人の折原浩（三五年〜）のことを主に論じるが、各地の大学で不服従を選んだ教員のことにも触れたい。日本の市民的不服従(注1)の歴史のうえで、もっと記憶され研究されてよいことだから。

折原は、最初から学生の側に立ったのではなかった。一九六八年六月に東大紛争が全学化してから、教員と学生との境界に立つ媒介者として活動したが、六九年一月の安田講堂封鎖解除のあと、学生の批判を受けとめて、「全共闘運動との連帯を志向する立場」を選んだ（「本書の意味と背景」『大学の頽廃の淵にて』六九年七月）。「もはや退路は絶たれた。『東大紛争』について語るのではなく〈東大闘争〉を闘う時がきたのである」と記したのは三月十三日だった（『追究集会』の意味転換」、改題して『中央公論』五月号）。そして現状での授業再開に反対し、授業を拒否することを決意した。

そのとき折原は、大学を辞めさせられることは予期しただろうが、自ら辞めることは全く考えなかった。「わたくしは、わたくしが正しいと確信しているから、大学管理機関や文部大臣に辞表を提出し、みずから敗北を確認するようなことはしない。わたくしは、『力を尽くさずして挫けることを拒否する。』」（「本書の意味と背景」）。日本では組織の方針に抗議して辞職することが潔いとされがちだが、折原の考えは違っていた。自ら辞めたら負けであり、自らは辞職しない闘いを始めていた。その闘いを支える正しさの確信は、いつまでも揺らぐことがなかっただろうか。

大学の教員が辞職を迫られることは、百十年近く前の戸水事件や八十年前の滝川事件を別にすれば、第二次世界大戦後の教員適格審査、一九五〇年のレッド・パージで生じていた。同年の東大では、文学部で三人、法学部で三人の教員が追放されると噂されたが、その一人が共産党とは無関係の丸山眞男だった。丸山は、十月九日の法学部教授学生合同集会で後退しない決意を述べ、集まった学生たちも「先生方を守ろう」という緊張感をみなぎらせたという。そのときの一体感は、坂本義和『人間と国家』（一一年七月）によれば、「のちの東大紛争とは全く正反対でした」。

東大紛争では、学生が守りたいと思うような教員が激減していたが、絶滅したわけではなかった。

第二次大戦後の丸山は、「間違つてゐると思ふことには、まつすぐにノーといふこと」を出発点とした。「デモクラシーの精神的構造」として、「一、まづ人間一人〳〵が独立の人間になること」、「二、他人を独立の人格として尊重すること」とノートに記したうち、「一」のなかの言葉であり、「この『ノー』といひうる精神――孟子の千万人といへども我行かんといふ精神――は就中重要である。このノーといひえない性格的な弱さが、雷同、面従腹背、党派性、仲介者を立てたがる事、妥協性等もろ〳〵の国民的欠缺のもと」だという（「折たく柴の記」四五年十一月四日、『自己内対話』九八年二月）。敗戦によって民主化と非軍事化を受け容れた日本で、民主主義を支える精神として、一人一人の独立と拒否を重要視していた。

戦後の民主主義は、権力の乱用を警戒する自由主義と結びついていた。「権力にたいする抵抗、また、およそ権力が立ち入ってよい事柄と立ち入るべからざる事柄との弁別の意識を欠落してしまったら、自由主義者のミニマムの条件を欠くことになる」（『現代日本の革新思想』六六年一月）と丸山は語ったが、戦争を止められなかった反省もあって、権力と緊張する意識が強かった。権力のあるところ利益あり、民意にもとづく権力には従うべしという経済成長期の権力観とは違って、権力を批判する自由主義が保たれていた。それは、経済成長期の利益分配的な自由主義とも、その後の市場経済を原理とする新自由主義とも違って、個人の自由と権利を重んじる古典的な自由主義だった。

丸山の自由主義の思想は、折原らが多くを学んだものだった。一九五〇年代前半に知識人の自己批判としての国民の科学運動が挫折するとともに、丸山の思想的権威は確立したという（中岡哲郎発言『朝日ジャーナル』六九年四月二十七日号）。マルクス主義が風化しはじめたその時期、丸山自身はスランプに陥っていたというが、むしろ丸山の仕事の声価は高まった。権力と権威との一体化のもとで抑圧が移譲される超国家主義の病理解剖、無責任の体系を生んだ軍国支配者への責任追及など、天皇制や日本ファシズムへの批判は長く説得力を保っていた。折原や全共闘学生の多くは、丸山の思想を受けとめて大学への批判に活かしたということができる。

大学は、戦後の自由主義に支えられて、権力からの自治を守ってきた。その自治は、教授会の自治を中心とする戦前の慣行をそのまま新制大学に継承したものだった。戦後初期の試行錯誤にもかかわらず、学生の自治は位置づけられなかった。大学の自治の担い手は誰かという問題は、六二〜三年の大学管理法案でも十分に問われず、教授会の自治に反抗する学生を処分する方向で国大協の自主規制路線が強められた。教授会の自治の下に学生の自治を置いた東大の見解「大学の自治と学生の自治」、別名「東大パンフ」は、丸山も評議員だった六五年十一月の評議会で承認された。すでに形骸化していた大学の自治が瓦解するのは、六九年八月の大学運営臨時措置法によってだった。

折原は、丸山の自由主義の思想を受けつぐとともに、急進化した。東大は「頽廃の園」のみか「権力の園」と化したという折原の告発は、単に機動隊による学生弾圧を指していたのではない。

「教える者と教えられる者との互換性」という信念から、教員が学生に対する自己の権力に無自覚であり、それゆえ抑圧的になることを批判していた。折原によれば、「真の〈学問〉は、自明とされている通念を根底から疑問に付すことによって、支配の『正当性諒解』をくつがえし、その上に安住している権力者・支配者の権力基盤・支配基盤を動揺させ、はては破壊する」から、「反権力性」「権力に対する緊張」こそ真の学問の本質的属性だった（「『頽廃の園』との絶縁」『情況』六九年七月号）。大学は権力批判を生命とするという思想は、戦後的思想を延長し、しかも急進化したものであり、七〇年代から弱まっていった。

折原の思想の特徴には、そのような急進的な自由主義が一つあり、もう一つ社会的な実存主義があった。実存主義は、所属集団によって規定される本質存在よりも、一個の人間としての現実存在が先立つとする第二次大戦後の一思潮だが、階級の視点に立つマルクス主義から攻撃されたように、孤独な自我に閉じこもることになりかねない。しかし折原は、自分ひとりになって考えることを重んじながら、実存的な態度決定を社会のなかへ投企した。創造価値や体験価値が奪われてもなお人間に残る実存的自由として態度価値を示したフランクルの『夜と霧』を参照しながら、ぎりぎりの態度価値として大学への批判を書き示した。「連帯を求めて孤立を恐れず」という谷川雁由来の言葉は、六八年七月三日の東洋文化研究所の助手有志の声明から広まったが、折原の思想と共鳴していた。

その社会的な実存主義と関連するが、折原は、自分の知性の営みを自分の生き方と切離さないこと、生と知性との統合を求めていた。立派なことを言っていても自分の足場を疎かにする知識人を批判し、生きる場を重視する知識人であろうとした。東大紛争が個々の学生に自己選択と自己決定を迫ったことのなかに「一般教養」の真髄があるとして、それを「権威からの自立」「自明性からの脱却」「他律性から自律性への自己変革」と言いかえ、実践的決断をともなわない旧制高校的「教養」の上にいる教官を攻撃した（「わたくしはなぜ、現時点における授業再開を拒否するのか」六九年三月十八日、『中央公論』五月号）。そのように教養や知性を自分の生との密接な関連で自省的かつ実践的に捉えていた。それは、七〇年代以後に流行した軽やかな知とは違って、生きる場で学者や教員の責任を問う知性であり、軽やかな知では解決できない問題もあることを示していた。

一　授業再開拒否

折原が東大紛争に関与したのは、安田講堂に機動隊が導入された六八年六月十七日のあとだった。授業などで学生の声を受けとめながら、教員の会議で発言し、やがて論文調の文章を発表していった。第一に「東京大学の再生を求めて」（六八年七月十九日、『東京大学新聞』七月二十二日号）、大河内総長の自己批判を提言した。第二に「東京大学の死と再生を求めて」（六八年八月二十一日、私製パンフレット）、大河内総長の八・一〇告示の「欺瞞の数々」を摘出して、当局者に反論するか撤回するかを求めた。第三に「東京大学における〈大学〉の新生を求めて」（六九年一月五日、私製パンフレット）、加藤総長代行の一〇・一〇提案を批判した。第四に「東京大学の頽廃の淵にて」（六九年二月二十二日、『中央公論』四月号）、この論文が掲載された『中央公論』には第一～第三論文も抄録されており、東大紛争における折原浩の名前が学外に広く知られるのは、同誌が発売された三月十日からだと考えられる。

もっとも折原は、六九年三月までも上記の私製パンフレットの筆者として、学内ではかなり広く知られていた。折原が第一論文を投稿するまでの活動や、第二論文を『朝日ジャーナル』に発表するのを教室主任の説得でやめて私製パンフレットとした経緯などは、折原の「教師論の試み（序説）」（六九年五月二十六日、東大全共闘・駒場共闘会議編『屈辱の埋葬』七〇年四月）に詳しい。第二論文は、『東京大学新聞』九月九日号の折原浩「尾崎氏投稿について」（九月二日号の尾崎盛光の論評への応答）で前置きされたように、パーソナル・コミュニケーションの資料として配布されたが、海賊版が数種出たという（『情況』六八年十一月号に半分余り抄録された）。しかし十一月十二日の図書館前での党派間の激突ののち、十八日と二十二日にも衝突が予想されたなかで非暴力連帯の活動をした学生たちに、教官の自己批判と暴力への批判を述べた「学生に人気のある教養学部のある助教授」（『サンデー毎日』十二月八日号）は折原だというが、まだ実名では報じられていない。

東大闘争は、六九年一月十八・十九日の本郷の安田講堂封鎖解除で終ったと見られがちだが、折原の闘いはむしろその廃墟から始まった。折原は、一月十五日から二十日まで逆封鎖された駒場の第八本館の負傷者救出のために行動しており、「入試中止、機動隊導入反対」の態度表明もできなかったという（前掲「授業再開を拒否するのか」）。そして国家権力の暴力装置によって学生を弾圧した「荒廃の園」を見ながら、二月二十二日に第四論文を脱稿し、『中央公論』四月号に寄せた。教授の人権問題や人道問題には敏感に反応する教授のうちで、学生の人道問題に心をくだいた教授が一人でもいたかと記して、とくに丸山真男に問いかけた。法学部では二月十四日から授業が再開され、二十一日から三月七日まで丸山の日本政治思想史の授業では、全共闘学生が押しかけて機動隊導入の責任などを追及した。十日は、午後三時から法文二二番教室での丸山の授業は休止され、同時刻から法文三一番教室で文学部助手会など主催の全学討論集会「東京大学とは何か」が開かれた。

折原は、三月十日の全学討論集会で、学生からの批判を率直に受け容れた。この集会には約千名の学生（翌日の『読売新聞』記事では「五百人を越す学生」）が参加し、壇上の藤堂明保、石川清、西村秀夫、折原浩、菊地昌典、戸塚秀夫、聴講席にいた和田春樹の七教員を追及した。「中央公論の四月号で、丸山教授に論争を挑みました」と言った折原は、学生たちから「何故に言語表現に固執するのか！　何を今更」と問われ、言語表現以外の方法でも闘うこと、最低限でも授業再開を拒否することを迫られたという（『進撃』六九年三月二十七日号）。折原は、三月十三日に記した私製パンフレット「『追究集会』の意味転換」で、言語表現に固執していた特権的自己を否定し、非言語的行為にも一歩踏み出すとした。学生は、政治的には得策でなかっただろうに、「まったく非政治的に、真正面から、全実存をかけて、わたくしの実存の核に切込んできた」、その「厳しい相互批判の精神」や「教える者と教えられる者との互換性」にもとづいて、東大闘争を闘う時がきたと記した（『進撃』同号、『中央公論』五月号）。

「ひとりの謙虚な人間」に立ち帰る折原の自己否定は、さまざまに批判された。吉本隆明は、「言語表現の限界性」という学生の発言を折原が認めたことを憤り、これは「気の弱いインテリ脅し」に使われてきた「欺瞞的な方法」だとして、折原はなぜ「青二才の発言をした学生を壇からおりてぶんなぐってしまわなかったのだろうか」と噛みついた（「畸型の論理」『文藝』六九年十月号）。「大学の教師は、追及集会に応じて理解のあることをいって自己批判してるばかりが能ではない」と中島誠が発言した（中岡哲郎対談『朝日ジャーナル』六九年四月二十七日号）のも、折原を当てこすったのだろう。しかし学生の大原紀美子は、「三月十日の、大学当局に批判的な教官と全共闘との討論集会で、折原先生は、なぜそう言語手段のみにこだわるのか、と厳しく追及されて、ついに『わたしには今答えられません、考えさせて下さい』と壇上で頭をかかえこんでしまわれた。その率直さにわたしは感動した。なぜなら教官たちのだれ一人として、追及される場で本当に自分の頭を使って考えるのを見たことがなかったからだ」という（『時計台は高かった』六九年十一月）。

折原の「『追究集会』の意味転換」の最後には、責任倫理と心情倫理の問題をめぐる重要な一節が含まれている。行為の結果に責任を負おうとする責任倫理は、心情なき適応倫理に形骸化することがあるし、行為の価値を重視する心情倫理は、予想される行為の結果を重視しない破滅型の純粋心情倫理に内向することがある。そのように考える折原は、全共闘が玉砕主義を否定することのなかに、破滅型には陥らない可能性を見た。他方で責任倫理を自任する人々が実は既成秩序を実体化しており、秩序に適応する方向でしか行為できないのに、全共闘や折原らを心情倫理と非難することに反論した。折原は、信じる価値に堅く立って行為したが、予想される行為の結果を考慮しなかったのではない。さまざまな行為の結果を予想しながら、目的に最もふさわしい手段を選んで責任倫理的にも行為していた。大学を大学らしくするために、この時点では授業再開を拒否することを決意した。

教養学部では、六八年七月五日の学生スト以来、授業が開かれていなかった。六九年二月三日に授業を再開する案は無理であり、十三日の田村二郎学部長の辞任退職後、三月三日に全共闘学生約三〇〇人が教授会を一晩缶詰にして、翌日四一人が逮捕されたこともあった。高橋詢学部長は、十三日に非全共闘系学生（「二千名以上」と『東京大学新聞』十七日号）との団体交渉で授業再開を約束し、十六、七日の教授会で授業再開を審議した。折原は、十七日の教授会で、「現状における授業再開に反対し、もし学部として再開を決定しても、わたくしは授業を拒否する」旨発言した。もし教授会決定への背反ゆえに処分されれば、教授会自治をこえる大学の理念に照らして、処分反対闘争に立上がるとして、授業を拒否する理由を三点にわたって記したのが三月十八日、その私製パンフレット「わたくしはなぜ、現時点における授業再開を拒否するのか」を「三一・一〇全学討論集会の個人総括」と合わせて「なぜいま授業再開を拒否するか」と題し、四月十日発売の『中央公論』五月号に寄せた。そのころ折原の授業再開拒否宣言の立看板が銀杏並木に出たという（大原前掲書）。

折原が授業再開を拒否した理由は、ゆっくり整理されてはいないが、三点あった。第一は、東大紛争で提起された問題の未解決。加藤執行部は全共闘の七項目要求と正面から対決せず、医学部教授会が医学部処分の責任も明らかにしていないように、責任回避と欺瞞的態度を続けている。第二は、一月の機動隊導入の責任。加藤執行部は全共闘を弾圧し、学生を負傷させ獄中に投じたのに、その責任問題をタブー化している。第三は、教官の自己批判なき居直り。教授会メンバーは主体的責任や実存的対決を回避したまま元の日常的秩序に戻ろうとしており、授業再開は危機を覆い隠して大学の新生を妨げる。「大学内部の自由な討論を通じて見出される学問的真理にもとづいて政治を批判するという大学本来の重要な機能を放棄し、逆に政治権力と結合して内部討論を圧殺した大学の自殺行為」を前年七月以来問題にしてきた折原は、その大学観ゆえに問題に固執した。辞職するつもりはないが、処分されるかもしれない、しかし処分されたら問題を再争点化できるという捨て身の姿勢だった。

教養学部では、三月十九日の教授会で二十四日からの授業の再開を決定し、四月九日から全面再開されたが、十四日の『朝日新聞』によれば、正常授業が行なわれているのはせいぜい三割だった。四月二十二日には助手会主催の討論集会があり、授業再開に賛成の宅間評議員、野上、平井教授、反対の折原、見田、信貴助教授が討論し、九百番教室は学生で満員だったという（『東京大学新聞』二十八日号）。東大全共闘駒場共闘焚祭委員会を名乗る木村修ら数人が三島由紀夫を呼んで討論会を開いたのも九百番教室で五月十三日だったが、ともかく五月最終週には期末試験が行なわれた。その間折原は、四月九日の高橋教養学部長声明を批判する「教官層の精神構造または近代主義の問題」を四月二十五日に脱稿して私製プリントとし、その抄録を『情況』六月号に載せた。五月五日には論文集『大学の頽廃の淵にて』（六九年七月）の序章「本書の意味と背景」を脱稿した。四月二十二日の討論集会の原稿に加筆した「授業再開拒否の倫理と論理」は、五月十三日に脱稿、五月二十三日発売の『朝日ジャーナル』六月一日号に「教授会の少数意見」連載の8として掲載された。

折原は、知的人間的頽廃を露呈したと考える東大教授に論争を挑んだ。すでに三月九日、『世界』四月号に掲載された福田歓一「東大紛争と大学問題」を批判する文章を書き、二十日（水曜日、通常は金曜日）発売の『朝日ジャーナル』三月三十日号に投稿していた。処分暴力や黙殺暴力や無関心暴力という概念は「およそ意味をなさない」と述べた福田に対して、暴力をどう捉えるかを折原が論じたこの往復については、元法学部助手の古川純も、福田の「自己否定の志向どころか、〈自己を問う〉論理も何もない、自信に満ちた〈自己肯定〉の態度」に呆れている（「『研究者の論理』と知識人」『現代の理論』六九年五月号）。折原が四月十七日に書いた「文学部教官各位、とくに築島助教授および倫理学科教官各位にたいする公開質問状」は、文学部処分問題の当事者との討論を求めたものであり、『情況』七月号に掲載された。

坂本義和とは一往復半の論争となった。坂本は、六八年七月四日の安田講堂再占拠学生説得では仕方なくハンドマイクを握ったという（『人間と国家』）が、七月末以降広報担当者となった辻清明法学部長を個人的に手助けする一員として、九月七日教養学部長見解の発表前に慎重な配慮を要請したという（下記反駁）。折原が右の「授業再開拒否の倫理と論理」でそれを「事前検閲」と批判したので、坂本は翌週の『朝日ジャーナル』に「折原論文に反駁する」を投稿した。折原がすぐ六月一日に書いた「坂本『反駁』を論駁する」は、『朝日ジャーナル』には長すぎて採用されず、『情況』七月号に掲載された（同号は五月二十九日集会の記録集だったが破格の編集となった）。そのなかで折原は、六八年九月上旬、坂本が学生対策上の言論統制に積極的に荷担した事実として九月七日見解から「反省」の二字を削除させた（と聞いた）ことを示し、さらに内部統制の例として岡義達の異例の教養学部教授会出席に言及し、辻清明の著書にも批判の鉾先を向けた。なお、六八年十一月一日の大河内一男「学生諸君へ」という総長辞任文書の草稿を書いたのが、辻に頼まれた坂本だったこと（『人間と国家』）は、当時誰も知らなかった。

そのように折原は、何人もの東大教授を名指しで批判した。相手は法学部教授が多いようだが、やがて築島裕の非を認めない堀米庸三文学部長をも、六九年三月に引責辞職の意向が広報されたのに辞職しなかった大内力経済学部長をも批判した（「堀米『反駁』を論駁する」『朝日ジャーナル』

六九年十一月九日号、東京大学広報委員会への公開質問状七〇年九月二十五日）。名指しの批判に対しては「個人攻撃」との非難が寄せられるが、それは「批判回避のために張る煙幕」であり、名を伏せた皮肉やあてこすりよりも名指しの批判の方がフェアーだから、大いに個人攻撃をやりあおうと記している。折原自身は自ら辞職するつもりがないのに、最近の教授会発言の傑作な例として「幸いにして折原は大学をやめるようだから、大学の外に『特別補導部』をつくって、全共闘のアフター・ケアをやってもらいたい」云々という辞職勧告があったと一蹴している（「坂本『反駁』を論駁する」）。折原からすれば、「大学内部の自由な相互批判と徹底的な討論を通じて見出される学問的真理にもとづいて政治を批判する」というのが大学の重要な役割であり、国民に対して負う責任だった（「授業再開拒否の倫理と論理」）が、権力と対決する急進的な自由主義の大学理念がそこにあった。

大学当局や教授会の方針に反対する教員は、「造反教官」「非協力教員」と呼ばれるようになった。『朝日新聞』での初出は六九年四月二十一日の「大学　ゆれる新学期」連載９「造反教官」であり、「いち早く授業再開拒否を声明、長老教授に理論闘争を挑む折原助教授」や京大の井上清、東京外語大の安東次男や岩崎力らを挙げている。「造反教官に対する一般教官の反応は冷たい」が、「処分覚悟」の造反教官の続出が教授会に「警告」を与えていることも事実だとして、五月末の「大学を告発する」集会の準備に触れている。『読売新聞』はその集会後の六月二日の「時のことば」欄で、「造反教師」を初めて扱っている。大学の運営に関する臨時措置法案が国会に提出されたのは五月二十四日だったが、四月下旬の立案過程でも「非協力教師の取扱いが焦点になった」という(『朝日新聞』五月二十八日)。折原は、現在「非協力教員」だが、「現状では『非協力教員』であることのみが〈大学〉の理念に忠実な教師であり、研究者であるという確信と誇りをもつ『非協力教員』であります」と記した(「授業再開拒否の倫理と論理」)。

五月二十九日には全共闘学生を支持する全国の大学教員約二百人が集まり、報告集会「大学を告発する」を開いた。東大助手共闘と日大教員共闘の共催(代表平石直昭)で、文京公会堂に集まった聴衆三五〇〇人を前に、折原浩、師岡佑行、松下昇、安東次男、野村修、高橋和巳、天沢退二郎の七教員が報告し、別の会場で朝五時まで徹夜討論が続いた(朝日新聞五月二十八日、三十日。『朝日ジャーナル』六月十五日号では参加した教員は一六〇人、『情況』七月号では一五〇人)。折原は、「『頽廃の園』との絶縁」と題して報告し、「内なる人民的なるもの」を原点とする「ラディカル・ヒューマニストの立場」から、「現体制の国家権力と癒着し、意識的・半意識的に権力者と化した教授会メンバー」の頽廃を告発した。三月十三日の「『追究集会』の意味転換」では、まだ「人民について語ることに『うしろめたさ』を感ずる」と記していたが、その意識から踏み出したようだ。もっとも、威勢のいい言葉が飛び交いがちなこの集会で高橋和巳が、大学闘争で恩師との関係などを壊してきたことを「生爪をはがされるように辛い」と表現したこと(「生涯にわたる阿修羅として」)が、折原の記憶に焼きついて離れなかった(「あとがき」『東京大学』七三年十一月)。

教養学部では、六九年五月最終週の期末試験後、進学先の振分けを経て、七月七日から前年度冬学期の授業が始められた。八月三日からの夏季休暇中に大学措置法が成立、休暇明けの九月二日に教員有志・助手共闘主催の討論集会「『大学法』と『自主規制』」があり、折原はそこでの報告をもとに「闘いの秋を迎えて」（『展望』十一月号）を書いた。九月五日には日々谷野外音楽堂で全国全共闘結成大会があり、六九年一月以来潜伏していた山本義隆議長が会場で逮捕されたが、そのときも執筆に専念して黙過せざるをえなかったという。そのパンフレットで折原は、駒場の授業再開後の正常化ムードに触れて、「ぼくに授業再開拒否という正当な態度決定を迫った全共闘の諸君のなかにも、授業に出たり、試験を受けたりした人が多い」と聞くが、そのことで全共闘の諸君を非難しはしないと記した。そして「人間的感性に意識的に固執する〈心情倫理〉の根基の上に立って」正常化状況を再検討するとして、加藤一郎の言動の欺瞞を分析した。河野健二は、折原の批判は鋭いが、心情倫理に立つ発言は「運動の論理や、大学改造のプログラムと容易に結びつきえないだろう」と評した（「論壇時評」『朝日新聞』六九年十月二十四日夕）。それでも折原は、心情倫理に依拠しながら、責任倫理を否定したわけでなく、運動を進めていった。

二　造反教官たち

一九六九年一月の東大安田講堂の攻防後、各地の大学紛争はさらに激しくなった。警察庁の調査では、封鎖、スト、大衆団交、代表交渉をしている紛争校数は、一月十七日に三三校だったが、二月十三日には七一校に倍増し、七月十日には一一二校に達した（『朝日新聞』二月十四日、七月十一日）。大学の運営に関する臨時措置法案は、紛争が半年以上続く大学は自主的休校、九カ月で閉校、一年で廃校とする法案であり、六九年五月二十四日に国会に提出され、八月三日に参院の突然の採決で成立した。その八月三日の朝日新聞の調査では、四年制大学三七九校のうち一一〇校、とく国立大学七五校のうち五五校が紛争中だった（『朝日新聞』八月四日）。文部省の調査では、紛争大学は一月に一八校、五月二十四日に五五校、大学措置法施行の八月十七日には六四校、十月一日には七七校と頂点に達したが、十二月十六日には二七校に激減したと「大学紛争白書」にまとめられた。大学措置法に迫られて躊躇なく機動隊が導入されるようになったことも大きいという（『朝日新聞』十二月十七日）。学生による封鎖ではなく、大学当局による逆封鎖のもとで、学生が入構するのにも検問される大学が増えた。

当時の大学は、高度経済成長の繁栄のなかにあり、利益の構造に組み込まれていた。政権政党や官僚制や業界と癒着し、ベトナム戦争や公害などの問題も解決できず、それに鋭敏に反応した学生を抑圧していた。そのような大学のあり方に抗議し、紛争後の授業再開の決定に従わず、授業を拒否する教員が何人も現れた。それらの教員は、前述のように六九年四月ころから「造反教官」「造反教師」と呼ばれるようになった。中国文化大革命由来の「造反有理」の言葉は日本でも六六年末には用いられており、『朝日ジャーナル』は六九年一月五日号で「造反時代」を特集しているが、教員について「造反」が言われたのは授業再開問題とともにだろう。国家公務員なら不利益処分への不服を人事院に申し立てられるからか、私立大学の教員よりも国立大学の教官に「造反」が多かった。不服従を選んだ教員たちがどのように運動を進めたか、処分されることはなかったのか、できるだけ事実を拾ってみた。同時代的経験がないまま文献だけを調べたので、本人の思いに迫るには限界がある。それでも大学を内部から告発した人たちの軌跡は知るに値するだろう。

東大では、大学当局や教授会を批判する教員がかなりいた。『東大闘争 教官の発言 私はこう考える』（六九年六月）では藤堂明保、高橋晄正、村尾行一、石川清、西村秀夫、持田栄一、菊地昌典、石田保昭、戸塚秀夫、折原浩、和田春樹、中西洋の一二名が大学の方針に疑問や批判を述べている。三月十日の全学討論集会の出席者七名が主であり、石田保昭《もりあき》（三〇年～）、折原、和田春樹（三八年～）の三名は授業再開または博士入試などを拒否すると記している。なお、新聞研究所の日高六郎（一七年～）は、紛争中は研究所の教授会で発言したというが外部には沈黙を守り、安田講堂封鎖解除後の二月十三日に辞表を提出し、六九年五月末日で退職しており、東大当局への批判が背景にあるようだと報じられた[注2]（『毎日新聞』『朝日新聞』五月三十日）。教養学部の評議員だった平井啓之（二一～九二年）も、六九年七月十五日に大学紛争を契機として辞職した（「〈一般教育〉の二十年」『思想』七〇年六月号）。

大学運営臨時措置法案への反対は東大でも強かった。六月二十三日の東大教員有志の声明は、大学措置法案に反対するとともに、東大執行部の大学措置法案反対の見解を欺瞞的な自主協力路線として批判しており、医学部の石川清、高橋晄正、浜田晋、文学部の藤堂明保、社研の藤田若雄、和田春樹、農学部の田村三郎、教養学部の石田保昭、上原淳道、折原浩、佐藤純一、信貴辰喜、杉山好、西村秀夫の一四名が署名している（『人間の復権を求めて』資料3、教養学部の七名のうち社会科学系は折原だけ）。そのうち一〇名の教員有志が自ら準備して、七月十二日に大学立法反対、東大自主規制路線反対の全学集会を開き、助手共闘や全共闘学生ら一〇〇〇人以上が結集したが、国会に向かったデモは神田付近で機動隊に解散させられたという（『毎日新聞』翌日）。大学措置法成立前日の八月二日には、東大の藤堂明保ら教授二八人、助手一一五人、職員八六人、さらに他大学の教官四三人が大学立法を拒否する声明に署名し、八月八日には三六大学の教員二七四名、職員一〇五名が署名したという（『朝日新聞』八月三日、『人間の復権を求めて』資料5）。

東大の文学部では、学生処分問題をめぐって六八年六月二十六日からストが続いており、他の学部で授業が再開されても終らなかった。教授会でも対立が生じ、六九年七月十四日からの授業再開は二十数人の教員が拒否し、八月六日に学部長が岩崎武雄から堀米庸三に代り、タカ派からハト派への路線変更と報じられた（『朝日新聞』八月七日）。十月十三日からの授業再開に先立って、九日に加藤総長と堀米学部長が機動隊を導入して封鎖を解除したが、それに抗議した藤堂や西村や折原らは強制的に構外へ排除された（『朝日新聞』十月十日、折原「東大文学部問題の真相」『朝日ジャーナル』十月二十六日号）。藤堂明保（一五～八五年）と佐藤進一（一六年～）の二教授は、文学部学生処分問題に加えて、この授業再開に抗議した助手や学生を文学部長が訴えた裁判にも抗議して、七〇年十月に辞職した（『朝日新聞』十月十日、藤堂明保「東大闘争と11ＰＭ」同紙十二月二十二日）。

教養学部では、十一月六日から十日間の期末試験があり、六七年度入学の学生は八カ月遅れで十二月一日に各学部へ進学し、学生は半減した。授業を拒否しつづける折原や石田保昭らは、解放連続シンポジウム『闘争と学問』を始めた。十一月十二日に教員学生の有志が折原研究室で相談し、十一月二十五日に第一回が開かれ、七〇年三月三日まで一八回、二〇〇人から二〇人までの出席者があったという（石田保昭「あらたなたたかいの胎動」『朝日新聞』七〇年三月十日）。シンポジウムは回を重ね、七〇年九月五日で六一回、公害、出入国管理、教育などの具体的な問題と取り組んでおり、「『大学』解体のトリデを再構築してゆく運動」を着実に進めていると折原は記した（「大学の新しい闘争」『朝日新聞』九月十五日）。西村秀夫（一八～〇五年）は、五一年に矢内原忠雄に呼ばれて学生部教官となった無教会派の信徒で、東大闘争にも学生とともに深くかかわったが、六九年十一月には進学相談室教官となり、このシンポジウムに毎回参加していた（西村『教育をたずねて』七〇年十月、『西村秀夫紀念文集』〇七年五月）。

助手は、給与を受ける教員であっても、単独で授業を持つ教授、助教授、講師とは違い、また大学院や学部の学生でもなく、独自の闘いがあった。六八年七月二十九日の全学助手共闘会議の結成には一〇〇人ほどが集まったが、当時は「助手は何も言えない存在で、名前を出すなんてとんでもない」状況であり、正式に名前と顔を表に出したのは最首悟（三六年～）だけだったという。

最首は、六九年一月二十日まで駒場の第八本館に籠城し、教養学部教授会缶詰事件で三月四日から二十一日間勾留されたが、他の助手共闘駒場支部の者とともに業務ボイコットを宣言し、動物実習の担当を拒否していた(「自己否定のあとに来るもの」『朝日ジャーナル』六九年六月十五日号)。六九年十一月からは連続シンポジウム「闘争と学問」に三年間参加したが、そのなかで「東大解体を叫ぶ自分が解体していく、それは当然で、自分は東大を支えている一員なのだから……」という奇妙な感覚を味わい、非常に苦しかったという。生物学教室の教授たちは自分の立場への保守から、造反者を切り捨てるのでなく引き戻そうとし、最首も教室の仕事には戻ったという(最首悟「『闘争と学問』――『漂う私』へ」『20世紀の記憶 1969-1975』九九年十二月)。

助手を含む東大職員共闘委員会(職員共闘)も、共産党が指導する東大職員組合に対抗して、六九年八月までに結成された。七月十二日の大学立法等反対集会に有志職員二〇〇名が結集したのが発展したのだろう。安田講堂攻防一周年目前の七〇年一月十四日には、助手六七名、職員九七名の合計一六四人が「一・一九ストライキ宣言」を出した。一日ストをする二五人の助手が名前を出しており、長崎浩、村尾行一、塩川喜信、長崎暢子、最首悟、神林章夫、平石直昭ら見慣れた名前のほか、帰国した宇井純が加わっていた(『進撃』六九年八月十四日号、七〇年一月十八日号)。

宇井純(三二~〇六年)は、一九六五年に工学部助手となったが、六八年八月からヨーロッパ調査中だった。「私が一年余のヨーロッパ旅行から六九年の十月末に日本に帰って来たときには、大学内の空気は、出かける前より悪くなっていた」。改革運動に参加した学生は消え去り、教授側についたか屈服した学生ばかりだったという（『自主講座「公害原論」の15年』〇七年五月。九一年十一月初版）。七〇年一月十七日の『読売新聞』は、十四日の第七回の連続シンポについて「この日のテーマは『公害論』、工学部の助手だという若い講師が公害問題についての権威者を威勢よく切り捨てていく」と報じたが、工学部助手の宇井の名前がまだ知られていなかったのだろう。七〇年十月から自主講座「公害原論」、七四年十月から「大学論」を始め、退職前年の八五年まで続けた。

水戸巌（三三～八六年）は、六七年に東大原子核研究所の助教授となり、六九年一月二十二日声明に東大教員では一人署名し、救援連絡センターの支柱となったことは海老坂武『かくも激しき希望の歳月』（〇四年五月）に詳しい。七一年ころから反原発運動に取組み、七五年に芝浦工業大学教授になって活動し、八六年末に二人の息子と剣岳で遭難死した。山口幸夫（三七年～）は、六八年六月に工学部講師になったが、六九年九月に梅林宏道らと雑誌『ぷろじえ』を創刊、七二年秋には相模原で米軍の戦車を止め、七三年三月に東大を退職した。

九州大学では、六八年六月二日に墜落した米軍機の引降ろしや大学立法に反対する学生が六九年五月中旬からストと封鎖を続けたが、十月十四日に機動隊が導入され、十一月十日から授業が再開された。文学部の倫理学教授の滝沢克己（〇九～八四年）は、六九年一月二十八日からハンスト、十月から授業を拒否したが、約一年後に最低限の授業を再開した。七〇年十一月末に田川建三を集中講義に招き、さらに吉本隆明を臨時講師として招聘しようとしたら教授会で反対され、また伝習館高校問題をめぐる教育学部授業で機動隊が導入され、七一年三月十八日に辞意を表明、定年約一年前の七一年五月十二日に辞職した。「本気で『抗議』するなら、むしろ、東大の折原さんや神戸大の松下さんのように、あくまで大学のなかにとどまりながら、現在の大学のいわゆる『秩序』と『義務』を拒否する積極的行動を起こすべきだと考える人も多いであろう」と記した（「私の大学闘争」『情況』七一年七月号）。

九大では滝沢を中心に大学変革研究者会議がつくられ、十名前後が毎月集まり、七〇年二月から雑誌『Radix』を出した。法学部の法理学助教授だった三島淑臣（三二年〜）も参加したが、「このような教官としての全共闘寄りの姿勢は、学生たちの提起する問題を既成教育・研究秩序の単なる破壊としてしか理解していなかった学部多数派教官たちの不興・反発を招かざるを得ず、中には私の教官追放をひそかに画策する有力教授も現れた」という（「『共苦の人』滝沢克己」『滝沢克己を語る』一〇年三月）。教養部の数学助教授の瀬口常民（二九〜七四年）は伝習館高校三教師処分問題を広く訴えたし、工学部の数学教授の倉田令二朗（三一〜〇一年）もいた。「米軍の戦闘機が九州大学の校舎に激突した一九六八年の事件は大学での研究がヴェトナムの戦場と隣り合わせであることを明らかにした。このとき立ち上がった数少ない教官として、倉田令二朗氏と滝沢克己氏の名は、私には忘れられない」と山本義隆は回想している（倉田令二朗著作選刊行会『万人の学問をめざして』〇六年一月）。

岡山大学では、六九年四月十二日の封鎖解除のさい学生の投石で警官が死んだ事件があり、十九日に教養部ドイツ語講師の荻原勝（三一年〜）が「既成の大学共同体につながる勤務形態を一切拒否する」、翌日に英語講師の坂本守信（四〇年〜）が「教養部教官会議が自己批判しない限り、会議への出席を拒否する」と声明を発表した。再三の機動隊導入に対して法文学部の好並隆司助教授ら八人の有志教官も抗議したが、九月十六日からの授業再開後も二人は授業を拒否し、七〇年四月二十二日、停職五カ月の懲戒処分を受けた。国家公務員法第八二条第一号、第二号、人事院規則一二—〇の第二条によるという、国立大学では最初の「造反教師」処分であり、六九年の「造反教師」続出に対して文部省と大学首脳が「煮えくりかえらんばかりの憎悪」を燃やしていたことの一年後の発現だという（前田秀男「造反教師極刑の論理」『朝日ジャーナル』七〇年五月三一日号）。なお、その後坂本は、一九七二年の試験成績評価をめぐって七三年四月に懲戒免職処分を受け、七五年四月からは学友会の嘱託職員として九五年まで岡山大学にいたという（Web）。荻原は、七五年に辞職し、大学とは無縁の生活を送った（「岡山大『造反教官』荻原勝さんの記録映画上映会」『毎日新聞』大阪版九七年一二月六日）。

神戸大学では、六八年十二月から教養部学生がストを続けていたが、六九年八月八日の警官導入で封鎖が解除され、九月五日にストも解除された。教養部ドイツ語講師の松下昇（三六〜九六年）は、六九年二月二日に「旧大学秩序の維持に役立つ一切の労働（授業、しけん等）を放棄する」と宣言し、受講者全員に「祝福としての零点」をつけたことがあるが、九月一日に化学の授業で授業再開反対と自主講座を呼びかけ、十一月八日の後期試験で答案用紙を学生から奪うなどしたという。七〇年四月八日に不退去罪で逮捕、五月十八日に威力業務妨害と建造物侵入の容疑で逮捕され、十月十六日に懲戒免職処分を受けた（『朝日新聞』五月十九日、十月十六日夕。十一月七日に器物損壊罪で起訴）。「私自身はもともと闘争が好きな人間ではなくて、できれば、たった一人で静かに何かを考えていたい人間なのです」と語った松下がどのような行為で処分されたかは、容易に論じることができない（松下「私にとって大学闘争とは何か」七〇年十二月五日、『Radix』四号）。七一年七月十九日からの松下の人事院審理をめぐって折原の問題提起や滝沢の論評があり、荻原や池田浩士も関係した混沌とした経緯については、滝沢克己『わが思索と闘争』（七五年一月）から窺われるが、のちに松下と数カ月つきあって別れた高本茂も峻厳な事実を記している（『松下昇とキェルケゴール』一〇年九月）。

京都大学では、六九年一月十六日から寮問題をめぐる全共闘学生の学生部封鎖があり、二十一日から大学当局および民青系学生による三日間の逆封鎖があって、二月には全学部の学生がストを始めた。各学部の教員の寄合い所帯のような京大教官共闘会議ができ、「大学解体」をめざす最左翼の反大学運動にはドイツ語助教授の野村修（三〇〜九八年）や講師の池田浩士（四〇年〜）らが協力しており、他方で農学部には学部長の改革案に対抗する助教授、講師の制度改革運動があったという（酒井武史「造反教師　職と学問を〝賭けた〟人たち」『朝日ジャーナル』六九年六月十五日号）。池田は、『叛逆への招待』創刊号（六九年四月）、『序章』第二号（七〇年五月）などに寄稿した文章を『似而非物語』（〇五年四月。七二年初版）に収めているが、『五月三日の会通信』（七二年五月）に掲載された「〈松下昇〉はパンをいかに食うべきか?」など、眩暈がするような凄まじい闘いがあったことを感じさせる。

高橋和巳（三一～七一年）は、六七年六月から中国文学の助教授だったが、「わが解体」を『文藝』六九年六月号から十月号まで連載した。九月二十一日の機動隊導入で封鎖が解除され農学部の教員一〇名が逮捕されたときは北海道大学で講演しており、十月三日の腹痛で京都を離れた。一度だけ無理を押して京都に戻ったら、文学部はロックアウト状態で、検問中の同僚から「なにしに来られたんですか。あなたは来ないで下さいよ」「君も当然、機動隊にとっつかまっているものと思っていた。一体何処へ行ってたんだ」と言われ、口ぎたなく罵りあった。結腸癌による病状が悪化し、七〇年二月に辞表を大学に郵送したという（「三度目の敗北」『人間として』七〇年九月）。

名古屋大学では、教養部でドイツ語担当の菅谷規矩雄が六九年秋に東京都立大学へ移った。廣松渉（三三～九四年）は、六七年四月に教養部の哲学講師となり、六九年四月から一年、辞職して職業革命家としてやっていく決意で、東京から通いながら、全共闘学生とともに行動した。「東大闘争の現代史的意義」（『朝日ジャーナル』七〇年一月十八日号）では、東大闘争が大学解体論と自己否定の論理を生んだことやゲバルト闘争の地平を開いたことを評価した。七〇年三月に辞職したとき、「大学闘争の終焉に殉じ、大学を去る廣松氏を潔ぎよいと思ってみていた」と全共闘学生だった牧野剛は回想する（「トゲ」『廣松渉著作集』月報一六、九七年九月）が、やや違うようだ。直後の五月にブントの内部抗争からテロに襲われ、あちこち骨折して一カ月寝たきりだったという（小林敏明編『哲学者廣松渉の告白的回想録』〇六年三月）。七六年四月に東大教養学部の助教授となった。

東京外国語大学は「造反教官」が多いことで知られた。安東次男、岩崎力、渡瀬嘉朗の三人は、六九年九月十日からの進級試験の実施を拒否し、大学法施行以来の正常化に対する「造反」だというが、学生五〇〇人が単位をとれない心配が報じられている（『朝日新聞』九月三日）。フランス語の助教授の岩崎力（三一年〜）は、執行部の紛争収拾方針に反対して、期末試験実施のみか教授会出席を拒否し、これに対して教授会は、岩崎が教授会出席拒否をやめない限り海外留学を認めないと決議したが、岩崎は退官か処分覚悟の無断出発を考えているという（『朝日新聞』十一月六日）。ちなみに岩崎は一九九四年まで外語大教授を務めたし、「造反教官」の一人だった原卓也が一九八九年に学長になった。

東京教育大学では、筑波移転をめぐって六八年六月末から学生ストが続いており、体育学部以外の入試が中止された。六九年二月二十八日の機動隊導入に抗議した文学部教授会が検問下の授業を拒否したのに対して、宮島竜興学長代行を支持する少数派の教員三八名が分裂して授業を始めた。残った約六〇名の文学部教授会は、大学措置法適用の恐れから、九月十六日からの授業再開へと路線転換した（文学部学生も三十日にスト解除）が、大学当局から阻まれ、最後通告を突きつけられた。十月六日の教授会では、賛成三八、反対一六、保留一で最後通告の受諾を決定したが、反対派教員十数人はロックアウト下の授業再開を拒否していると報じられた（『朝日新聞』九月十六日夕、十月七日、『朝日ジャーナル』十月二十六日号）。

この教授会で家永三郎（一三〜〇二年）は、教授会を絶対に割らない決意のもとで、多数意見に従うことを約束して採決したという（『東京教育大学文学部』七八年二月）。入江勇起男学部長らは辞任し、十月二十二日から藤井一五郎学部長、中嶋敏、松本三之介両評議員に代ったが、七〇年九月には評議会が文学部教授会に紛争の責任を負わせて入江、星野慎一、家永の三教授に辞職勧告するなど対立が続いた。家永は、伝習館問題を持込んだ倉田令二朗らを拒んで「伝習館裁判の重要性は解らないではないが、自分は『教科書裁判』の象徴である。従って、この裁判の支援組織である日教組や他の諸団体と対立している伝習館闘争とは連携するわけには行かない」と語るような人だったという（茅嶋洋一「〈白波〉の時代」『万人の学問をめざして』前掲）。

東京都立大学には、のちに脱原発の市民科学者となる高木仁三郎（三八〜〇〇年）がいた。六九年七月に東大原子核研究所の助手から都立大学理学部助教授になった高木は、着任三日前に全共闘学生による校舎封鎖があり、教授会などで封鎖解除の技術論ばかり聞かされて黙っていられなくなり、気がついたら「造反教官」となっていたという。六九年十月二十九日の封鎖解除後、授業には復帰したが、「現代科学の超克をめざして」（『朝日ジャーナル』七〇年四月二十六日号）などを書き、七二年三月に三里塚の岩山に六〇メートルの鉄塔を建てる中心となった（山口幸夫「三里塚と脱原発運動」、高草木光一編『一九六〇年代 未来へつづく思想』一一年二月)。七二年五月からドイツに留学し、翌年二月にハイデルベルクから退職の決意を書き送ったら、予想外にも慰留されたという。五月末の帰国後も慰留されたが、七三年八月末日に辞職した(『市民科学者として生きる』九九年九月)。

都立大学教養部のドイツ語助教授の菅谷規矩雄(三六〜八九年)は、六九年十月に名古屋大学から移ってきたら、二十九日に機動隊導入による封鎖解除に接した。十一月十一日からの授業再開に対して拒否を宣言し、解放学校という自主講座の運動を始め、都立大反戦を結成した(大西廣との対談「後退のなかの突出」『情況』七〇年六月)。その後も授業拒否を続け、七二年六月十日に懲戒免職処分を受けた。高木は、宮沢賢治のことを教えてくれた菅谷の処分の便りをドイツで聞いて、六九年十月二十九日からの菅谷との分岐と連帯に触れている(「折原書簡を読んで」『ぷろじぇ』七二年七月)。最後の著作『市民科学者として生きる』では、「どうして大学を辞めたのか」という質問をいまだに受けるとして、辞めなかったら原子力問題に集中できなかったし、辞めても科学者として自立的に生きられたから、自分の選択は正しかったのではないかと答えたこともあるというが、「大学を辞めて進路を断ったということが、本気にさせるという意味をもったのだろう」と考え直している。

国際基督教大学は、当時の紛争大学一覧には現れないが、六九年には大学が授業を開かなかった。六七年二月に能力開発研究所テストに反対して本館を数日封鎖した学生六四人が写真をもとに退学や無期停学の処分を受けており、六九年二月から処分撤回など三項目を要求する全共闘の学生が全学集会と大衆団交を重ね、大学当局が非を認める確認書が交された。しかし武田清子学部長はこれを認めず辞任、大学理事会は五月二日からの授業再開を無期限に延期した。十月二十日の機動隊の導入常駐とともに授業再開、大半の学生は履修登録を拒否したというが、七〇年一月二十七日に退学となる日の前日に全共闘は解散したという。新約聖書学講師の田川建三（三五年〜）は、教授会の実名入り発言記録を学生に配布し、学生部副部長代理として右の確認書を交した人でもあったが、授業再開に先立つ六九年九月に数学教師の弥永健一とともに授業拒否を宣言し、十二月二十四日に休職を命じられ、七〇年四月十日に退職を命じられた（「弾圧者となったキリスト教」『朝日ジャーナル』六九年十二月七日号、「授業拒否の前後――大学闘争と私」『批判的主体の形成』七一年八月、増補改訂版〇九年十一月）[注3]。

北海道大学では、六九年四月の入学式粉砕後、逆封鎖や封鎖があり、十一月八日の機動隊導入で封鎖が解除された。文学部の哲学助教授の花崎皋平（三一年〜）は、花田圭介（二二〜九六年）らと解放大学運動をするとともに、七〇年二月から一年半、封鎖解除のさい逮捕された学生四人の裁判の特別弁護人を務めた。その間授業をせず、七一年九月十六日の判決ののち、十一月末日退職した。七月十四日の最終弁論では、裁判が終っても「研究室へ戻り、六九年に読みさしておいた本をひらいて読み出すとしたら、私と被告諸君とのつながりは又切れてつながらぬものになってしまうであろう」と述べて、別の世界に移り住むための辞職を予告していた（『力と理性』七二年九月）。近著『天と地と人と』（十二年十二月）では、「一九六八〜六九年が私の再出発の起点であった」というが、副題の通り「民衆思想の実践と思索の往還」の旅を四十年続けた。『風はおのが好むところに吹く』（七六年一月）という題名の文章に学生の私たちは惹かれた。

これまで一九六九年の大学で授業を拒否した教員について、主に文献資料によって記してきた。彼らは当時「造反教官」と呼ばれることが多く、「造反」といえば反乱するという印象が強いが、もっと中立的にいえば、間違っているとしか思えない命令や支配には従わないという意味で不服従教員だった。大学に抗議する学生が建物を封鎖し、大学当局が機動隊を導入して封鎖を解除したとき、力による授業再開に反対する教員は少なくなかった。ただ授業再開に反対するだけでなく、自ら授業再開を拒否するのが不服従教員だった。そこまで抗議を表すと、授業の担当に穴を空けて同僚に負担をかけるだろうが、ハタ迷惑を顧みないのでなく、顧みたうえで拒否したのであり、同僚の反応もさまざまだっただろう。

不服従教員は、大学からの懲戒処分を予想して行為していたが、誰もが処分されたわけではなかった。国家公務員が不利益処分への不服申立てとして人事院に審査請求できる国立大学とは違って、私立大学の方が処分が行われやすかっただろう。田川建三は授業拒否から半年で免職、公立大学の菅谷規矩雄は二年半余りで免職されているが、国立大学の松下昇は一年半余りで免職、荻原勝と坂本守信は一年で停職されており、それぞれの教員の闘争方法や同僚らの同情や支援によっても違いは生じただろう。また、処分覚悟で授業を拒否しても、なかなか処分されないうちに、自ら辞職することもあった。藤堂明保は当初授業を拒否していたが一年後に辞職し、滝沢克己も一年の授業拒否ののち、約半年後に辞職した。花崎皋平は別の世界に移り住むために辞職したし、高木仁三郎は授業復帰二年半で留学してから辞職した。しかしどれだけ嫌になっても自ら辞職することだけはしない、辞職したら自分の正しさを否定することになると考える不服従教員がいた。

三　振袖火事

これまで論じた不服従教員の態度表明や抗議行動を他の大学教員は当時どのように見ていただろうか。自分も抗議したかったと共感する教員もいただろうが、学生の尻馬に乗ってと苦々しく思う教員が多かったことは想像できる。ここでは丸山眞男（一四〜九六年）の見方について考えたい。東大紛争で丸山の発言を待っていた人は少なくない。やがて造反教員となる海老坂武は、六八年末の段階に至っても、丸山が「東大で進行している事柄について公的な発言を何一つしていないことに、折原浩とともに苛立っていた」という。三十五年後の回想『かくも激しき希望の歳月』（〇四年五月）によれば、「丸山がどう発言するか、どう行動するか、大げさに言えばそれは、戦後思想に関心を持っている者すべてがかたずを呑んで見守っていたことである」、「この沈黙を考慮の外において彼の著作を読むことはできない、と今も私は考えている」。

もっとも折原は、六八年末の段階では、海老坂が回想したほど丸山に苛立ってはいなかった。六八年八月二十一日の第二論文「東京大学の死と再生を求めて」では、「かつて『無責任の体系』を鋭利に分析され、『不作為の作為』について語られた、わたくしのもっとも尊敬する教授が、ここにいたってなお沈黙を守っておられることは、東京大学の頽廃を悲痛に象徴している」と暗示するにとどまっていた。六九年二月二十二日の第四論文「東京大学の頽廃の淵にて」で、林健太郎教授の軟禁を人道問題として反応した教授たちが学生同士の衝突の危険の回避につとめなかったことを指摘し、「とくに、丸山真男教授のお考えをうかがいたい」と名指して、丸山の人権思想が「『教授』という存在とその利害状況に拘束された、きわめてパティキュラリスティックなものでしかなかった」ことを丸山の行動が証明しており、「利害状況からの個人の自立とそのユニヴァーサリズム」という丸山の中心思想の破産だと折原が批判したのは『中央公論』四月号でだった。

折原の第二論文は、資料として同号に掲載されるまでは、私製パンフレットとして配布されたにとどまるが、海賊版が数種出たという。当時早大の学生だった奥武則は、東大法学部の学生小池民男からその丸山批判の部分について教えられ、「丸山眞男にいかれていた私にとって、相当にショックだった」という(『論壇の戦後史』〇七年五月)。丸山ゼミの学生杉井健二が、六九年十一月三日の丸山宛書簡(『悠悠放浪 杉井健二追想録』〇〇年十月)で、「『黙殺暴力』と裸の物理力行使と同列に置くことが、暴力の概念の無制限な拡張であり、概念のレヴェル分けは厳密にしなければならない」と「折原批判」を丸山がしたと一年前を振返っているように、丸山も折原の第二論文を読んで話題にしたのだろう。

当時の丸山が東大紛争について公的には発言しないと決めていたことは、没後発表された資料から窺われる。六七年二月の学部長選挙で当選した丸山が健康上の理由で辞退し、三月二日の再選挙で辻清明が次期学部長に選出されたことが大きかったらしい（注4）。丸山が死去する前に刊行された『丸山眞男集』第十巻（九六年六月）では、「著者が後年私的に語ったところによると、この一年後にあのような大規模の紛争がおこるとはまったく予想していなかったが、結果的には、この学部長辞退が同僚の辻教授に多大の迷惑と負担をかけることになったので、著者はいわゆる大河内＝辻体制とその処置にたいする公然たる批判をする道義的資格が自らにはない、と判断した。これが紛争全体を通ずる著者の根本態度となったという」と飯田泰三が「解題」に記している。

丸山は、定年三年前の七一年三月末日の退職後、四月三日の家永三郎宛書簡のなかで次のように振返っている（『丸山眞男書簡集』1、〇三年十一月）。「東大紛争のことは、これこそ話せばきりのないことですが、これまた多年の友人を傷つけたくない個人的感情と、また、ある事情から生じた小生の道義的な自縛のために、意のように動けず、いわんやタンカをきってカッコよくとび出すような単独行動は小生のとらないところなので、外から見たら何ともはがゆい、あるいは不可解な姿に映ったと思います」。「多年の友人」は、戦中も会話があり戦後は二十世紀研究所でも同行した大河内であり、「ある事情」は丸山の学部長辞退だろうか。六八年十一月一日に大河内総長も辻学部長も辞任してからは「道義的な自縛」も消えただろうが、それでも公的に発言しなかったのは、「単独行動」をとらないと決めていたからだろうか。それは、「間違つてゐると思ふことには、まつすぐにノーといふこと」(「折たく柴の記」)と記した戦争直後の丸山の初心から遠くまで来たということだろうか。マスコミに発言しなかっただけではないかと丸山は反論するだろうが。

東大紛争における丸山の発言として報じられたものは僅かしかない。六八年十一月八日の林文学部長軟禁に対する解放要求シュプレヒコールに集まった三百余人の教官中に丸山もいたという翌日の『毎日新聞』記事、十二月二十三日の法学部研究室封鎖に対する「軍国主義者もしなかった。ナチもしなかった。そんな暴挙だ」という翌日の同紙記事中の発言、六九年一月十八日に封鎖解除された法学部研究室の廃墟のなかでの「これを文化の破壊といわずして、何を文化の破壊というのだろうか」という翌日の同紙記事中の独言くらいだろう。六九年二月の法学部授業再開での丸山の発言は当時報じられず、二十一日、二十四日、二十八日、三月七日の詳細は、丸山没後刊行の『自己内対話』(九八年二月)などから明らかになった。

丸山は、日常的な制度を重んじており、授業が再開されれば当然のように授業を始めた。二月二十一日の講義の冒頭で、「ストライキが解除され、講義再開の物理的障害がとりのぞかれた以上、講義をするのは教官の義務であり、また、いうまでもなく聴講権は学生の権利である」、「講義は日常的な制度だ。日常化と、問題解決という意味での正常化とはちがう」と語ったという（加藤一郎宛書簡二十五日）。丸山にとっての東大紛争をこの密度でさえ論じる余白はないので、丸山の東大紛争理解を三点に分けて摘記したい。『自己内対話』のノート三冊のうち、「折たく柴の記」は丸山眞男文庫で非公開だが、伏字が多かった「春曙帖」は二〇〇九年夏から公開されており、それに拠るときは注記なしで、また『丸山眞男書簡集』『丸山眞男話文集』なども用いて記す。

第一に、東大紛争の「擬似宗教革命的な性格」。六八年十一月に加藤執行部ができて全共闘の七項目要求のほとんどを容れるようになったころ、全共闘系が「問題は七項目をのむかどうかでなくてのみ方がなのだ」と言い出したことに、丸山は内面的告白の要求を見て批判的だった。しかし七項目のうち医学部学生処分は豊川元学部長の責任が結局不問にされたし、文学部学生処分問題は当否が曖昧なままだったのに、七項目ののみ方に不当処分の責任のとり方が現れるとは丸山は考えなかったようだ。七項目ののみ方を問題とするのは「ポツダム宣言の受諾が問題でなくて受諾の仕方が問題なのだ」というのと同じだと丸山は記したが、そのような政治問題とは全く違っており、しかも丸山自身が「超国家主義の論理と心理」（四六年五月）の末尾の一文でポツダム宣言の受諾の仕方を問題としたことを忘れたかのようだ。そのように丸山が全共闘学生を擬似宗教的と見たのは、その反政治主義に批判的だったからでもあり、「自分の行動を非政治的もしくは反政治的と思っているノンセクト・ラヂカルの自己偽瞞」への嫌悪を記している。反政治主義は自己欺瞞だから全政治主義に翻転するというのが丸山の持論だった。

第二に、東大紛争の暴力的性格。「東大闘争の後半期から主要なイッシュがもはや医学部の処分や大学管理問題ではなく、日に日に激化する内ゲバ問題になっていた」（「休刊号に寄せて」『現代の理論』八九年一二月号）と晩年の丸山は回想しており、東大闘争の後半期は六八年十一月以降だろうが、かりに六九年一月以降だとしても、その記憶はかなり歪んでいた。もっとも当時は、「全共闘学生を『暴力学生』と呼ぶことに、いささかのためらいも感じない日共（民青）教官と学生」への異和感も丸山は記しており、民青よりは全共闘が好きだったらしい。なお、丸山自身が殴られたかのような誤解が跡を絶たないが、(注5)丸山文庫の松本健一「ヴェニスの肉塊」（『辺境』七三年一〇月号）のコピーには、「全共斗の学生たちが丸山真男の研究室に乱入し、怒号にちかい言葉でかれをつるしあげた」という箇所に「いつ？ まったくない」との丸山の書込みがある。

第三に、東大紛争における「制度的構想力の欠如」。「われわれは制度の変革などを問題にしていない。われわれの『革命』を制度論に矮小化する事は、われわれへの侮辱だ」と彼らは言うと丸山は記している。大学闘争が大学改革や政治改革をほとんどもたらさなかったのは、全共闘の反政治主義や実存主義と無関係ではないし、七〇年以後の革命運動党派の内ゲバにもよっただろう。「一部の書評誌とか高級（？）評論誌では、インテリ部落の革命コトバ遊戯がますます亢進、処置なし」と丸山が冷評した（三谷太一郎宛書簡七〇年一月二十九日）ような言論状況もあったかもしれない（もっとも『日本読書新聞』『朝日ジャーナル』には折原浩、山本義隆、廣松渉、秋田明大ら全共闘系の執筆者が目立つが、革命の言葉が踊っているのは前掲の廣松論文くらいだった）。全共闘運動の遺産の乏しさは、のちに丸山が他の先進国と比較して語っているように、軽視できない歴史の問題だ。ただ、丸山が全共闘の運動について制度や形式を嫌悪するロマン主義との近似をしばしば指摘したのは、三島由紀夫や林健太郎に共鳴する学生ばかりではなかっただろうに、むしろ丸山の啓蒙的な理性の立場の狭さを示すものではないだろうか。(注6)

要するに丸山は、東大紛争を全体として捉えることを拒否していた。六九年十月一日の今井壽一郎宛書簡では、「東大紛争」について「一体私には、医学部問題とか、都市工学の問題とかそれぞれ特異で個別的な問題を通ずる『東大』一般の矛盾とか問題とかは何なのかということ自体がよく分らないのです。江戸の『ふりそで火事』のような所があるのです」と告げている。「むしろ私は、ゲバ学生よりも、世の『評論家』たちの態度――ろくに調べもしないで、マス・コミの断片的報道からの臆測や、安田城攻防のような『事件』のショックで、ひとのことをパリサイ人的にあげつらう軽薄さとコンフォーミズムに呆れています」と続く記述が何を指しているかはともかく、一六五七年の明暦の大火が恋煩いで死んだ娘の振袖から失火したとされる伝説のようなものとして、丸山は東大紛争を理解していた。「まるで振り袖火事だ」と六九年二月一九日の法闘委学生らとの非公式会合で言ったと丸山は九一年四月二十三日に回想している（『丸山眞男回顧談』下、〇六年十月）が、理性では把握できない呪術的な連鎖が生じたという理解だろうか。

また丸山は、全共闘の運動は「組織的な大衆運動とは似て非なる伝統的な騒擾の現代版」だとの見方を示したという。当初はローマ貴族を滅ぼし継承もしたゲルマンにたとえていたが、運動が「非政治的、心理的な急進主義」に傾斜しはじめたので評価を変えたと、丸山が最も信頼した安東仁兵衛が伝えている（『戦後左翼の四十年』八七年七月）。「日ごろマス・コミにたいする不信を常套言とする知識人たちが、あのときばかりは私にたいする一言の質問や疑義の表明もなしにマスコミが私の言葉として報道する片言隻句をそのままうのみにして、大学問題にたいする私の態度をなじっていたのと対蹠的に、安東君は私への信頼をすこしもゆるがせない数少い友人の一人であった」（「休刊号に寄せて」前掲）と丸山は八九年末に回顧したが、それでは法研封鎖に対して「軍国主義者もしなかった。ナチもしなかった」と発言したと報道されたのは事実と異なるのか。「東大紛争についての私（丸山）の態度にかんする批評で、私自身に、事実をたしかめたり、直接フランクに批評を求めたうえで、書かれたものは一つもない。すべて犬の遠吠だ」と手記に書いておくくらいなら、事実はどうだったのか書いてほしかった。

『自己内対話』では、丸山を名指しで批判した者の名前が伏字にされていたが、「春曙帖」の公開後、そのことが却って丸山の東大紛争経験を浮彫にした。「東大紛争を通じて私の眼に映じたいやらしいインテリ」一〇項目のなかで、第四の「パリサイの徒」は、「折原浩・羽仁五郎や、朝日ジャーナル的記者だけでなく、全共闘の『いい気になっている』指導者たち」と記されていた。羽仁は、『現代の眼』六九年四月号の「表現の自由と占拠の論理」で、法研封鎖時の丸山発言と報じられたものを批判していた。(注7) 朝日ジャーナル的記者は、同じ丸山発言を暗に指して批判した山本義隆「攻撃的知性の復権」（『朝日ジャーナル』六九年三月二日号）の掲載後に何か言ってきたのだろうか。

　この「パリサイの徒」の記述との時間的前後は不明だが、丸山の言動が東大教授という「立場からの発言としてしか受けとられない」ことへの「抗議」も記されている。「おどろくべきことに、ウェーバーの専門家である筈の折原浩氏さえ、私の林健太郎監禁事件にたいする抗議の署名を、東大教授による東大教授のための、パティキュラリスティックな人権感覚——したがって当然に人権感覚の欠如ということになる——としてしか理解していない」(これは非伏字)。この状況こそ「私の発言意欲を削ぐものなのだ」。折原が『中央公論』六九年四月号の「東京大学の頽廃の淵にて」で、学生の人権を心配しない「教授」の存在拘束性を指摘したのは、イデオロギー暴露の一種として根拠ある批判だろう。丸山は、自分の人権感覚が特殊主義的でないかほとんど疑わなかったように見えるが、理解してほしいように他人が理解しないからと、そのせいにして発言意欲を弱めていた。

　丸山を誤解する者の名前は、ほかにも記されていた。「日ごろマス・コミを蔑視する批評家諸氏が、吉本隆明から杉浦明平にいたるまで、そういうマス・コミの眼——もう一度いえば著名東大教授としてしか丸山の言動を見ないような眼——をそのまま自分の眼として批評しているというこことが、おどろくべき現象」だという。吉本は、『文藝』六九年三月号の「収拾の論理と思想の論理」で法研封鎖時の丸山発言と報じられたものを批判した。杉浦は、『文藝』六九年一月号の「擬制の終末」で、林文学部長軟禁事件に対する「暴力には屈しないぞ」などの叫びに丸山真男から三島由紀夫までが呼応したのは、「ソ連軍のチェコ侵入以来の壮観」「一篇の諷刺劇の材料」だったと皮肉っていた。丸山は、旧友の杉浦に七〇年八月二十五日、「私には、肉体的にも精神的にも結核手術のとき以上に、つらくいやな思いをしたここ二、三年ですが、療養して動かないでいると、逆にいろいろなひとの動きの心の底が透けて見えて来るのだけは貴重な体験でした」と書き送った（田原市博物館編『杉浦明平の世界』一〇年七月）が、名指されただけで「つらくいやな思い」をしたのだろう。

この七〇年八月の丸山は、法学部の先輩教授だった岡義武宛の書簡（十二日）でも、東大紛争を振返っている。「一昨年からの東大紛争の過程で、個人的にさまざまの体験をし、またジャーナリズムの道聴塗説に動かされた既知・未知の人から色々のヴァリエーションの批評を浴び、あらためてこの年になって、人の心の頼りなさと美しさ、優しさとを、二つながら垣間見る機会を得ました。これまで何かというと、かけこみ訴えとか相談とかをもちかけて来た人がプツリと音信不通になった（おそらく私が全共闘のシンパでも、『造反』教官でもなかった、というたゞそれだけの理由で、しかも、私に直接電話一本かけてきたゞす労もとらずに！）かと思えば」、海外の友人や先達から同情や激励の手紙が来たという。「道聴塗説」は路上で聞いたことをすぐに路上で他人に話すこと（『論語』陽貨編）だが、いい加減な受け売りによる批評が丸山にはこたえていた。それにしても丸山が「全共闘のシンパ」や「造反」教官でなかったというだけの理由で、音信不通になった知人がいただろうか。いたとしても、何が理由かわからなかっただろうに、それが理由だと感じたこと自体が、丸山が精神的に非常な窮地にあったことを物語る。丸山は東大紛争によって傷つきすぎていた。

「造反」教官については、丸山は藤田省三と話している。「大学紛争における『造反』教官に気の弱い人が多い、という話に関連して藤田省三君が言った。『気が弱いというのは悪徳ではないでしょうか』よいかな言や。しかし現代のもっとも厄介な問題は、『良心的であること』が紙一重の距離で、気の弱さに接続しているという点にある。一九六九年十一月」。これは六九年三月十日の集会での「言語表現の限界性」という学生の折原追及は「気の弱いインテリ脅し」の方法だと論じた吉本隆明「畸型の論理」や、高橋和巳「わが解体」（四）が掲載された『文藝』六九年十月号の読後感の交換かもしれないが、気の弱さを否定する考えは丸山にはなかった。もっとも「他者にたいして自己が自己を批判するというのは、Contradictio in adjectoである。全共闘の自己批判の『要求』と、これに呼応する『良心的』な教師の愚劣さはここにある。一九六九年三月」とおそらく武蔵野日赤病院で記してもいる。他者から正当な批判を受けて自己を批判すること、他者に謝罪することは形容矛盾でも愚劣でもないだろうが、全共闘学生から自己批判の要求を大勢で執拗に突きつけられた直後には、丸山は、相互批判の余地もなくなるほど反発していた。

丸山は、全共闘学生の弾劾をパリサイ的と感じていた。「いい気になって、得意になって、自己正当性（self-righteousness）だけでパリサイ人のように行動している」。パリサイ人は、ユダヤ教の律法学者のなかの進歩派として律法を厳格に守ろうとしたが、自分たちの幸福が神の義によると認めたい自己正当化の欲求を強く持っており、それゆえ他者を断罪しがちだった。ヴェーバーが『宗教社会学論集』の序論で幸福の神義論の欲求をパリサイ的と記したように、また本論のプロテスタンティズム論で宗教的生命に満ちた一七世紀が功利的な一八世紀に残したのは営利においてパリサイ的に正しい良心だと論じたように、自己の義認をパリサイ的と見るか、あるいは丸山のように、主に他者の断罪をパリサイ的と見るかは大きな違いだった。他者の断罪をパリサイ的と否定する見方からは、異質な他者への寛容を重んじる「他者感覚」が説かれるだろう。しかし金持ち喧嘩せずといった態度で、自己の義認から他者の断罪が帰結しない場合も考えられるが、それがパリサイ的でないとは限らない。パリサイ的なのはどちらか、丸山と折原との間で論争があったらしい。

造反教官や全共闘学生が不当な学生処分の責任をなぜ執拗に問うのか、どうやら丸山には理解できなかった。一九三〇年代、四〇年代の大学の危機ののち、五〇年のレッドパージに対して教授と学生とが合同して立ち向かったことが、丸山にとって大学の原像だっただろう。しかし一九六〇年代の大学が学生管理を強め、教授会中心の大学の自治から学生の自治を除外したとき、学生たちはそれを国大協路線あるいは東大パンフ見解と呼んで、教授への不信を強めていった。丸山は、学生の不信を知らないではなかったが、過剰な期待による不満、甘ったれの欲求不満だと考えていた。六八年十二月二十七日の『毎日新聞』が東大パンフを廃棄し八・一〇告示を失効とする加藤総長代行の新見解を報じた記事の切抜が丸山文庫にあるが、「福祉国家観、参加（権利の享受）→受益者意識の増大になるならば自主性が減退する」と丸山は書込み、「学生が固有の権利をもって大学自治の一環を形成する」という新見解には「これも教育過程ではないのか」と書込んでおり、学生の自治の要求には否定的だった。これでは学生がなぜ執拗に責任追及するのか、丸山には理解しにくかっただろう。

丸山は、学生からの批判に対して、相手の理解能力を批判することで応じた。丸山ゼミ学生の杉井健二からの六九年十一月三日の論争書簡に対して、十一月九日付らしい返信では、杉井の『他者にたいする内在的理解能力』のおどろくべき欠如」を指摘し、「理解能力」に注記して「これが精神的な子供と大人とを分つ指標です」。そして「『自己否定』の名における自己への甘えと他者へのパリサイ的断罪という全共闘運動のあのおそるべき劃一的な特徴――ゲバ・ヘルという服装の劃一性だけでなく発想の劃一性――から、せめて自分の個性をとりもどしてほしい」と望んだ（『悠悠放浪』前掲）。『自己内対話』では伏字だが、「今年（六九年）の一月十五日の全国総決起集会に、ヘルをかぶった杉井君を私はみとめて、うしろからいきなり腕をとったとき、おどろいてふりかえった彼は、瞬間に、ヘルを脱いで、私にちゃんとした言葉で挨拶した。そばで見ていた三谷助教授たちは、『杉井も先生の前では直立不動ですね、おどろきました』といっていた」と丸山が記した「古風な礼儀」を失わなかった学生が杉井だった。

しかしほとんどの全共闘学生は、教授への不信を強め、大学の責任を追及した。丸山は、三月十日から講義を中絶して、武蔵野日赤病院に入院した。その十日の午後三時、法文二二番教室に押しかけた学生は、丸山の日本政治思想史が休講だったので、三一番教室の全学討論集会に流れただろう。その集会で学生からの批判を受けて、授業再開拒否を決意したのが折原だった。丸山は、退院二日前の四月十八日、「夜半にふと目覚むればいま見し夢は東大紛争のほかにはあらず」「ついに解せぬ問い一つありこの長き紛争のはてに残るは何か」と詠んでおり、おそらく怒鳴りあう夢を見ては、廃墟のなかの問いをふくらませていた。「たたかいのさ中というに『非政治的人間の省察』を書きし人あり」というのは、『中央公論』五月号の読後感かもしれない。「〝造反教官〟が一堂に」という見出しで五月二十九日の全国教員集会を報じた『毎日新聞』記事が丸山文庫の新聞切抜袋に残されている。その造反教官でなかったというだけの理由で知人が去ったと感じるほど、丸山は精神的に苦闘した。肝炎が見つかって六月十三日に再入院し、身体的にも苦闘を続けた。

七一年三月末日の退職後、丸山は、五月三日の熊野勝之宛書簡でも東大紛争を振返っている。「大学紛争についてもかえりみて不本意なことが多いのですが、ただ、マス・コミ向けの個人プレイをしたり、『い丶子』になろうとしなかったことだけはひそかに自ら満足しています」。丸山の言動を見る折原、吉本、杉浦らの眼に「抗議」して、マスコミに発言しないのは「私なりの状況判断、つまり効果性の判断に基くとしかいいようがない」とノートに記したこともある丸山だが、予想される行為の結果を重視する責任倫理でだけでなく、意地というか心情倫理でも行為していたということだろう。熊野が要望したらしい「発言」については、学生諸君とは無数に討論の機会をもったから決して「沈黙」していたのではない、「自己顕示病者の乱舞する『現代』にたいしてトータルに対立する生き方とは、マス・コミで発言しないことじゃないでしょうか」。そのように丸山は、マスコミでの発言を要求する圧力に抗していた。これも不服従の一種だろうか。

四　大気圏突入

大学では、学生がたえず入れ替る。入試がない年でも進級があり、闘った学生も去っていくし、新入生が入る度に大学闘争で何が問われたか知らない学生が増えていく。闘争が後退すれば、批判を避けて黙っていた教員も遠慮なく口を開くようになる。医学部の学生誤認処分に責任を負う豊川行平元学部長と上田英雄元病院長が既定だったはずの辞職を六九年二月に拒否し、七四年三月と七〇年三月の定年まで勤続することも起きた。彼らからすれば、学生が暴れた異常状態が終ったら、正常化という反動が始まるのは当然だった。七三年二月に林健太郎が加藤一郎辞退後の東大総長に選ばれたのは、軟禁を堪えた林に期待する教員が多かったからだろう（林も戦後、清水幾太郎の二十世紀研究所で活動していた）。闘った学生や教員には逆風が強まる。脱原発の運動の昂揚のあとで反動が生じるのと同じだろう。

東大闘争の収拾に抗して授業再開を拒否した折原浩のその後を辿りたい。折原は、六九年三月から三年半、七二年九月まで授業を拒否しつづけた。その間、学生の履修成績を評価し、単位を認定するような授業はしなかったが、一種の自主講座を運営し、さまざまの社会問題について教室で論じあった。また多くの著述を新聞雑誌に、あるいはプリントとして発表した。しかしともかく大学の制度のなかで授業をしなかったから、業務命令を出されれば、違反を理由に処分されただろう。それは最初から覚悟のうえだったが、実際には処分されなかった。もし処分されれば、処分を争点として論争を挑むという捨て身の姿勢だったから、処分する側も躊躇したのだろうか。首を差し出されるのは、たしかに厄介だっただろう。同僚との関係が嫌になって、処分されなくても辞めるのを待ったのだろうか。

折原は、自ら辞職するつもりはなかった。『大学の頽廃の淵にて』(六九年七月)の序で「わたくしが正しく、国家権力・大学管理機関・教授会総体は間違っているとの確信のもとに本書を公刊する」と記したように、その確信のもとに授業再開を拒否しており、自ら敗北を認めるようなことはしないと決めていた。それでも折原が処分されて再争点化するという当初の意図は不発のまま、時が経過した。それとともに、学生の不当処分という最初の争点も風化せざるをえなかった。不当処分をした大学の責任、抗議した学生を弾圧した執行部の責任は明らかであっても、彼らがそれを十分に認めないのに、いつまでも追及するのか。時の経過につれて、授業を拒否する自分の正しさが揺らぐような疑問も生じただろう。自らは辞めず、辞めさせられもせず、その意味を知る学生や教員が減っていくなかで、授業拒否を続けるのか。

折原は、六九年十一月に東大駒場の石田保昭、最首悟、信貴辰喜、西村秀夫らの教員や学生と相談して、解放連続シンポジウム『闘争と学問』を始めていた。「『大学立法』反対闘争・文学部闘争の敗北、授業再開・試験強行による分断とそれへの屈服という重苦しい情況のなかで〝東大闘争の提起した問題とは何か〟、〝どうひきついでゆくべきか〟を問いつづける模索の広場」として設定したと『人間の復権を求めて』（七一年七月）のあとがきにある。十一月二十五日の第一回に折原が「東大の現状と『自主改革』路線」と題して報告したが、二、三百人も参集した学生の間には「単位のない折原ゼミ粉砕」の声があったという。単位がほしければ大学制度内の授業に出ればよかっただろうが、その制度からはみ出す自主講座を許せなかったのだろうか。この第一回の記事は、反全共闘的だった『東京大学新聞』などには見当らないが、『日本読書新聞』十二月十五日号（八日発売）では折原の報告の要約「大学教師にとって学園闘争とは何か」（十二月三日記）が一面に掲載され、七面の囲み記事「冬の季節のなかで」で連続シンポジウムの呼びかけ文や最初四週分のテーマが紹介されている。

その後の連続シンポジウムについては各紙誌が伝えている。『読売新聞』は、すでに触れた一九七〇年一月十七日の記事「あれから一年、悩む造反教官」で、宇井純が報告した十四日の第七回について、「三十人たらずの学生たちは、ストーブが一つしかない教室の片すみで、寒さに首をすくめていた。／『初めは三百人もいたんですがねえ』と折原助教授。『学生の気持ちをどうもとらえにくい。わたしが研究者のワクから抜け切れないためかも知れない』と悩む」と記した。『朝日新聞』は、前述のように石田と折原に紙面で語らせた。『朝日ジャーナル』も、連載「自主講座」の末尾にシンポの予定を示したり、シンポ内容のテープを貸出す電話連絡先を記したりした。七〇年四月十九日号で示された四回のうち一回は「4・16廃墟における自己形成（西村・折原・最首）」だった。この連続シンポはさまざまな社会問題を考える広場となり、七二年十一月二十五日の第一八三回「女と政治——蓮見さん問題を考える」が最後だろうか、三年続いた。七二年二月二十六日の第一六〇回までの報告者およびテーマの一覧は、熊本一規作成の小冊子『れんぞくシンポとは…』に収められている（『ぷろじえ』第八号の七二年三月十日の折原書簡の末尾付録にも）。

一九七〇年の折原は、大学批判、教授批判の視点をさらに拡大しようとした。一月十九日の安田講堂攻防一周年の声明（一二教員が署名、『人間の復権を求めて』資料11）では、東大闘争の問題提起が未解決であるのみか、大学支配と国家権力への従属が深まっている現状を批判するとともに、「これまでのわれわれの闘いが、身近にある知的・人間的頽廃の否認・告発、一般的な反権力的志向の表明に限られがちであった点を反省し、この限界をのりこえて、問題を全社会的な矛盾の構造連関のなかで具体的にとらえかえし、われわれの運動の拡充・深化をめざしていかなければならない」と記している。同日の東大裁判闘争報告集会では、一年間の活動を自己批判的に総括するとともに、二日前の『読売新聞』の「悩む造反教官」を打消し、授業拒否の根拠と理由はますます生きてきているとした。折原の授業拒否に対して加藤執行部は処分の策動を開始したようだが、審査を受けて立ち、公開論争と追及集会に切り換えたいと述べた（「三たび教官層の精神構造について」『現代の眼』七〇年四月号)。

そのころ折原は、「整然たる廃墟」の大学を批判するだけでなく、「大学批判の視点を体制批判の視点に拡大したいと考え、他方では東大闘争の後退局面にあって闘いを持続する拠所を求め」ていた(『人間の復権を求めて』序)。そこで現代的抑圧の構造に対する「内部告発」「内部抵抗」の原理を探って、ベトナム戦争、教育、医療、公害、学問、裁判の個別領域ごとに具体的に展開していった。七〇年四月には神戸大学の松下昇への処分予想、岡山大学の荻原勝、坂本守信への停職処分に抗議や救援をし、北海道大学にも飛び、七月には福岡の伝習館高校の三教師懲戒免職処分問題をめぐって「七〇年代教育闘争」を論じた。それらの論文が、二年半中断していたヴェーバー研究を論じた「マックス・ウェーバーと学園闘争」とともに、『人間の復権を求めて』に収められた。折原が七一年五月に書いた序で、訪ねた大学として列挙したのは三二、高校は五、連続シンポのほかに各地の反戦教師の集会もあった。

翌一九七一年の折原は、東大闘争裁判に集中したように見える。三月三日の東京地裁木梨法廷で折原が特別弁護人に選任され、来る十七日には「造反教官が法廷で総長と対決するという学生裁判で初めての場面が展開される」と報じられており、見もの扱いだった(『朝日新聞』四日)。十七日は傍聴人の所持品持込み禁止への抗議から今井澄ら二六名の被告団が退廷して流れ、四月七日に「加藤一郎総長と初対決」、医学部学生処分の再審査委員会が事実認定のうえで評価するという基本方針通りにできなかった問題点を折原が突いた(同紙八日)。二十一日は裁判長の家族事情で流れ、「総長―造反助教授」の「本格的対決また持越し」、次回は五月六日と報じられた（同紙二十二日）が、続報はない。折原は「裁判所における東大闘争」（『展望』六月号）でこの経緯を論じ、「廃墟における自己形成」をそこでも問うている。

実は折原も、七一年にはかなり疲れていた。七二年一月十九日の折原書簡によれば、七〇年夏以後は、岡山大・神戸大の被処分教員、伝習館、東京・千葉の中高被処分教員、エチル化学労組への救援支援に絞るようにしたが、それらが相互にあるいは連続シンポや裁判闘争と重複し、原稿執筆の期限にも追われ、心身ともに疲れたという。それで学内での取り組みを後回しにせざるをえず、七一年一月の安田講堂攻防二周年の学内二人デモのあとは、ついに一片の批判声明も出せずじまいになったという。そういえば『人間の復権を求めて』の資料の部も、七〇年十月八日の「藤堂・佐藤両教授の辞職に思う」が最後になっている。二人が文学部の誤った学生処分の責任をとって辞職したことに頭を垂れるとともに、折原自身は、「今後、あくまで学内に踏みとどまって、両教授の志を受けつぎ、どんなにささやかであれ、東大闘争によってともされた真理と正義の灯を守り闘ってゆきたい」と決意していた。七一年もその決意は変らなかったが、辞めないでいることにも疲れてきただろう。

それでも折原は、内部告発や内部抵抗を日本社会に根づかせようとした。とくに公害問題をめぐる企業の壁と技術者の抵抗に焦点を絞って、労働者の内部告発の可能性を考察した。「企業内告発の意味」（『朝日新聞』七一年七月十八日）では、いのちと環境を守るための正当な内部告発が生まれないのは、企業がさまざまな報復措置をとってくるからだけでなく、内と外とが区別された人間関係における内の規範が個人にのしかかってくる現象が日本では強いからだと論じた。「自分の個別利害や所属企業への忠誠心（パティキュラリズム）」をのりこえ内部告発に踏切る人間主体は「流れに抗して」しか生まれないという。六八〜六九年学園闘争当時の教授会が「内」意識の異様な昂揚のもとで内部告発を裏切り扱いしたように、公害問題で企業は運命共同体意識をあおって内部告発を個人の内面から抑圧するが、そのような社会的文化的精神風土のなかで、民衆のいのちと環境の保全に責任をとって内部告発に立上がる個人や労働組合が少数でも出現した意味は大きいという。日本人のウチ・ソト意識を克服しようとしたのは丸山真男もだったが、公益通報者保護法が二〇〇六年に施行されても内部告発者が保護されないという今日まで続く問題がここにはある。

そのように折原は、学園闘争の経験にもとづいて、公害企業の壁を破るような内部告発者が現れることを念願し、自らも大学で行為していた。「六八〜六九年全国学園闘争が、けっしてたんなる破壊の運動ではなく、既成秩序・既成価値の根底的否定をとおしてひとつの新しい生き方を打出し、定着させつつある、という事実」（『人間の復権を求めて』序）を明らかにし、伝えようとした。そのようなとき、松下昇の懲戒免職処分に関する七月十九日からの神戸での人事院審理で劇的な表現行為があり、審理に出席した折原が疑問をまとめて「いくつかの問題提起——率直な内部討論にもとづいて頽廃をのりこえるために」（八月三十日付）を『五月三日の会通信』（七一年九月十八日号）に寄せると、池田浩士らがかき回した。「自由な相互批判と徹底的な討論」という大学の理念をたぶん共有していても、当局と闘う折原の正しさの感覚を受けつけない人たちもそこで闘っていた。これから触れる折原書簡によれば、七一年暮から七二年初めにかけて折原は、「心身の不安定な状態」にあったらしい。大学闘争では誰も無傷ではいられなかった。

安田講堂攻防三周年の七二年一月十九日の折原書簡は、暮以来考えてきた三年間の歩みの総括と来年度の方針を述べたものだった。来る三月には東大闘争時の一年生が卒業するし、東大裁判の一審判決も予想された時点で、出処進退の迷いを率直に記している。折原の授業再開拒否は、「一個明白な反逆」として「衝撃と波紋」を生じ、「正常化」を阻止できなくても「正常化」の正当化を阻止する意味があったが、その後は単位認定権や成績評価権などの権力の否定としての授業拒否に意味転換してきた。連続シンポジウムは東大駒場の学生の参加が減り、「学内ではほぼ完全に浮き上ってしまった」し、裁判闘争では加藤総長らと対決したが、大学当局との「接点なき対峙」に至っている。「授業をやっていない」という形式的事実から圧力を受け、「授業をする人＝教師」という通念とも闘わなければならず、「いっそのこと」辞めてしまうかと焦っては思い直しているという。

今後の方針としては三つの選択肢があった。①辞職、「ああいう闘い方をすると、やはりやめざるをえなくなるのだ」という悪しき先例をつくらないためにも、辞職は考えない。②現状維持、「処分待ちすわりこみ」を続け、もし処分されたら「徹底抗戦」する。しかし処分される確率は当分高くないという。③「大気圏突入」、授業を再開して講義演習―連続シンポ―運動体の三結合を実現したい、一教師として生きたい、という気持ちが強くなっている。ただ、「東大内部の多数派・居直り教官が、『あれだけ「悪態」をついておいて、どんな面をひっさげて戻ってくるのか』という形で対応してくることは目に見えており、密室における査問・袋だたきやいやな役割の振当てなどの『報復』も予想しておかなければならず」、気が重いという。

折原は、この長い一月十九日書簡を相談できる人たちに送って助言や批判を受けたところ、大多数は「大気圏突入」を支持していたというが、再考を重ねて三月十日書簡を書いた。隠された動機としての生計問題から「大気圏突入」へ短絡したが、それでは「愚かにも三年間はねたにすぎない」ことになるし、「自分の知性の営み」と「自分の生き方」とを切り離さないで結びつけるという折原本来の意味志向にも反する。「講義をしたい」という動機にはなお残るものがあるが、「連続シンポに拠って既成授業秩序を蚕食してゆく試み」を一月十九日に「挫折」としたのは性急であり、「拒否の貫徹と徹底抗戦」および「連続シンポの拡大強化」という第四の方針をとりたい。その方針には、「生・知性の統合」という折原個人の意味とともに、「近代公教育体制の止揚」や「全社会的な帝国主義的再編に抗する」という客観的意義もあるという。

しかしこの長い三月十日書簡も、「連合赤軍事件を契機とする深刻な状況の変化」（二月下旬に浅間山荘事件、三月七日から妙義山中「総括」一二死体発掘）を受けて、そのまま送ることはできなくなった。一月十九日には「この四月からの大気圏突入」に傾き、三月十日には第四の方針を選んでいた折原は、それから二旬、さらに再考しても「最終総括」には至らず、当面現状を維持しながら再考を重ねていくことにした。その「迷いと思念」を記したものを送るとして、短い三月二十九日書簡を認め、三月十日書簡に添えた。これら三通の折原書簡が「ぷろじぇ事務局」にも送付され、それを読んだ同人の感想も一緒に、『ぷろじぇ』第八号（七二年七月二十日）に掲載された。折原は、もともと書簡を公表するつもりはなかったが、自然科学や技術系の同人の討議資料として求められたのに応じた。

同人の杉井清昌、山口幸夫、高木仁三郎、梅林宏道、岡本秀穂の感想はどれも真率だった。とくに在独の高木が、都立大学の同僚菅谷規矩雄の懲戒免職処分の便りから書き出して、「生と知性の統合」という幻想を持ってはならないと大学闘争から学んだこと、「講義をしたい」「学生との接点を利用する」という折原の発想は高木の無機化学の講義の実感とは違いすぎること、「日常的な存在の苦痛をバネにして闘っていくしかない」こと、高木自身は「『大学教師』という特権的で安楽な地位にこだわっているのではないこと」を述べたのは印象が強い。折原の「大気圏突入」という表現はわからないと高木が書いたのは、大学の授業のなかに呼吸できる大気があるのか、高木からすればないということだろう。折原の議論には、社会科学系や文学系よりも自然科学系の教員研究者が共鳴する明晰判明さがあったが、この長い書簡は、自然科学系に限らず多くの応答を呼んだようであり、それほど折原の出処進退は注目されていたし、相互批判も成り立っていた。

そのようにして折原は、七二年四月からの授業再開に傾いたがやめた。六九年三月に授業再開を拒否してから、授業拒否を続けるのも苦労だったが、授業拒否をやめるのも大変だった。なぜそこまで考えるかといえば、闘いだったからだろう。「対立、戦ふべし。政府の存在せる間は政府と戦ふべし。敵国襲へ来らば戦ふべし。人侵さば戦ふべし。其戦ふに道あり。腕力殺伐を以てせると、天理によりて広く教へて勝つものとの二の大別あり。予は此の天理によりて戦ふものにて、斃れても止まざるは我道なり」と明治期に足尾銅山の鉱毒と戦った田中正造は一九一一年六月十三日の日記に書いたが、折原も論理によって闘っていた。大学の不当処分の責任を追及したら、さらに近代公教育体制の矛盾を克服しようとしたら、倒れてもやまないのが道だった。

闘争といえば嫌なものと感じる人が増えている。しかし間違ったことをした相手が非を認めなければ、腕力によらず言葉で教えて闘うことは大切だろう。しかも悪どい相手と闘うだけでなく、自分自身とも闘うのが自己否定の論理だった。その闘いを続ける迷いをこれだけ克明に記したのは、実に貴重な記録だろう。相手は人をだますほど悪どいのではなく、ただ鈍いだけなのかもしれず、それなのに相手の欺瞞や頽廃を暴きすぎていないか、これほど完膚なく批判したら相手も頑なになるだろうと、折原の著述を読むと感じることがあるが、それも敵との対戦、闘いだからだろう。この世に悪がある限り、しかも善からは善のみが、悪からは悪のみが生じるとは限らない以上、教えて闘うことは欠かせない。

『東京大学』のあとがきには、一年余りのちの七三年七月十日の折原の総括がある。授業再開拒否は、当初には「正常化」の正当化を阻止するうえで一定の効果を収めたが、「授業再開阻止↓『正常化』阻止↓帝大解体↓近代公教育秩序解体」という最大限の目標も、「東大当局による処分権の発動にともなう『審査』および『陳述』の機会を逆手にとる、第一次東大闘争の問題提起の再争点化」という最小限の目標も達成できなかった。なしくずしの「正常化」の進行にともない、〝孤立・なま殺しの状態における接点なき対峙〟へと追いこまれ、授業拒否の戦術的有効性はほとんどゼロにまで低下した。第一にこの授業拒否の無効化、第二に東大闘争裁判の七三年四月六日の一審終結、第三に解放連続シンポジウム『闘争と学問』の三年間の経験で明らかになった自己否定的反テクノクラートへの学生の転轍という課題からして、今春から授業を再開したという(『東京大学——近代知性の病像』七三年十一月)。

折原が講義を再開したのは七三年春だったが、演習を再開したのは七二年秋だった。全学一般教育ゼミナール「『主張すること』と『立証すること』」と「エートス論(1)」は、七二年十月二十七日と二十八日のプリントによれば、前者は第一次東大闘争の事実経過を再現し問題を掘り起こす授業であり、公判傍聴なども含まれていたし、後者はヴェーバーの『プロテスタンティズムの倫理と資本主義の精神』をまず取り上げて、「持続的変革主体」の形成条件を探る授業だった。前者に参加した一人が三宅弘であり、その論考が本書に収められている。故灰庭久博は、折原さんは本当に話したいことが溜まっていたのだろう、授業を再開したころは七時になっても終らなかったとよく言っていた。また、折原さんは東大を辞めるべきだと攻撃する学生も沢山来たが、いや、折原さんには東大に残ってすることがあると灰庭は反論したとも言っていた。そのことは灰庭が負ったものとして、七八年四月に病死するまで彼の心に残っていた（遺稿集『紡ぐ言葉』八〇年五月）。

折原は、再開した授業についての報告を個人誌『隅石』などに載せた。七四年五月四日付の「七三年度社会学（折原）の聴講者諸君へ」（『隅石』第一号、『教育労働研究』七四年十一月号）では、再開最初の講義の期末試験と採点を論じた末尾に次のように記している。「授業と試験を拒否し、それに代って解放講座を設定するという試み」がついに有効たりえなかったのは、「わたくしの力量不足もさることながら、当初わたくしに授業拒否を迫った東大生・院生・助手の大多数が、一人去り二人去り、単位を取得して卒業（ないし昇任して授業を開始）していったことにもよりまず」。それらの第一次東大闘争を主体的に担った諸君は「体制のなかに生きて、より長期的・持続的な闘いの展望を求めれば、苦渋をかみしめつつ、そうせざるをえなかったのだと思います」。

折原が授業を拒否していたのに試験を実施するのは矛盾だと責める学生も、七三年度講義の聴講者にはいたらしい。「いま、タカ派の教官には寄りつかずにだまって単位をもらい、わたくしだけに単発的拒否を迫ってわたくしの自己矛盾を責めたてる諸君は、この間の経過の重さをそれとして受けとめ、この無理を無理でなくする現実的条件を創り出そうという展望、いや気構えをもっているのでしょうか。そういう諸君を〝苦労知らずの若様〟と断ずることは、諸君がわたくしくらいの年齢に達したときに何をしているかを見とどけるまでは留保するにしても、いま、わたくしは、そういう諸君と、先の見えている二番煎を演ずる気持は、まったくありません」。

そのようにして折原は授業を再開した。彼がいう「大気圏突入」は、しかし大気があったらあったで燃えつきることもあるし、それに劣らず難しいのが「軟着陸」だろう。とくに同僚の教員との関係があり、迎えてくれる同僚もいれば、仕返しする同僚もいただろう。折原とともに授業再開を拒否した石田保昭は、七二年春に授業を再開したが、脳梗塞で倒れたという。折原も忍辱の日々であり、「授業再開後、教官のたまり場に行くと会話がピタッとやむ。『さんざん迷惑をかけて、まだ大学をやめないのか』。聞こえよがしにいう人もいた。『あれは、一番つらかったですねえ』」（臼井敏男「造反教官 孤高の居座り」『朝日新聞』〇九年六月二十六日夕西部本社版）。「駒場には授業もしないで給料をもらっている教官がいるんですよ」と衛藤審吉が講義で折原を当てこすっていたと七二年入学の学生から聞いたこともある。

七三年入学の筆者清水は、社会学の授業で細かい文字のガリ版刷りを何枚も配って東大闘争のことを講義する先生がいると理科系の友人から聞いていたが、七四年四月からヴェーバー『理解社会学のカテゴリー』を読む折原の演習に参加し、やがて東大闘争資料センターに遅れて加わったので、それ以前のことは経験的に何も知らない。「わたくしは、六八年以降、既成アカデミズムの枠内にある『ウェーバー研究者』への退路を事実上断ち切ってきているが、ここであらためて、その事実を確認し、自己目的的な、あるいは自己還帰のあいまいな『ウェーバー研究』の放棄を、はっきりと宣言しておきたい」「『大学闘争』以後の日々のたたかいのなかで」『情況』七四年十一月号）という折原の言葉に感銘を受けた。そのころからの記憶を手がかりに、しかしほとんど文献だけを頼りにここまで書いてきた。

あれだけ激しく学生や教員が言い争った東大闘争とは何だったのか。学生にとって、教員にとって、と問いが拡がっていく。収拾後すぐ授業を再開した教員と、授業再開を拒否した教員と、どちらが正しかったのか。授業拒否は何との闘いだったのか。学生を不当処分した責任をとらない大学との闘いであり、単位認定と成績評価の権力によって学生を空しく競争させる近代公教育の矛盾との闘いとなり、ベトナム戦争と沖縄と公害によって当時誰の目にも明らかだった帝国主義と資本主義の弊害との闘いともなり、そのなかで生きる自分自身との闘いでもあったが、第二次世界大戦後の日本で超国家主義者や軍国支配者の戦争責任を追及した人たちと同じところから折原も出発していた。

折原は、丸山と同じように自由主義的な大学理念、つまり大学は自由な相互批判と徹底的な討論の場所だという理念を抱き、それを急進的に捉えかえした。そして実存主義的に一人でも闘う決意を固め、しかも社会的に論争した。その論争する知性によって、他の教員を名指しで個人攻撃することも辞さず、よく食い下がった。授業拒否をよく闘い、授業拒否の闘いが無効になっても続けるかよく迷い、そして授業に復帰してからよく堪えて、よい授業をしたと思う。

批判や論争は悪いことではない。東大闘争における折原の歩みが示しているのはそのことではないだろうか。悪どい相手を批判すれば痛い目にもあうが、それがなければ、社会からひどいことが減っていかない。相手がひどいことをしているのに、悪どいか鈍いかで気づかないときは、闘わなければならない。自分の属する組織が間違ったことをするとき、ただ服従していてはいけない。間違っていると思うことには、まっすぐにノーと言うことの大切さは、大学でも原発でも同じではないだろうか。

注

注1　市民的不服従Civil Disobedience は、法律や命令に自覚的に従わないことでその不当さを示そうとする非暴力の行為を意味する。寺島守穂『市民的不服従』(〇四年三月)参照。良心的拒否Conscientious Objection もよく似た言葉だが、略称COが良心的兵役拒否と訳されるように、軍隊での官命抗拒など兵役義務への不服従ばかりが論じられる。君が代斉唱問題を別にすれば、学校での授業義務への不服従がほとんど論じられないのは、軍隊での命がけの不服従と比べれば生易しいからというよりは、多くの研究者は大学などに属しており、自分の足場での不服従が生々しすぎるからではないだろうか。トルストイなら無抵抗主義といった非暴力不服従を大学で選んだ例、研究者にとって本当は最も身近な例に、目を背けないで注ぎたい。

注2　『日高六郎・95歳のポルトレ』(一二年十一月)によれば、日高は機動隊導入に抗議して東大教授を辞職したという。

注3　田川建三は、折原が「平均的な一ノン・ポリ教師・研究者」「強健で非妥協的な闘士ではなく、協調しやすい文弱の徒」から「全共闘運動との連帯を志向する立場への軌跡」を描いた(『大学の頽廃の淵にて』序)のに七一年には共鳴していたが、二〇〇九年の註では「折原浩は、東大の教師の中で全共闘との連帯を表明したごく少数の教師の一人。社会学者でマクス・ヴェーバーの専門家。というよりも、マクス・ヴェーバー以外は何も知らないという人物。しかし、現職の大学の教員で全共闘運動に積極的に加担した者はめずらしかったから、けっこう当時は、折原と私を並べてごらんになる人が多かった。しかし、その点を別とすると、折原と私の間にはほとんど共通点はない。いや、その点についても本当はずい分と異なる」と記している。半年で辞めさせられた田川との違いはあるが、個人攻撃を辞さなかった果敢さは、不服従教員のなかでも目立って共通している。

注4　筆者の清水は、東大法学部の主流にいなかった丸山がなぜ次期学部長に選ばれたのか、誰が次点候補で何票を得たのかを知りたくて、法学部教授会記録を情報公開請求した。「保存年限が満了して廃棄したため、不存在」を理由とする不開示決定の通知があり、三宅弘および川上愛弁護士の教示を受けて異議申立書を作成して送ったら、やっと開示された。議事録はかなり詳しいものだったが、新たにわかったのは、最初の選挙が再選挙の一週間前の二月二十三日だったことだけだった。

注5　「限りなく戦争に近い、今からみると非常に面白いゲーム＝学生紛争で、権威の象徴だった丸山を実際に殴った学生がいたんですよ」と橋本努が若者に語りかけたと報じられた（『朝日新聞』〇八年十月二十二日）。

注6　それとの関連はともかく、「あらゆる『制度的』なものを嫌悪した日本の新左翼、あるいは全共闘的なノンセクト・ラヂカルが社会的な場では極端に『コネ』の人事に陥ることは日本のカルチュアの悲喜劇である」と八七年三月に丸山が記したことも重要だが、何を指しているのかわからない。

注7　この羽仁の批判と後述の吉本の批判については清水靖久「丸山眞男の秩序構想」（『政治思想研究』〇九年五月）追記参照。

第3章　「主張することと立証すること」から原子力情報の公開を求めて

三宅弘

はじめに

本書は、いわゆる東大闘争で問われた学問のあり方、科学のあり方をふまえて、3・11東日本大震災に伴う福島第一原発事故について考えるという企画である。私の場合は、一九七二年四月に東京大学文科Ⅰ類への入学であるから、一九六八年から一九六九年にかけての、いわゆる東大闘争時には、まだ中学三年生であった。私にとっての東大闘争といえば、一九六九年一月十八日（土曜日）から十九日（日曜日）にかけての安田講堂における全共闘の学生と機動隊との攻防をテレビを通じて見続けたことに尽きる。その後、一九七二年二月の連合赤軍浅間山荘事件において、「人民の解放」を標榜しつつも、これとは異なる結末となり、新左翼運動の挫折を見た。この時も、大学入試を控えた自宅学習期間であり、連日、テレビを見る機会を得た。

一九七二年四月に入学すると、国立大学の学費値上げ反対闘争の最中であり、大学主催の入学式はなく、五月の連休明けまで授業はなかった。七二年十月には、折原浩助教授（当時）が授業を再開するというシラバスが公表され、友人に連れられて、演習「主張することと立証すること」の開講予定の教室に行くと、そこは、教室に入り切れないくらいの学生が集まっていた。（注1）

その演習に参加したのが、四十一年前、折原浩との出会いである。その演習への参加、その発展としての第一次東大闘争資料センターの設立、参加、その後は試行錯誤のうえ弁護士となり、原子力情報の公開をも視野に入れた情報公開法の制定を求める市民運動に参加し、国策としての原発推進に対しては、情報隠しに対し、「情報公開」を対抗文化として、原発の民主的コントロールに、少しは寄与したと自負してきた。

しかし、二〇一一年三月十一日の東日本大震災に伴う福島第一原発事故。そこでは、原子力工学者、物理学者、自然科学者のあり方が問われた。私にとっては、何故、裁判所、法学者は、福島第一原発事故を防ぐ理論構築、運用改善ができなかったのか――法律家、社会科学者に対する問いかけでもある。

本稿では、折原ゼミ「主張することと立証すること」から原子力情報の公開を求めた足跡をふりかえり、この問いかけに少しでも答え、３・11以後の学問、科学、司法のあり方、さらには情報公開制度の残された課題について、いくばくかの方向性を明らかにしたい。

一　テレビで視た安田講堂攻防戦から一九七二年東大入学まで

折原ゼミ「主張することと立証すること」に参加する以前を一九六九年に遡って論じることとする。折原ゼミ「主張することと立証すること」で提示された問題提起を受け止める素地は、高校時代に形成されていたと思われるからである。

既に述べたとおり、直接東京大学とはかかわりのない者にとって、「東大闘争」は、一九六九年一月十八・十九日安田講堂攻防戦をテレビで視たことに尽きる。間もなく、公立高校に入学する。私が入学した福井県立若狭高校は、福井県小浜市にある。本稿におけるもう一つの課題、原発問題との関係でいえば、同市内の自宅から日本海に面して左側五㎞圏内には後に述べる大飯原子力発電所が立地する大島半島がある。大飯原発周辺の歴史の古層を概観すると、次のとおりとなる。

大島半島にある「ニソの杜」については、柳田国男が、その森におおわれて点在する積石古墳をして、日本の神社の原型であるという学説をたてた。日本民俗学の宝庫の一つである。(注2) 秘境ともいうべき、その大島半島の先端に大飯原子力発電所が誘致された。大島半島を含む若狭湾に点在する漁村集落では、「刀禰《とね》」と呼ばれる家において保管されてきた古文書が、中世から若狭の浦と漁場の紛争解決に寄与してきた。歴史家網野善彦は、その古文書もふまえて、中世の自由と平等の問題を階級闘争とは異なる観点から考察した。(注3) 大島半島と対をなし小浜湾を形づくる内外海半島の漁村、泊《とまり》には、一九〇〇年一月、日本海（東海）で遭難した一叟の韓国船が漂着した。村民の救護によって九三人の韓国人が無事に故国に帰還したが、八日の滞在中に、言葉は通じないままで、漂着民と村民は心を通わせていく。それから百年後の二〇〇〇年韓国船遭難救護百周年記念事業として発掘され、人々の歴史に残ることとなった。(注4)

江戸時代徳川家光・家綱の時代の大老酒井忠勝に代表される小浜藩では、その後、杉田玄白、中川淳庵が中津藩の前野良沢と共に『解体新書』を翻訳・出版し西洋医学・蘭学の扉を拓いたとして、小浜市民により今も顕彰されている。(注5) 酒井藩を遡ると、万葉集で詠われ枕草子においても山は「のちせの山」と称される後瀬山の南側の麓には、若狭守護職武田元光の守護館跡があり、今ではこれが発心寺となっている。その隣には武田元光の父武田元信の守護館があったが、その跡に佛國寺がある。それぞれ、発心寺は、原田祖岳老師により(注6)、佛國寺は、原田湛玄老師により(注7)、それぞれ世界に開かれた禅道場として生れ変わっている。発心寺には、与謝野鉄幹、鳳晶子(後の与謝野晶子)らと共に「明星」の歌人として広く知られた、小浜藩士の娘、山川登美子が眠っている。(注8)

後瀬山の西側の麓には、浅井長政と市の間に誕生した三姉妹の次女初の菩提寺常高寺がある。小浜藩からは、幕末には、安政の大獄において一九五九年に牢病死した尊王攘夷のオピニオンリーダー梅田雲濱《うんぴん》が輩出している。同人の尊王攘夷思想は、山崎闇斎《あんさい》、浅見絅斎《けいさい》の系譜にある崎門学派の望楠軒学《ぼうなんけんがく》であり、京都所司代を務める酒井藩の容れるところではなかったものの、吉田松陰ら当時の長州藩士や土佐藩士に大きな影響を与えた。(注9) 後瀬山から小浜湾に張り出した岬の麓、小浜公園に一九〇三年、山縣有朋の篆額「梅田雲濱先生之碑」が建立された。

このような歴史の古層の上に、私が入学した若狭高校自体は、当時、「異質なものへの理解と寛容」を理念としたいわゆる「縦割り総合異質編成ホームルーム制」(ホーム制)を採っていた。

この教育理念と制度は、西田幾太郎門下の中野定雄、初代若狭高校校長の時に採用され、その後、内村鑑三から藤井武へと連なる無教会派キリスト教の教えを受けた鳥居史郎校長の時に、

「異質なものへの理解と寛容」の理念が確立された。鳥居校長はその後小浜市長となり、名刹明通寺の中嶌哲演《なかじまてつえん》住職らの意見を容れて、キリスト者の直感で田烏原発設置計画を拒否した。明通寺は、八〇六年、坂上田村麿によって建立されたとされ、国宝として本堂と三重塔を要するが、中島住職は、生とし生きるものを尊ぶ仏法の教えをふまえて、現在も反原発を提唱し続けている。(注10)

ホーム制は、教育を取り巻く時代の変化に対応できず、一九九三年に廃止されたが、(注11)その後に苅谷剛彦東京大学助教授（当時）、酒井朗お茶の水女子大学助教授（当時）らによって研究され、一九九七年十月の日本教育社会学会でも研究発表されることとなった。(注12)

一九七二年十一月に、丸山眞男東大教授（当時は既に退官）の論文「歴史意識の『古層』」に接したとき、(注13)上述した歴史の古層―枯れ葉がヒタヒタと落ちて土と化して時代の層をなす感覚で、古墳時代から原発まで、ヒトと自然の織りなす古層に思いをはせることとなる。

ともかくも、一九六九年四月に私は、若狭高校一年生として入学し、普通科のクラスに配属された。同時に、当時、普通科、商業科、家政科などに分かれた生徒が全体で三十五のホームに分けられ、毎日昼のホームルームと学校行事は一年から三年まで混成で行なわれるという、ホームルームに分けられた。同学年のクラスや縦割りの部活と異なる組織編成である。私は、二七ホームに配属され、「異質なものへの理解と寛容」を理念とする教育を受け、複眼的思考を養いながら公教育体制を客観的に分析する視点を養うことができた。そこで、普通科三年の田中篤氏（後の京都府立綾部高校校長）と同一のホームとなり、大きな影響を受けた。田中氏が中学三年時に、私が中学一年で生徒会執行部を共にする機会があったが、高校においては、二七ホームで毎昼顔を合わせ、学校行事などで指導を受けるという立場にあった。さらに、それが縁で、高校内では社会科学研究部に入り、改定を翌年に控えた日米安保条約を研究するという機会まで共にすることができた。

この他、田中氏からは、一日一冊本を読むことを教えられ、日々の学習以外に、年間百冊ペースで読書する習慣にあった。その中に、マックス・ヴェーバー『職業としての学問』やカール・マルクス『共産党宣言』などもあった。

その田中氏から「東大のえらいところは、東大闘争で自己否定の論理を創出したところにある」という話を聞き、報道される全国学園闘争や高校紛争と、それを機に出版された『考える高校生』(注14)等を分析し、さらに実際に若狭高校生の意識調査も行ない『白書』として取りまとめた。

そこから得られたものは、「入試制度による選別、それは数パーセントの知的エリートと残りの大半を占める若年労働者を作ろうとする教育体制に根ざすもの」であり、自分たちもまた、その選別によって現実のヒエラルヒーに取り込まれようとしているという理解であった。縦割り総合異質ホームルーム制の経験を対抗軸として、全国学園闘争や高校紛争の現場から遠く離れた地において、その現象を位置付けて公教育体制を事実として分析する素地を形成したうえで、そのようなヒエラルヒー、すなわち私にとっては、受験体制の桎梏を解体するためには、現実のヒエラルヒーに入り込み、その体制そのものを知ることから始めたいという方針をたて、志望先を東京大学文科一類（法学部で政治学を学ぶことを予定）としたのであった。それが、折原の問題提起を受け止める具体的素地であったと思う。

二　一九七二年東大入学から折原ゼミ受講まで

私が一九七二年四月に入学した大学は、国立大学学費値上げ反対闘争のストライキの最中であった。後記四で述べる第一次東大闘争資料センターの仲間であり一九七八年に早逝した畏友灰庭久博君（当時東京大学文学部修士課程在学中）は、私よりも一年早い入学であったが、彼は、「僕達四六理Ｉ一三Ｂは、第一本館の隅の部屋でストーブにあたりながら、東大生が学費値上げ阻止を言いうる根拠はどこにあるのか話し続けるより他ありませんでした」と記した[(注15)]、調度その頃であった。

その直前、一九七二年二月には、連合赤軍による浅間山荘事件がテレビで放送され続け、学生運動の退潮や思想的行きづまりを決定付けていた[(注16)]。東大では、第一次東大闘争は終結し、その後、学費値上げ等個別テーマに即した紛争が、残り火のように、時折り勃発していた時期であった。七二年五月に学費値上げ反対闘争のストライキが終わり、駒場の校内も急速に「正常化」していった。

東大闘争の「遺産」として教養学部に導入された「四五カリ」（一七六頁参照）によって二年生

から始まる専門科目は、自由にものを考え行動していく時間を、実質、大学一年に限っている。駒場から本郷の専門課程に移る前の「進学振り分け制度」によって、「学問のあり方」など根本的な問いかけをする余裕のないまま、志望の専門に進むための「勉強」を強いられることとなる。そうした状況に抵抗しながら「四五カリ」の恩恵にも浴し、専門課程に進むための「勉強」以外に考える機会を持つこととしていた。七二年五月からは岩永健吉郎教授による演習「知識人と政治」、谷嶋喬四郎教授のゼミ「プロテスタンティズムの教派と資本主義の精神」の邦訳を読む演習に参加した。谷嶋ゼミは、「R．シュタムラーにおける唯物史観の『克服』」の邦訳を読むゼミとして続いた。七三年春には、見田宗介助教授の「現代社会の存立構造」として『資本論』（カール・マルクス）を再構成するゼミにも参加した。

しかし、一九七二年秋の時点では、たしかに、授業拒否していた折原については、大学内の書店でラインハルト・ベンディクスの著書の折原訳『マックス・ウェーバー――その学問の全体像』（中央公論社、一九六五年）を手にとるくらいでしかなかった。後の折原によれば、「世代交替につれて、一般学生との接点が失われてきた（注17）」とされる時期である。学費値上げ反対闘争のストライキが終わり、正常化していった駒場校内では、「いったい、六八～六九年東大闘争ひいては全国学園闘争とは何だったのか」、また、「〝自己否定〟〝帝大解体〟ということばが、東大闘争においてどういう意味をもち、いかなる過程から出てきたのか」について、四五カリを含めても、これを深く考える機会はなかった。

三　折原ゼミ受講から東大裁判傍聴まで

折原助教授の「主張することと立証すること」についての演習が開講されることは、一九七二（昭和四七）年入学の一一Bクラス、いわゆる47—11B組の仲間から知らされた。

折原作成の演習内容によれば、この演習は、東京地方裁判所に継続中の結審間近の東大裁判を傍聴しつつ、この裁判で尋問を受けた加藤一郎東京大学総長らの証人調書を演習で読みながら、正に、「いったい、六八～六九年東大闘争ひいては全国学園闘争とは何だったのか」、また、「〝自己否定〟〝帝大解体〟ということばが、東大闘争においてどういう意味をもち、いかなる過程から出てきたのか」について、学問論として検証するということが課題とされた。加藤一郎証人らの調書を、手書きでB四版二段組に書き直し、ガリ版か青焼きコピーをして、演習時に配布するという労力の方が記憶に残っている。安田Bグループの刑事裁判の検察官論告に対する折原の批判メモや、同裁判における特別弁護人としての折原の弁論骨子も説明された。演習だけで東大裁判の全貌が理解できるものではなかったが、東大闘争を分析する手掛りとはなった。文科Ⅰ類に入学した私の動機は、「入試制度による選別、数パーセントの知的エリートと残りの大半を占める若年労働者を作ろうとする教育体制・現実のヒエラルヒーそのものを知ること」にあったことから、文科Ⅰ類から法学部への進学が予定されていたとはいえ、法律学を学ぶこととは縁遠かった。

半年の演習を終えるころには、多くの東大闘争の文献を買い求め、この演習終了後の一九七三年春には、私なりにゼミレポートとして取りまとめ、「今日の駒場における状況およびその中で『学び』つつある我々を自己対象化・相対化し、かつ、将来に向けて、取るべき方向性さえも、対象化・相対化する一組の座標軸」を、東大闘争と全国学園闘争から導き出そうとした(注18)。

四　東大闘争・全国学園闘争から公害闘争・住民運動・市民運動へ

折原ゼミ「主張することと立証すること」を契機にまとめた一九七三年春のレポートの中では、東大闘争、全国学園闘争に関する文献の中から、特に、以下の●の「」書きのような箇所を引用・コメントし、私なりに闘争を理解している。

●「今次の大学闘争がもった意味は、まず知識人のおちいり勝ちな欺瞞に対する根底的懐疑を通じての集団的規模における意識変革運動であり、それが思想的な、ついで社会的な変革の運動に展開する契機となりうるか否かにすら、卒業してゆく学生たちの紆余曲折に満ちた、長い満身創痍の奮闘を経過してのちはじめて判定しうることだろう。」（高橋和己京都大学助教授（当時）の文献引用(注19)）。

このように述べた中国文学者であり作家であった高橋和巳は、自ら「生涯にわたる阿修羅として」生き(注20)、間もなく、自らを「解体」し、鬼籍に入った。重い、深い状況にあったと思う（「」に続いての解説は、現時点から見た、当時のノートに対するコメント。以下、「」のノート部分の周辺に同様のコメントを付す）。

●このレポートでは、自己否定論の紡ぎ出される過程について、次のように文献を引用していた。

「真理と探求」「大学の自治を守る」などと……いっておきながら、他方、学生対策的に……居直りを見せ、権威や尊厳の幻想を自ら破ってゆく大学教官の動向を通して、闘争主体としての学生、院生、助手等が、思考をひとつひとつ詰めていき、「第一に……『加害者』としての自己、秩序と体制の『共犯者』としての自己を見据えることによって主体の自己告発としてまず現われ出た。第二に、主体が既成の外在的な諸特権や諸擬制（身分）をひとつひとつはぎとりながら、そのような基盤の上に立つ自己を否定しつつ、ついに否定し切ることのできない人間（絶対的自己肯定）としての原点的〈自己〉を透視する地点（自由な批判主体の確立）に到達するという形で、それは表出されたといえるだろう。(注21)」（古川純・元東京大学法学部助手、現在専修大学名誉教授の文献引用）。

今もう一度この文献を読むに、古川氏は、上記の引用文に引き続き、「『身分』や『組織』への主体性の解消および『人民』概念へのもたれかかり（大学の中では「大学人」とか「東大人」となる）を拒否しながら、主体の存在基盤と自己の内面への徹底的な自己掘さくを行うことによって、現代における変革者、闘争者への主体的自己形成とは何かという、すぐれて今日的問題を鋭く提起したことに、統括者の指摘すべきこの思想の意義があると考えるのである」、「この思想の衝撃力は、社会的波及の広がりを獲得し、反戦派労働運動の中へ新たな主体形成の契機と実践的帰結をもたらしつつある」と述べている。そして、「この領域（社会科学系・人文科学系大学院―引用者注）における研究者に提起されるべき方針は、『みずからの外被、外在的に付与されている諸身分、擬制をひとつひとつ否定しつつ、人間として立つ〈原点〉を模索しながらも、現在的身分から離脱する道ではなく、それの解体→実践的止揚の戦いを現在的に構築する途を選び、現実的な支配・抑圧との対決を任務とする』ことであり、その闘いを、『研究や認識が職能として、職業として体制に組込まれて存在する現実的諸構造の変革を志向する運動』（東大・法学部共闘会議「招請状」）として展開する、ということになるであろう」という方針を明らかにした。もっとも、東大闘争の収束と共に、東京大学法学部において、そのような方針が継続的に運動として担われることはなかった。

本稿では、後記「六　資料センターから垣間見た丸山―折原論争」においてこの点にふれることとする。

●「東大闘争の総括は……今後の闘いによって、生き方によって表わされるものである」（山本義隆氏の文献引用[注22]）、

山本義隆東大闘争全学共闘会議代表の言説も、当時引用していたが、折原ゼミから通い始めた裁判傍聴では、やがて、山本氏が執行猶予付き判決を受け、日比谷公園で支援者に挨拶

をした。その本人の姿を、傍聴人の一人として見た。本稿では、その後の山本氏の研究による科学論をふまえて、後述のとおり、原発問題を考える。

生涯を貫く闘いの主体として、「自己否定」の道を選んだものが、常に生命に新鮮さを注ぎ、『人間疎外』を体制の責任として、体制変革の未来に期待するだけではなく、現在を人間らしく生きようとする。そこに、『加害者意識』にもとづく『自己否定』の志向があらわれる」（西村秀夫・東大教養学部学生部専任教官の文献引用(注23)）。それに引き続き、私のコメントとして、このことが、根源的には、〝ただのひと〟として、人間の「原点」としての意識、実感と結びつかねばならないものなのであろう、と述べていた。

西村秀夫・東大教養学部学生部専任教官は、内村鑑三の弟子矢内原忠雄を自らの「先生」と呼び、その「先生」が創設した教養学部で、「教育」を発展していくことを期待した人である。若狭高校のホーム制における「異質なものへの理解と寛容」は内村鑑三から藤井武へと連なる無教会派キリスト教の教えを受けた鳥居史郎校長が確立したものであることは既に述べたが、鳥居史郎校長と同じ思想的系譜の専任教官に出会い、折原ゼミのレポートをお送りし、丁重なお返事をいただいた。また、筆者のコメントにある〝ただのひと〟、人間の「原点」は、滝沢克己九州大学教授の哲学の影響であるが、これについては、後に「七　東大闘争資料センターでの資料整理から見えてきたもの」において述べる。

「帝国主義批判は、たんに独占一般の批判や資本家的搾取一般の批判にとどまるべきではなく、市民社会における日常の宗教としての価値体系への批判におよばなければならず、その次元ではじめて、植民地社会での解放闘争と共通の認識と感覚に達しうることになる」(花崎皋平・北海道大学助教授（当時）の文献引用）として先駆的意義を持つ。(注24)

花崎皋平助教授（当時）は、マルクス主義哲学の問題地平に基づきつつも、滝沢克己、宮沢賢治、田中正造、小田実らの言説を紹介しつつ、その哲学的思惟を展開し、やがて、自らも大学を去り、反公害運動やアイヌの文化の擁護に入り込んでいったが、その自由な生き方は、私たち一九七〇年代前半の学生にとって、「感動的」（灰庭久博）でもあった。

●第一次東大闘争について、それを担った人々はどう総括していたか。そのような問題を設定し、次のようにレポートしていた。

それは、「当時の全共斗の全力量、全勢力をもって、封鎖、解放していた全建物を、各場に応じた戦術によって防衛しぬく斗いを組むべきであった。それをなしえなかった理由は、東大斗争の各拠点、各医局、研究室、建物封鎖の斗いにおいて、各分野の社会とのかかわり方、おかれている条件の現象的な差違によって規定される斗争の不均質発展により、全学的な、かつ全社会的な戦略目標を充分に、かつ迅速にかかげきれなかった点にあり、帝大解体スローガンの深化と、状況への適用の弱さにあった。それは同時に、東大における全共闘部隊一人一人の主体形成の弱さの反映でもあった。(注25)」とされると（東大斗争統一被告団（安田Bグループ）の文献引用)。

●そして全共闘運動の今後の方向性については、「生産点―研究室―に拠点をもつ闘争が、単に大学当局だけではなく、国家権力との接点を作り得るか否かが……日本の精神的風土とも交錯しうるか否かという問題をも含めて今語らなければならないであろう[注26]」という問題が、今後の方向性をさぐる上で答えられねばならない課題であろうとされた（山本義隆氏の文献引用）。これを受けて、私自身は、「各地の公害闘争、住民運動、市民運動の契機として、東大闘争は意義づけられ、拡散していきつつある」として、レポートで取りまとめていた。この取りまとめは、次の六で述べるとおり折原『人間の復権を求めて』（一九七一年）の各論考を受けてのものだった。

五　「東大闘争資料センター」設立趣旨

折原ゼミ「主張することと立証すること」は一九七二年秋学期で終了したが、その後、有志が集まり相談のうえで、一九七三年秋、折原の同学部第二本館内の研究室を東大闘争関係のビラ、パンフレット、手記、スクラップ、写真その他の資料の集中、保存場所として、「東大闘争資料センター」（以下、資料センター）が設立されて、資料の収集と整理が始まった。

折原の手書きの「『東大闘争資料センター』設立趣旨および、これへのご協力のお願い」（以下、「ご協力のお願い」）においては、

「わたくしども発起人は、東大闘争―近代学問およびその研究―教育―管理体制―の矛盾をえぐり出し、〈帝大解体〉の思想と運動実体を生み出した東大闘争―の意義を確信し、その事実経過と問題提起を、資料に即して、具体的に、確実に、とらえかえし、考えぬくなかから、その到達点を踏まえ、のりこえる運動を創り出してゆきたい―少なくとも、その思想的準備を進めたい―と念願し、その一環として、この『東大闘争資料センター』の設立―運動を位置づけています」と述べられていた。

とはいえ、私たち一九七二年四月の東大入学者にとっては、実体験として、東大闘争として語るものはない。東大闘争を担ったわけでもない。私たち七二年四月入学の者は、下記のとおり、資料センターを意義付けた。

記

「東大闘争資料センター」を設立し、資料収集とその資料の研究をおこなうことについて、第一次東大闘争以後に東大に入ってきた者の立場から、その趣意を述べます。

東大で学生生活を送るようになってまず感じたことは、あれだけ騒がれた東大闘争を語ることすらタブー化しており、第一次東大闘争は、「紛争」として圧殺されているのではないか、ということでした。

一方通行の受動的講義。しかも、その講義の結果としてあるのは、一方的に数量化（＝点数化）

される「評価」。東大闘争の「遺産」として導入された「四五カリ」（昭和四五年度以降のカリキュラム）によって二年生から始まる専門科目は、自由にものを考え行動してゆく時間を奪っています。しかも学生は、「進学振り分け制度」によって、根本的な問いかけをする余裕のないままに、志望の専門に進むための「勉強」を強いられています。（中略）

……「正常化」された大学において、第一次東大闘争当時から提起されていた問題がいっさい解決されていないのではないかということでした。そして、「いったい、六八〜六九年東大闘争ひいては全国学園闘争とは何だったのか」という問題が真にみずからの問いかけとして生まれてきました。しかし、六八〜六九年闘争についての関心をみたしてくれるものは、既刊の本、裁判闘争およびその闘争にかかわる折原ゼミなどでふれる闘争当事者の人々の言動だけであり、たとえば〝自己否定〟〝帝大解体〟ということばが、東大闘争においてどういう意味をもち、いかなる過程から出てきたのかについてすら曖昧なのが、闘争以後の学生にとっての現状です。また、前述したような、現在大学のかかえている諸問題についてひとつひとつ解いていくことこそ、われわれにとっての〝東大闘争〟の継承の仕方のひとつであると考えます。現実の諸問題から遡り、六八〜六九年東大闘争についての検討をせまられるのです。そうした時、六八〜六九年またはそれ以前の闘争についての関係資料があればと思うのは当然です。しかも、後続世代において、その資料の利用が活発におこなわれてこそ、われわれにとっての〝東大闘争〟も、活路を開かれるのではないでしょうか。

東大闘争の、自称継承者として、「東大闘争資料センター」の設置の実現を願うものであります（三宅弘、藤本利明、古川文彦）。

三宅、藤本、古川は、いずれも一九七二年入学の47—11Ｂ組に属し、折原ゼミを受講していた。

六 東大闘争資料センターでの資料整理から見えてきたもの

（一） 二つの事実誤認と自己否定的反テクノクラート

一九七三年秋学期には、折原によるマックス・ヴェーバー「理解社会学のカテゴリー」論文を読む演習にも参加しつつ、東大闘争資料センターにおいて、提供を受けた資料の整理をするため、折原研究室を定期的に訪ねた。

一九六八年、六九年の東大闘争の資料は、あまり集まらなかったようではあったが、それ以降の学生運動のビラ類をセクトごと、作成期日ごとに整理し、これに対応した分類用のカードを作成するという、高揚期の闘争とは対照的に地味な作業であった。この作業を通じて私は、セクトごとに少しずつ異なる点はあるが、マルクス主義的論調によって、七〇年以降の学生運動の問題状況を理解することはできた。しかし、一九七二年二月の浅間山荘事件をテレビで視聴した後の世代としては、これらのビラ類から積極的にイデオロギーとしての学生運動を引き継ごうという気にはならなかった。むしろ、より実践的・実学的に「自己否定的なテクノクラート」として、進路選択をし、原発問題にかかわりを持ちたいという気持ちを強く持つようになった。

より徹底した「〝自己否定的〟反テクノクラート」については、折原による一九七三年度社会学（折原）の期末レポート・期末試験答案への応答のガリ版刷りで認めた。この応答は、「諸君もどうか、現実を生きて現実に直面する問題のひとつひとつをゆるがせにせず、よく考え、できれば、〝自己否定的〟反テクノクラートへの展望をもって、頑張っていって下さい」として、まとめられていたが、後に、『大学―学問―教育論集』に収録されている。(注27) 私の進路選択における「自己否定的なテクノクラート」は、「反テクノクラート」として徹底したものではないものの、改めて自省のための道具立てとなった。折原研究室の扉に吊るされたわら半紙刷りの授業資料におけるこの応答が導きの糸となった。

一九七二年秋学期の演習「主張することと立証すること」の時点では、既に、折原の『危機における人間と学問』、『大学の頽廃の淵にて』、『人間の復権を求めて』が公刊されており、さらに『東京大学―近代知性の病像』の公刊が演習で予告されていた。(注28) その後の日本法理論の展開によれば、内部告発者、公益通報者と呼ばれることとなる折原が、大学論、学問論、教育論を論じつつ、「ヴェトナムの野と大学を貫くもの」、「伝習館問題」、精神科医師連合の運動、エチル化学闘争支援などについて、(注29) 社会学者として、緻密な理論を展開し、事実に即して東大闘争から公害闘争、住民闘争、住民運動、市民運動に取り組むべき方向性を展開してくれた。

この事実に即した緻密な理論展開は、マックス・ヴェーバー研究者としての学風と共に、折原の祖父である磯部四郎弁護士[注30]から続く家風の影響かも知れないが、とりわけ東大裁判（東京地裁刑事第四部・木梨法廷）東大闘争統一被告団（安田Ｂグループ）の特別弁護士人としての弁論と、これをまとめた『東京大学―近代知性の病像』は、折原における、マックス・ヴェーバー研究者とは別の、もう一つの学風を形成していた。その学風に晒されて「東大紛争」における「処分問題」において、事実を直視しないままで闘争状態を収束しようとした大学当局側の姿勢が浮かび上がってくる。

その第一は、粒良邦彦・元医学部自治会委員長の譴責処分の件である。この件については、本書の折原論文にゆだねるが、医学部では、春見助手の暴力的介入は不問に付する一方で、医学部学生一二名、研修生五名に対する処分が下された。ところが、処分を受けた粒良・元委員長は、二月十九日当日、福岡県久留米市に居たものであって、この譴責処分は冤罪であったという事実誤認である。

その後、この粒良誤認処分について、医学部と評議会が全面撤回しなかったことなどを受けて、七月十五日に全共闘代表者会議が七項目要求を決定した。その七項目要求のうち、第四項目として、一九六七年十月四日の文学部協議会閉会後、学生仲野雅が築島裕助教授の「ネクタイをつかみ暴言を吐いた」との理由で、無期停学処分に付せられた事件についての文学部不当処分撤回[注31]があるが、この処分においては、折原論文で明らかにされるとおり、第二の事実誤認がある。[注32]しかし、七項目要求の第四項目の事実誤認については、「時の東大当局・加藤執行部は、この事実誤認を改めないまま、一九六九年一月十八日・十九日両日、安田講堂に機動隊を導入し、全共闘系学生・院生を排除し、紛争収拾―授業再開を急いだ」とされる。(注33)

今からふり返ると、公権力に与しない「学問の自由」、「大学の自治」ではなく、機動隊導入により局面の打開をはかったことによって、「学問の自由」も「大学の自治」も公権力の一部を構成しているという側面のあることが白日の下にさらされたということであった。その過程で、学生処分という大学当局の最も権力的な作用にかかり、告知・聴聞の機会を十分に与えられないままに事実誤認を前提とする処分がなされたということになる。東京大学の当局は、東大闘争までは、学生ストライキを計画指揮した学生(学生自治会委員長、学生大会議長、ストライキ議案提案者の三名)は原則として退学・停学処分とする、いわゆる「矢内原三原則」を堅持するが、当該学生が反省すれば、やがては復学を認めるという、教育刑的な処分がなされていたのである。(注34)それゆえ、かえって、東京大学において、処分対象者に対する厳格な事実認定と、行政手続遵守やコンプライアンス(法令遵守)の理念と具体的手続とが欠落していたということにもなろうか。

(二) 滝沢―山本往復書簡から山本氏が探求してきたこと

この二つの事実誤認がもたらしたものとして、一方において、徹底した自己否定の論理とそこから立脚する自己肯定の倫理が、他方で、一・十八―十九安田講堂攻防戦を経て公権力によって守られた「学問の自由」、「大学の自治」とそこに依拠する知識人の論理と倫理のあり様が、それぞれ明らかとなったものと振り返ることができる。

徹底した自己否定の論理は、山本義隆氏によって、最も鮮明に結晶化された。「社会や研究や教育を対象化し、総体として問題にし得る〈位置価〉（折原浩「東京大学の死と再生を求めて」）をもつ学生や若手研究者が、人間的感性に基づいて批判した時、大河内体制の現実と虚構の矛盾は、教授達の知的頽廃を媒介に露呈した(注35)」とか、「全共闘が本部封鎖を戦略的に位置付け実践する過程を媒介に形成されたということは、自らの存在そのものの否定の契機を内在化して闘ってゆく―矛盾の克服の実践―主体であることを意味した(注36)」と。自己否定の論理と共に自己肯定の倫理を述べる最首悟東大助手は、「滝沢克己からカール・バルトをうかがう彼（山本義隆氏――引用者注）の東大闘争への無際限のエネルギーの消費は、……彼を東大全共闘の代表者らしきものに必然的におしあげていったのである(注37)」と評するが、山本氏と滝沢克己九州大学教授との交流もまた歴史的事実として重要である。

滝沢教授は、当時、朝日ジャーナルで公表されていた山本氏との往復書簡の中で、「自己成立の根拠に直属するその大いなる決定は、むろん人間的主体的な意味での『自己否定』でも『自己限定』でもありません。反省的認識はもとより、一切の直接行動に先立って実在する真に根源的な、人生・社会の基盤です」と述べ(注38)、滝沢哲学と呼ばれる自身の思想的基盤に依拠して「大学革命の原点」を明らかにした。この「大学革命の原点」は、当時の滝沢教授と山本義隆氏の往復書簡をふまえると、3・11福島第一原発事故に至った日本の原子力政策を担ってきた大学における

「学問論」を検証する際に、改めて立ち戻らなければならない原点でもあるように思われる。その後、滝沢教授は、九州大学を定年前に辞した後、多くの著作をもって、この原点論を説いた。私も、滝沢克己の原点論を自己の歩みのうえに受けとめて、「人間と社会のあり方」、「科学のあり方」を構想し、市民科学者、市民社会科学者の原点として今日に至っている。

滝沢教授は、山本義隆氏が逮捕された直後、所轄の警察署で山本氏と接見している。その際、山本氏が物理学者として大学に戻ることができないのではないかを懸念し、近代科学を原点論から探求することを、提案しているが、「しかし、山本君は、少しはにかんだようにして、やっぱり物理学をやるつもりだと言った」(注39)とされる。山本氏は、その後、「古代以来、もっぱら磁力によって例示されてきた遠隔力がどのように受けとめられ、その遠隔力が近代科学の形成においていかに認知され、いかなる役割をはたしたのか」をめぐる議論として、(注40)『磁力と重力の発見』を著わし、さらに、「一五〇〇年代ルネッサンスと言われている時期の西洋に『一六世紀文化革命』とも言うべき知の世界の地殻変動があったのではないかということに思い当たった」(注41)として、『一六世紀文化革命』を著した。山本氏における大学のあり方、学問のあり方にかかる探求は、これらの労作によって続けられている。後者『一六世紀文化革命』の本論末尾では、「爾来、近代物理学の実験は、二〇世紀の熱核炉や大型加速器による原子核や素粒子の実験にいたるまで、人工的に作り出された状況下で見られる完全にコントロールされた現象を純粋な自然現象と見なしてきたのである。こうして近代自然科学が生み出された。そしてその過程で一六世紀技術者のもっていた自然にたいする畏怖の念を、一七世紀以降のエリート科学者は捨て去った。もはや自然は模倣すべき対象でも見上げ見習うべき師でもなくなった。自然は審問の対象となり、人間は自然にたいして検事か判事の立場に立つことになった」と結論付けた。(注42)

そして、あとがきではその結論の先において、次のとおり、核エネルギーの問題を論じていた。3・11福島第一原発事故が開けた諸問題を既に予言していたといえる。「一七世紀科学革命が生み出した『科学技術』の無制約な成長を見直すべき時代に来ていることは確かである。……そのときには『科学』自体が変化していなければならないであろう……科学と技術に再検討を迫るいま一度の文化革命が求められているように思われる」と。(注43)

(三) 滝沢教授が折原助教授のヴェーバー研究に問いかけたこと

滝沢教授は、同じ頃、折原に対して、原点論からヴェーバー解釈を通じて、折原における縦深的な真理の探究に向けての直感的な問題提起をしている。この問題提起は、私が折原の論考を読むことを通じて、私自身の「『その日その日の要求』に応える」縦深的な探究の動機付けともなった。

滝沢教授は、折原に対し、一九七二年段階において、次のとおり問いかけた。すなわち、「人間の『主体性（自己）そのもの』の完全な・絶対に有無を言わさぬ・消極的即発起点がかれ自身の脚下に実在することを、マックス・ウェーバーは知らなかった。したがってまた、人間の『罪そのもの』の戦慄すべき恐ろしさも、またそれが窮極的には何ら恐るるに足りないことも、ほんとうには知らなかった。この一点において彼は依然、『近代』の枠を出ない『ヨーロッパ文化世界の子』であった」と。(注44)

これに対し、折原は、当初一九七〇年代においては、「ウェーバーの『事柄そのものにつけ』という言表の奥に、古今東西の神秘主義につらなる、こうした構成への洞察を読む」(注45)とか、「ウェーバー自身も無意識のうちに〝人生・歴史の根底に宿るロゴス〟を正確に映し出している、といえるのではあるまいか」(注46)などと応答した。

さらに、一九八〇年代に入ると、折原によれば、ヴェーバー『職業としての学問』の末尾の「自分の仕事に就き、『その日その日の要求に応えよう』」との要請に関して、「≫近代の超克≪―当面≫近代科学の超克≪―は、むしろ、デュルケームやウェーバーといった古典的代表例に最高度に体現された〝近代科学のエートス〟を、わたくしたち自身の日常的営為のただなかで、具体的―徹底的に〝わがもの〟として会得し、まさにそうすることをとおして、それを内在的―≫縦深的に突破≪し、人間存在そのものが直属する『原点』と『根源的』にアプローチする、という方向をとって進む以外にはない」とか、「〝近代科学のエートス〟からは、むしろ、〝客観的課題〟を、いわば『第二の自己（自己の分身）』として、『第一の（直接的）自己』から区別して立て、それにひたすら自己限定―献身しながらも――……自己限定＝集中ゆえに開けるかの境地（「一即全」）

から、当の≫価値自由≪の究極の根拠（かの「原関係」）を、反省的に遡行しつつ見きわめ、表現し、この『原点』から、まずは方法論の根底を経て、最終的には経験的モノグラフにいたる社会科学を、再構成していくという、二重の可能性が開かれている」という基本方針を定立した。(注47) そして、そのことは、「抽象的思弁に迷い込まぬよう心して―、かの、人間存在そのものの直属する『原点』とは何か、という根本問題にアプローチし、そこから、大学問題―教育問題を含む現代の諸問題について、それらをその『原点』に依拠して普遍的に解明し、解決する基本構想を立てていくこと」という課題としても定立されていた。(注48)

折原における「『その日その日の要求』に応える」営みは、『マックス・ウェーバー基礎研究序説』（一九八八年）、『ヴェーバー『経済と社会』の再構成　トルソの頭』（一九九六年）へと結実していくが、「『経済と社会』を〝読める古典〟に再構成し、〝総合的な社会科学教科書〟として復権させようと目指し」た前掲『ヴェーバー『経済と社会』の再構成』は、滝沢克己教授の問題課題を正面から受け止めて「その日その日の要求」を「縦深的に突破」していく営みから紡ぎ出されたものである。

そのことは、「自分は、一日本人として、どうしてヴェーバーに、それも『経済と社会』にこだわるのか」との問いに対し、「戦後復興の一里塚」と閃いたエルベのほとりの光景(注49)として象徴的に語られた。そのような営みの果てに、折原は、「いずれにせよ、われわれとしては、滝沢における普遍神学生成の意義を十分に踏まえて、そのうえに、ヴェーバーの（未完の）巨視的比較文化社会学を継受していっそうよく読解／研究し、それを『学問的媒体』として自前の比較文明論を構築していくと同時に、折角の滝沢普遍神学を、経験科学への展開と相互媒介から切り離して『動脈硬化』に陥れかねない（滝沢も警告していた、ありうべき）『哲学者の驕り』からは、絶えず開放していかなければならない。滝沢の普遍神学とヴェーバーの巨視的比較文化社会学、このふたつこそ、今後、西洋近代文明／文化の外縁『マージナル・エリア』にして『東西文化の狭間』という『位置価』に恵まれた日本の国民文化を、独善に陥らずに健やかに形成していく学問的媒介となるであろうし、ぜひともそうしていきたいと思う」との決意表明をする（注50）。

「『その日その日の要求』に応える」縦深的な探求と、巨視的比較的に文化を通観して態度決定することは、社会学者にとどまらず、私たちの日々の暮しにおいても必要なことと思われる。

七　資料センターから垣間見た丸山—折原論争

（一）　丸山眞男氏の折原宛一通の葉書

一九七四年春、資料センターでの資料整理が始まった頃に、折原研究室において、折原から丸山眞男氏の一枚の葉書が紹介された。

私にとって政治学専攻という志望から法律実務家をめざす方向転換のきっかけの一つとして象徴的なことであった。「職業としての政治学者」への途を選択せず、実務法曹を選択するに至っを追想する。

受けた高畠通敏「職業としての政治学者」『政治の論理と市民』（一九七一年）に論及し、進路選択で大きな影響を受けた重要な葉書であるため、ここに抄録させていただき、ついで、当時、進路選択で大きな影響を

「拝復、貴著『東京大学―近代知性の病像』をお贈り下さった由、有難く存じます。ただ御中越の件についてはお断りします。……小生は貴兄の度々の「アピール」や御来信を見るごとに、こういう精神的幼児がスルスルと東大助教授になり、またおさまっていられるところに『東京大学の病像』が集中的に表現されているという思いを深くします。重ねて幼児のお相手をお断り申し上げます。（字句を省略・変更しないかぎり、この返書を公表されても小生は異存ありません。）」。

『丸山眞男書簡集５』所収のこの葉書の末尾に折原の経過説明が記されているが[注51]、そこで折原は、

「丸山氏は、一九六八年―六九年の東大闘争までは、日本社会における「無責任の体系」を鋭く批判する学者・思想家として、筆者（折原）も尊敬していた。しかし、自分の足元から起きた闘争に直面すると、丸山氏の職場である東京大学が犯した事実誤認とこれをめぐる無責任な処置を直視しようとせず、目を背けた。……筆者の期待に反し、自分には『もっと重要な』課題があるとして問題回避を正当化しており、丸山氏の限界が露呈されている、と受け止めざるをえない。

なお、筆者はその後、挫折以前の丸山氏の思想を引き継ぎ、学者の無責任と闘ってきたが、現在

でも、たとえば『マックス・ヴェーバー入門』を世に出しながら『マックス・ヴェーバーの犯罪』と題する際物本には「見てみぬふり」をする著者を批判すると、往時の丸山氏と同質の拒否反応が返ってくる。問題の根は深いといえよう」と述べている。

既に東京大学を退官していた丸山眞男教授が、どのような思いでこの葉書を書いたかは、推論するより他にないが、同氏は、死後『自己内対話』として予期せずして公刊されたノートの中では、東大闘争について、次のとおり、書き留めている。

「私は『東大』でどのような特権を享受し、どのような『権威』を東大教授の名において行使して来たかを、できるだけ『公正』をつとめながらふりかえって見よう。こういうこと自体、気の進まない作業だが、東大紛争はやはりそうした反省を私につきつけねばやまない」とか、(注52)「今度の紛争を通じて、私は学生と論争する機会を多く持った。……そのなかで私の胸にぐっとつきささった数少ない批判の一つは、『先生は東大をやめて丸山塾をひらくべきなのです』、あるいは、『先生の言葉は、丸山塾の塾頭としてなら納得します。が東大教官としては……』というたぐいのものであった！　私は軍人としての死期を失した乃木希典のような姿で、『東大教授』として今日までとどまって来た。今その不決断のむくいが来たのだ」(注53)として、東大全共闘の提示した問題の本質とその限界を十分に理解していたはずである。また、折原のヴェーバー研究については一定の評価をしていたことを前提として、「おどろくべきことに、ウェーバーの専門家であるはずの折原浩氏さえ、私の林健太郎監禁事件にたいする抗議の署名を、東大教授による東大教授のための、パティキュラリスティックな人権感覚――したがって当然に人権感覚の欠如ということになる――としてしか理解していない」と述べている。(注54) その折原から、前記二つの事実誤認を含む東大闘争の収束にあたっての責任追及をなされたことに対し、丸山教授は、闘争の本質をそれなりに理解していたがゆえに、かえって「精神的幼児」という表現をもって、生理的な拒絶反応に出たのではなかろうか。

私は、この丸山―折原論争に直面して自分の将来を考え、「職業としての政治学者」を目指して徒弟的に修学するべき近未来が決して開かれたものとしては想定することができず、むしろ、折原ゼミ「主張することと立証すること」を通じて裁判傍聴を行って知ることのできた法律実務家・弁護士としての自由な世界に魅力を感じることとなった。

（二）　高畠通敏論文「職業としての政治学者」が問いかけたこと

なお、「職業としての政治学者」については、高畠通敏立教大学教授の論文「職業としての政治学者」(注55) が大きく影響を与えた。政治学者になることも考えた私は、この論文のタイトルと冒頭の「人はどうして、政治の研究を職業とするようになるのだろうか」との提起に惹かれて、一九七三年当時、この論文を読んだ。私自身は、一九七二、七三年当時に大学に暮らし、政治に対して挫折する機会は得なかったものの、挫折した先達を見る状況にあった。そして、この逆説的結論に向い、政治学を一生の生活の糧とする途に対して否定的な選択をすることになったといえる。

高畠教授によれば、「日本における『科学としての政治学』の創始者たろうと志した丸山が追いつづけた目標の一つは、マキャヴェリに比すべき、政治における〈近代的〉精神を日本でどのように樹立すべきかということだった」。しかし、「丸山が、戦後、全面講和から六〇年安保の〈運動〉にコミットしたということと彼の方法とはどのように内面的に関連しているのか。彼が、戦時下の研究室で、〈近代的〉政治精神の歴史的展開を〈弁証〉していた時の方法に訣別を宣し、デモクラシーの論理に取り組みはじめたことと戦後の丸山政治学の形成とはどう関係しているのだろうか。……それは、今や政治指導者ではなく民衆において、〈近代的〉な政治精神が樹立されなければならないという問題意識であり、民衆の自立とは何かという問いをうちに秘めた政治分析の方法の問題なのだ」という。(注56)

この高畠評説をふまえると、折原に対する丸山教授の葉書の行間からは、次のことが読みとれないか。すなわち、そのような折原の問題提起に対する答えを求めた研究の拠点、東京大学法学部研究室は、戦時下において、軍部もファシストも占拠しなかったところであったにもかかわらず、一九六八年、六九年に全共闘と称する「団体」によって占拠されたことは「暴挙」であった。その占拠の前段階で学生の処分に誤認があったということは、問題ではあるけれども、既に肝臓に病巣を有する丸山自身には限りある生命において、事実誤認にかかわることなく、それを「黙殺」と称せられようとしても、「民衆の自立とは何かという問い」に対する答えを求めたいし、東京大学法学部ではそれができないということから、早期に退官したのだと。(注57)

一方、高畠教授自身は、そのような時代状況において、立教大学に機動隊を導入させることなく立教闘争を終結させることに心血をそそいだ。「学問の自由」、「大学の自治」を、学内に機動隊を導入しないことによって守ろうとした意図が明らかである。今から振り返ると、私自身は、このような政治学者のあり方を観察しながら、政治学者への途をとらずに、法曹実務家として現場の法律と政治の問題に取り組むこととなった。

高畠教授は、京極純一東京大学教授を実質的な指導教官としてアメリカの行動主義的政治学と数量政治学を研究し、同時に「思想の科学」研究会とべ平連（ベトナムに平和を！市民連合）とにかかわる、「エリート的学問と市民運動との二重生活」をしていたが、七〇年以後その「二重生活をやめた」。「機動隊を導入して旧に復した東大との絶縁を公にし、東大の研究会への参加をやめる一方、そういう東大に追随した岩波書店への協力もやめた」(注58)。

すなわち、高畠教授に拠れば、「丸山の問題意識を受けつぎながら、明らかに丸山の方法への批判として書かれている」とされる神島二郎『近代日本の精神構造』（一九六一年）と、「戦後日本の『政治意識』のデータ解析を通じて『政治構造』をとらえる」という京極純一『政治意識の分析』（一九六八年）以降の計量政治学の研究業績と、これを並行して京極『日本の政治』（一九八三年）にみる非数量的な政治分析が先行業績とされた(注59)。高畠教授は、さらに京極教授に続き計量政治学を「副業」としつつ、「第一に追及するのは市民政治学であるという旗印を掲げた」(注60)。

これら丸山政治学以後の政治学者の歩みとは異なり、私の場合は、法曹実務家として現場の法律問題に依拠しつつ、市民科学として政治学を「すること」（ここに折原の「社会学すること」からの学びの影響がある）を志向し、次に述べるとおり、まずは弁護士を目指し、原子力情報の公開のために、情報公開法の立法運動に傾倒していったといえる。

（三） 政治学から弁護士へ

一九七四年四月に法学部第Ⅲ類（政治コース）に進学し、以上のとおり、時々、駒場にある資料センターで東大闘争の資料整理をすることとなったが、学修の場は、本郷に移った。

一九七二年秋学期の一般教養の「政治学」、一九七三年通年の講義「政治過程論」、いずれも京極純一教授の講義を学んだ。後に『日本の政治』（一九八三年）としてまとめられる「政治過程論」を受けて、一九七四年通年の演習（京極ゼミ）は、数量政治学の統計学的基礎を学びつつ、フィールドワークによって、数量政治学的分析をするというものであった。私は、このゼミの研究テーマとして、大飯原子力発電所についての住民の政治意識を分析した。しかし、出来栄えの割には全く達成感がなく、これでは若狭湾内に過密に誘致される（それだけに危険は確率的に高くなる）原発は止められないし、既に稼働している敦賀原発や美浜原発の安全運転を求める方法もないことを実感した。

むしろ、大島半島や敦賀半島の先端から送電線によって都市部に送られるための送電塔の地盤には、地役権が設定されていることを知ったが、地役権について十分に学んでいなかった。ここでようやく、「合法的支配」（マックス・ヴェーバー）の基礎法としての市民社会の規範としての民事法を学び、法的手続によって、誘致を阻止できなかった原発については、民主、自主、公開の三原則（原子力基本法二条）に基づく運用をするより他ないと実感した。調度そのころ、その三年前に折原ゼミに誘ってくれた友人が、司法試験の勉強会をするというので、遅ればせながら、その友人らの後を追って司法試験、弁護士を目指すこととした。前述のとおり、折原ゼミ「主張することと立証すること」を通して既に大学一年時から東大裁判傍聴を続けていたので、その進路選択に抵抗感はなかった。

八　弁護士・市民科学者として生きる（注61）

（一）原子力情報の公開を視野に入れた情報公開法制定運動へ

一九六三年、小学四年ごろ、新聞社のニュースが前掲の郷里小浜の小浜小学校の校舎内の壁に貼られていたが、その中で、「太陽のようにクリーンな原子力発電所」との記事があったことを鮮明に記憶している。一九七二年、大学生になるや上京し、文科Ⅰ類であったものの工学部の原子力工学科の研究者の下に行き、原子力発電の構造を学び、部厚い核納容器とＥＣＣＳ（非常用炉心冷却装置）があるから、放射能は十分封じ込められるとの話を聞いた。その頃、建設中の大飯原発と敦賀原発を実際に見に行った。日本海に面した辺境の半島の先端に巨大な施設が作られること自体、都会や街中には決して作ることのできない危険なものであることを実感した。

当時、放射能の危険を説いた人々の中で、最も印象に残ったのは、作家水上勉の「思想の科学」主催の講演（『思想の科学』一九八一年一月号）であった。その趣旨は、一九八二年五月十一日の朝日新聞にも掲載され、やがて後の代表作『破鞋』の中でもふれられた。(注62) 文化年間（一八〇四年～一八一八年）にいずれも大島村を逃亡し岡山の曹源寺で厳しい修行のうえ臨済禅の機鋒を守ったといわれる大拙《だいせつ》承演《じょうえん》禅師と儀山《ぎざん》善来《ぜんらい》禅師。原発の立地は貧しい辺境であるが、そのうちの儀山善来から「一滴の水にも魂があろう」と大喝されて、はらりと悟った滴水《てきすい》宜牧《ぎぼく》禅師の逸話を紹介したうえで、「大拙、儀山の二少年が、舟にかじりついて逃亡した辺境は、いま文明の火壺が繁栄する。その火壺はおそろしい放射能を封じこめて、事故が起きれば危険なものだということは周知のとおり。そこで、私（水上勉―引用者註）は、一滴の水のゆくえを考えさせられているのである」との言説であった。事実、フクシマメルトダウンの最悪の事態を防いだのは一滴の水の集まりであった。自衛隊ヘリコプターによる冷却水の空中放水が印象的である。

原発は、ウラン235の分子核を壊す際に発生するエネルギーを電気に変換するものだということはわかるが、それが目に見えないままで人間に吸収されると遺伝子を破壊し、人間と環境にとり返しのつかない汚染をもたらしてしまうことを、作家は直感で語っていた。故人となった水上は、生前、大飯町（当時）の実家に、原子力文明を警告する「若州一滴文庫」を開いた。同様の直感から福井で原発の反対運動を続ける人として、国宝三重塔を有する名刹明通寺の中嶌哲演住職や、英国教会のキリスト者の直感で小浜市の田烏原発設置計画を拒否した鳥居史郎（当時）小浜市長がいることは、前記一のとおりである。[注63]

弁護士として活動するにあたり、私は、大学当時からの課題を基に、生きることと学ぶことが相互に媒介された場において、生きる力となる臨場の法実務を実践してみたいという希望を抱いた。つまり、法律実務家として活動することを通して現実社会の諸問題を切開していくことを望んだ。

この観点から、まず、原子力情報の公開を視野に入れて、情報公開法制定運動に取り組んだ。この運動は、既に秋山幹男弁護士らにより、情報公開によって、本当の意味での住民の行政への参加や、行政の意思決定の公正さや合理性のより一層の確保、住民の生命や健康の保持、基本的人権の擁護ができ、政治や行政も浄化するよう機能する、として提言されていた。[注64]

国民の知る権利を具体化し、適正な政治選択を可能にしたり、得られた情報を容易に証拠として訴訟に提出できるようになるものである等の意味において、日本の自由と民主主義の成熟のために、きわめて重要な運動として位置付けることができた。秋山弁護士は、東大一・一八、一九闘争裁判安田Bグループの刑事裁判の弁護人でもあったが、その後、自由人権協会と「情報公開法を求める市民運動」（以下、「市民運動」）を中心に情報公開法制定のための立法運動を中心的に担っていた。「市民運動」は、秋山弁護士、東京教育大学で学園闘争に関与していた辻利夫氏、学園闘争とは無縁であるが、学生時代から日本消費者連盟に出入りしていた高橋安明氏の、共同の発案による設立にかかるが、この運動は、単に訴訟活動にとどまらず、弁護士自ら立法運動に加わり、法・条例の制定後にはその制定法に基づく裁判をも行なうという、新しい弁護士のあり方を示唆してくれた。自由人権協会は、私がこのような運動をするうえで、最もふさわしいところだった。(注65)

東大闘争資料センターでの資料整理に従事しながら、イデオロギーとしての学生運動の継受よりも、実践的・実学的に「自己否定的なテクノクラート」としての進路選択を願っていたが、その延長で情報公開法の立法運動にたどりついたといえる。

その後、我が国の地方自治体では、情報公開の制度化が進んだ。その結果及び利用法は、秋山幹男＝三宅弘＝奥津茂樹『情報公開』（一九八九年）に記したとおりであり、また、第二東京弁護士会編『情報公開ハンドブック』（一九八八年）においては、日本の情報公開制度の当時の運用状況をまとめた。後者の著書の資料編に集録した判例は、事務所の同僚、近藤卓史弁護士らと共に代理人として関与したものであり、その後も、常時数件の情報公開事件を取り扱うようになった。

また、裁判所における情報公開については、ローレンス・レペタ弁護士らと共に取り組んだ法廷傍聴メモ最高裁判決・一九八九（平成元）年三月八日判決（民集四三巻二号八九頁）によって、歴史的な一歩を記すことができた。さらに、残された課題、国における情報公開法の制定のために、歩みを進めたいと考えていた。

（二）　ラルフ・ネーダー弁護士の運動論に学ぶ

その頃、調度、アメリカの消費者運動家・弁護士のラルフ・ネーダー氏を日本に招くことが実現した。ロバート・Ｂ・レフラー・アーカンソー大学准教授（当時）、春日寛・日本弁護士連合会消費者問題対策委員会委員、野村かつ子海外市民活動情報センター代表らの発案を受けて、須田春海市民運動全国センター代表、土屋真美子・まちづくり情報センター事務局長らと共に準備に関わり、大島茂男全国消費者団体連絡会事務局長と私が手分けして講演各地を案内することとなった。折原ゼミ「主張することと立証すること」と東大闘争資料センターの資料の中にある学生運動にみる運動論とは異なる運動論がそこにはあった。

ネーダー氏は、十年ぶり三度目の来日であったが、一九八九年九月十二日の来日から二十一日まで、横浜、東京、松江、大阪、京都、名古屋、東京と回り、講演一四件、対談・鼎談・座談会四件、記者会見・インタビュー三件、シンポジウム・パネルディスカッション・懇親会四件をこなし、消費者運動の様々なテーマで語ってくれた。「二十四時間パブリック・シティズン」を自称するネーダー氏は、その希望どおり、観光見物を全く入れない強行スケジュールで、日本を駆け抜けたのであった。彼が最も強調したのは、唯一覚えた日本語の「ジョウホウコウカイホウヲツクロー」ということ、すなわち、情報公開法の必要性を力説したことであった。彼いわく、「情報は民主主義の通貨である」と。

講演・対談は、ネーダー氏が実践してきた消費者運動の広範さを示すとともに、ネーダー氏自身の、「持続的に変革を求める主体」あるいは、「〝自己否定的〟反テクノクラート」としてのエートスを感じさせた。講演「消費者の権利と情報公開」（九月十九日東京）では、最後に、「私にとっては『民主主義のもとで積極的な、アクティブな市民として、より良い社会作りをする』、それが幸せであると思っています。……本当に人間的な、人間性あふれる経済発展というものが可能になり、将来子どもたちのために、より良い社会・環境が築けるような質の高い民主主義のための真なる行動を、たくさんの人々に取って欲しいと思います」と述べていた。(注66)

なるほど、このエートスは、アメリカの建国時に影響を与えたカルヴィニズムの二重予定説などとは異なる系譜であって、一九六五年秋の『どんなスピードでも自動車は危険だ』（UNSAFE AT ANY SPEED）の発刊でアメリカ全土が注目したときから、ネーダー氏において一貫するものであろうと思われた。一九六五年は、アメリカがベトナムへ大量の地上軍を投入させた年であり、反戦運動が沸き立つ年でもあった。こうした時期に、あえて、大衆車コルペアの欠陥性を指摘し、企業情報の公開の必要性をも論じると共に、さらには専門的市民運動家の重要な役割を説いたのであった。それから四半世紀を経て、彼の提唱したエアバックは、とうとう大衆車に標準装備されるまでになった。

シンポジウム「日米市民政治の可能性を問う」（九月二十一日東京）と、対談「『消費者』は国境を越えて」（九月二十一日東京）は、二十一世紀に向けて日本の消費者運動はどうあるべきか、日米構造協議等を素材としてその基礎視座を得ることができた。特に、前者のシンポジウムでは、高木仁三郎・原子力資料情報室代表も、原発問題とそこから発生するエネルギー問題は、エネルギーの作り過ぎの危機、それに伴う環境破壊の危機であるとし、市民連帯という意義の中から生まれてきた機関として、原子力資料情報室を主宰し、市民主体でエネルギープランを出す、脱原発法の制定をめざす運動を進めることを提言していた。（注67）

ネーダー氏は、自分一代でネーダーグループの様々の団体とスタッフを形成していただけに、日本においても情報公開を求める市民運動のために、その組織論・運動論については、大いに参考になった。ネーダー氏のそれは、米国の全国交通自動車安全法の制定と一九七四年情報公開法改正をもたらした。

①　年令や、提起する問題、背景を問わず、多くの人々に活動に参加してもらう。
②　記者や記事《ママ》に、直接、間接的に情報を流すことで、マスメディアを通して浸透させていく。
③　裁判所に訴えて、政府機関に施行するように要求する。
④　発議権（レファレンダム）や国民投票に訴える。
⑤　何年も何年もかけて、周到に運動を続ける。
⑥　市民運動は、実現可能で独創的な戦略、戦術を結びつける。
⑦　たとえ負けても決して負ける筈のないような姿勢を保つ。
常にそこから、ずっと良い戦略や高度な決断を得て盛り返すような何かを学びとる。（注68）

この運動論は、その後今日に至るまで、情報公開法の制定及び改正を求める立法運動をする時に大いに参考となった。そして、ネーダー氏と共に過した二週間は、「持続的に変革を求める主体」あるいは「自己否定的なテクノクラート」として生きる示唆を与えてくれた。

(三) 日本の消費者運動・市民運動を担った人々との出会い

そもそも、誰がネーダー氏を、どのような経緯で招致したのか。まだ全国学園闘争が収束させられていなかった頃における、日本の消費者運動の草分け的存在の一人である野村かつ子「海外市民活動情報センター」の設立者で後の国際消費者機構(IOCU)名誉顧問の存在が大きかった。

野村氏の言説を引用するに、「(一九七〇年)当時、……日本の消費者運動も小売業者いじめから潔く脱け出し、大企業の悪徳商法に目を向けはじめていた。……だが、……なんとなく物足りなかった。……ネーダーとの出会いは……後の消費者運動に対する〝グランド・デザイン〟――大企業のタレ流す反消費者的害悪に拮抗しうる運動のすすめ方――それはまさに、私(野村かつ子―引用者注)にとって、天からの啓示であった(注69)」。野村氏は、日本の市民科学者の草分けであるが、その少し前、「六九年に総評を辞めた私は、東大社研の藤田若雄先生の勧めで戦後労働運動の総決算の仕事を手伝うことになった。……思想的にも先生の内村鑑三の流れを汲む無教会派クリスチャニティーと私の怪しげな社会的キリスト教の信仰が結びついていた。……先生の研究室には全共闘の学生がよく出入りしていた。順不同だが今でも忘れがたい人々は神林章夫、岡安茂裕、渡辺章、林素子、折原浩、最首悟らである。……面識はなかったが、全共闘議長の山本義隆氏が獄中でバルト神学（私の大学卒論のテーマ）を読んでおられたのを当時の『朝日ジャーナル』誌（六九年六月二十九日号）で知った。私の現在の座右の銘「自己否定」や「終わりなき闘い」は、この獄中の山本義隆全共闘議長から学んだもの」と記している。（注70）全共闘運動の自己否定論は、接ぎ木のように日本の一九七〇年代以降の消費者運動にも継受されていった。

野村かつ子氏が日本に紹介したネーダー氏の様々の活動は、春日寛弁護士を通じて、日本弁護士連合会人権擁護大会への招請へと具体化していった。これら日本側の求めと、ネーダー氏の間を取り持ったのが、ロバート・B・レフラー・アーカンソー大学准教授（当時）であった。

レフラー准教授は、ハーバード・ロースクールを卒業後、連邦高等裁判所裁判官のロー・クラークを終えて、ネーダー氏の主宰するパブリック・シティズンの健康調査グループのスタッフ弁護士となり、公益活動に従事し、アーカンソー大学准教授として、日本と米国の医療制度及び医療事故からの救済制度等の比較研究を専門としていた。（注71・72）そのレフラー氏が若い頃、ネーダーグループであるパブリック・シティズンの一員として市民科学者として歩んだことが、アメリカにおける市民科学者の広がりを示しているが、ネーダー氏の運動論を担ったうえで、独自の領域を開いた一人の例である。

レフラー教授が、どうしても会っておくべき人と評したのが、パブリック・シティズンの訴訟グループの責任者であったアラン・モリソン弁護士である。同弁護士は、一九六六年ハーバード・ロースクールを修了し、合衆国（連邦）検事、企業法務を経て、一九七二年、ラルフ・ネーダー氏のパブリック・シティズンにおける訴訟グループ（Litigation group）を創設し、公益弁護士（Public Interest Lawyer）として活動してきた。この訴訟グループは、健康と安全・消費者の権利・裁判を受ける／活用する権利・情報公開・言論の自由権（インターネット上を含む）に関する訴訟を専門に扱う法律事務所である。連邦裁判所、各州裁判所、行政不服審査等に関与するが、依頼者から手数料は収受しないで、訴訟で勝訴したときの、原告勝訴時の弁護士報酬を敗訴者である国が負担する制度を活用して、当該報酬とパブリック・シティズンへの寄付によって一〇名程度の勤務弁護士による事務所を維持する。そのため、事件受任の判断基準は、その事件が消費者の権利のための重要な判例となり、かつ勝訴の可能性が高いかどうかであるという。日本の公益訴訟弁護士と同様、多忙を極め、私がパブリック・シティズンを訪問した一九八九年と一九九二年には、会うことができなかったが、モリソン弁護士は、二〇〇七年五月二十四日、日弁連と大宮法科大学院の招きで来日し、講演会において、そのような話をした。（注73）二〇〇七年当時は、パブリック・シティズンを辞め、スタンフォード・ロースクールの客員教授として、リーガル・クリニック等を担当していた。講演の前日、東京新宿の京王プラザホテルで会った時、近藤卓史弁護士と共に原後綜合法律事務所において日本式スタイルでの公益訴訟を担ってきた者としては、（注74）旧知の友人に会った気がした。

ラルフ・ネーダー氏歓迎市民委員会を実質的に担ったのは、須田春海・市民運動全国センター世話人である。須田氏は、一九四二年生まれ、六〇年安保世代であるが、東京都政調査会勤務を経て、一九八〇年から市民運動全国センター世話人として現在に至っている。その間、東京都知事選挙に美濃部亮吉氏を担ぎ上げ、三期十二年のいわゆる革新都政を実現し、その後、美濃部氏を参議院議員選挙でも当選させ、その旗の下で、市民運動全国センターを立ち上げ、日本の住民運動、市民運動の情報交換所としての役割を果たしていた。「組織を恒常的に維持するため、有志で『生活社』という会社をつくり、そこで働きながら市民運動に参加するというかたちをつくってきました。寄付は少なく、会費に依拠したのではあまりに不十分な現状では、自ら働きながら自らにフィランソロピーするという方法しかなかった」という日本的状況を正しく受け止めて、「市民的自由に基礎を置く市民自治社会をたしかなものにするためには、……市民社会が『愛・連帯』と『交換・財貨』と『公正・法』のバランスをとることによって自治社会として成熟する」、という日本の市民運動のスタイルをふまえた、市民自治社会の構想を有していた。(注75) 日本の市民運動、住民運動が、アメリカのそれと異なるところである。須田氏の提唱する市民自治構想においても、情報公開法立法運動は重要な位置を占めていた。

その後、一九九三年の衆議院選挙で自民党の一党支配が崩壊し非自民の細川内閣が誕生し、政府における情報公開法の制定が進行することとなる。(注76) 日本では、須田春海氏が市民運動全国センター世話人として、日本式運動スタイルで、米国におけるラルフ・ネーダーの役割を果たし、特に、情報公開法制定にあたっては、秋山幹男＝三宅弘＝奥津茂樹『情報公開』（一九八九年）にみるとおり、「情報公開法を求める市民運動」が法制定を強力に求めた。私も、この立法運動において、ラルフ・ネーダー的にオピニオン・リーダーの役割を果たすと同時に、近藤卓史弁護士らと共に、当時制定されていた情報公開条例に基づく情報非公開決定処分取消訴訟を争い、来たるべき法制定についての理論上の問題点を整理することとした。この面においては、アラン・モリソン弁護士的役割であった。

一九九五年に、あるべき情報公開法の制定を求めて『情報公開ガイドブック　立法から活用の時代へ』を発刊したが、そのあとがきにおいて、それまでを振り返った。「思いおこせば、私にとっての法律との関わりは、一九七二年秋、東大教養学部での折原浩助教授（当時・社会学担当）によるゼミ『主張することと立証すること』から始まりました。『六八・六九年東大闘争で問われたものは何か』を東大裁判の刑事記録から検証していくものでした。『自己否定の理論』や『自己肯定の倫理』が理念としてだけで重く覆いかかった当時、ゼミの手作りの教材を通じて『人間は、いったい、なぜ、そうした動機（私的排他性の動機）にとらえられ、それに駆られて行為することになるのか、それは、『こころ』の問題なのか、それとも、諸個人にそう行為せざるをえなくさせる『社会の仕組』の問題なのか、その両方だとすると、両者はどこでどのように関連し合っているのか』（後に折原『学園闘争以後十余年』八二頁に収録）という問題設定とその解明を求める座標軸を得ることができました。……折原教授から習ったマックス・ウェーバーの、『官僚制の問題』に、情報の観点から切開することができるのではないか、ということでした。本書はこうした動機の延長線上に位置しています」と。(注77)

一九九九年五月に「行政機関の保有する情報の公開に関する法律」（情報公開法）が制定されたが、この際、一九九五年から一九九九年までの法制化の動きを取りまとめて『情報公開法の手引き―逐条分析と立法過程』（一九九九年）を公刊した。その末尾に、「民主主義が『虚妄』（丸山眞男）とならないよう政府保有情報の開示を求め続ける。さらに、まずはアジア諸国にも日本と同様の情報公開法の制定を求める。……韓国では、韓国の情報公開法の制定にかかわった成樂寅《ソンナクイン》嶺南大学教授や鄭在吉《チョンジェイキル》全北大学教授らが次世代の人々と共に橋を渡ってくれるはずです。かつて帝国主義時代に侵略することによって自国を護ろうとした人々とは異なり、私たちは、『開かれた社会』を求めて共に生きる好機にあります」と記した。(注78)

後述のとおり、その後も情報公開法の改正を求めて、弁護士・市民科学者としての歩みを続けている。

九　原子力情報の公開を求めて

（一）　情報公開法制定運動の成果としての原子力情報の公開

もんじゅ訴訟は、一九八五年九月二六日に民事差止訴訟と行政処分無効確認訴訟を併わせて提起された。(注79) 中嶌哲演・明通寺住職から、もんじゅ訴訟の弁護団に地元出身の弁護士として加わってもらえないかと言われた頃には、既に原子力情報の公開を視野に入れた情報公開の立法運動に全精力をそそいでいた。全国に先駆けて原発を誘致した福井では、やむなく原子力行政の透明化と公開性により、ヒューマン・エラーを未然に防止することで、原発をコントロールするより他ないと思った。

情報公開の立法運動により、奥津茂樹・情報公開法を求める市民運動事務局長は、アメリカの原子力規制委員会からアメリカ情報自由法を通じて福島第二原発の事故隠しの情報を入手し、日本で公表した。一九八九年一月、東京電力福島第二原発三号炉で、再循環ポンプの水中軸受けリングが破損したが、八月の資源エネルギー庁と東電の中間報告においては、単なる溶接不良の問題ではなく、日本国内の同型同規模の原子炉共通の問題であることは明らかにされていなかったのであった。(注80)

また、高速増殖炉「もんじゅ」のナトリウム漏えい事故の際にも事故隠しが問題となり、それを機に動燃（動力炉・核燃料事業団）の情報公開を求め、その制度化から、独立行政法人等情報公開法の制定にもつながった。今では誰もが、徹底した原子力情報の公開を訴えるようになった。高木仁三郎・原子力資料情報室代表は、「もんじゅ」の事故から「半年近く遅れてきた『原子力安全白書』」が「『情報公開等情報流通に問題があった』、つまり、事故隠しとか、情報公開、透明性といった問題に関しても非常に信頼度が落ちてきたといわれているので、国民の安心を勝ち取る

ためには再度徹底的な取り組みをしないといけない」と述べていることを、指摘している。(注81)

(二)　３・11により開かれた「パンドラの箱」

しかし、二〇一一年三月十一日に状況は激変した。決して開いてはいけない「パンドラの箱」(注82)が、「想定外」という、科学者とは思えない言い訳と共に開かれてしまった。地震発生、緊急停止、交流電源全喪失。三月十一日の夜には、ＥＣＣＳ（非常用炉心冷却装置）は作動しないことが明らかとなっていた。テレビでは「炉心溶融の可能性がある」が、「ただちに人体には影響を及ぼすものではない」との記者発表が続いた。とっさに、これは約四十年前に勉強したメルトダウンだと理解した。そして水素爆発。東日本は放射能で汚染されてしまった。その後の状況は、新聞、テレビ、書籍、ネット情報等が明らかにするとおりである。

「想定外」とは、原子力発電所において、地震と津波によって、外部電源喪失、非常用電源の双方がダウンする事態を「想定」していなかったということであるが、テレビ報道を例にとってみても、事態の深刻さを見通したとはいえない専門家の解説報道がなされた。(注83)

(三)　希望的観測を述べるにとどまった科学者たち

たとえば、三月十三日の十七時からのニュース枠に登場した諸葛宗男東京大学特任教授は、一号炉の爆発、三号機の冷却装置が失われ、格納容器の圧力が上昇し、原発敷地内の放射線量が急激に高まっている事態について、「停止して温度が低いところまでもっていけば、逆に、日本の原発技術、運転技術のレベルの高さが世界でも認識してもらえる可能性がある」と、極めて楽観的な見解を示した。(注84)同様に、三月十四日十九時二四分、TBSのニュースで、既に海水を注入している二号炉について、山名元京都大学教授は「溶融の可能性がありますね」(注85)と、同日二十三時二十二分NHKニュースで、関村直人東京大学教授は「注水成功で、直近の危機は去ったと言えるように思います」(注86)と、それぞれ希望的観測を述べている。しかし、十四日十一時一分に三号炉で爆発し、十五日六時十分に二号炉で爆発。四号炉と三号炉付近で十四日十時二十二分に四〇〇ミリシーベルトという極めて高い放射線量が観測された後の十三時十一分に、フジテレビのニュース解説で岡本孝司東京大学教授は「非常に高い数値ではあるが、直ちに周辺地域に、退避している方々に影響はない」、「偏西風があるので、ほとんど海に流れていく」(注87)と述べ、海洋汚染については軽視した。

三月十六日に至っても、二十時からのNHKニュースで山口彰大阪大学教授は「今回は炉心が損傷していることは確かであるとしても、それは一部にすぎない」と述べた。(注88)

三月十七日五時二十五分からのフジテレビで、澤田哲生東京工業大学助教は「困るんですよね。彼(フランク・フォンヒッペル・プリンストン大学教授―引用者注)は世界的にも有名で、こういう人がこういうことを発言すると……(三〇キロ圏内の住民に対しても避難を呼びかける発言―引用者注)。いたずらに不安を煽っている。ナンセンスで無責任ですよ」と述べた。(注89)

三月十一日から十七日までのテレビでは、ＴＢＳが十二日の午前から西尾漠原子力資料情報室共同代表を解説者に迎えて報道し、十三時十八分の段階で、「すでに燃料棒が溶け出している可能性がある。九〇センチ露出しているという表示が出ているということは、非常に憂慮すべき状態にある」と指摘している(注90)。

しかし、この期間、テレビでは、「原子力資料情報室の伴英幸や西尾漠、さらに、テレビ朝日に電話取材を受けた小出裕章（京都大学原子炉実験所助教）など、一部の解説者を除いて、なぜ原発行政に関連の深い専門家や科学者、一般に『御用学者』といわれた人たちに解説を任せたのかとの批判がある(注91)」。

メディアに対する批判については、中曽根康弘代議士らの提案で一九五四年三月に日本で初めて原子力予算が成立した頃、読売新聞社社主、日本テレビ初代社長等を歴任し、一九五五年二月に衆議院議員となり、一九五六年一月原子力委員会委員長に就任した正力松太郎氏がいる。読売新聞は、その系譜を引くとみなされがちである(注92)。朝日新聞は、「原子力の安全性の問題を、もっと紙面で取り上げるべきでした」と悔恨をこめて語る記者もいるが、原子力政策推進派の科学部によって原発関連記事が抑制されていった経験を有する(注93)。それらと共に、原発行政に関連の深い専門家や科学者に解説を任せた放送メディア全般について、メディア論において論じられるべきであるが、ここでは、メディア全般に対する批判は措くとしても、原発行政に関連の深い原子力分野の専門家や科学者が一様に、すべて、人間は、原子力をコントロールできるとする神話に拘束されていたことが、テレビ報道をみるだけでも明らかである。

この極めつけは、一号炉の水素爆発を予測できなかった班目春樹、原子力安全委員長・元東京大学大学院工学系研究科教授である。「官邸5階の執務室でプラントの図面を広げ、菅は班目に『水素爆発はないのか』と何度も尋ねた。『ありません』と班目は言っていた」と報道された人物である。(注94)班目春樹原子力安全委員長は、二〇〇七年二月、浜岡原発訴訟の中部電力側証人として、原告住民側の反対尋問において、「だからそういうときに非常用ディーゼル二個の破断も考えましょう、こう考えましょうと言っていると設計ができなくなっちゃうんですよ。つまり、何でもかんでも、これも可能性ちょっとある、これちょっと可能性がある、そういうものを全部組み合わせていったら物なんて絶対作れません。だからどこかで割り切るんです」と答えたという。(注95)二〇一一年三月二十二日に参議院の予算委員会で社民党の福島瑞穂党首からこの裁判での証言について問われ、班目委員長は「割り切り方が正しくなかった」、「原子力を推進してきた者の一人として、個人的に謝罪するつもりはある」と答弁した。(注96)しかし、手遅れだった。

班目委員長の問題発言は、浜岡原発訴訟の証人尋問のものに限らない。静岡県議会の委員会資料「石橋論文に関する静岡県原子力対策アドバイザーの見解」において、「班目春樹氏（現在、原子力安全委員長）は『（外部電源が止まり、ディーゼル発電機が動かず、バッテリーも機能しなくなる可能性について）原発は二重三重の安全対策がなされており、安全にかつ問題なく停止させることができる』と述べている。……他の指摘（核分裂反応を止めても炉心の温度上昇は続く、爆発事故が使用済み燃料プールに波及してジルコニウム火災などで放射能が増大する恐れ、ECCSや再循環ポンプの問題など）もすべて大丈夫として、『石橋氏は原子力学会では聞いたことがない人である』と述べた」と記録されている。(注97) 石橋克彦神戸大学名誉教授は、以上のような人々について、日本の「知の退廃」と呼ぶが、さらに、「日本列島に生かしてもらっている以上、私たちは知恵を絞って自然と共存していくほかはない。……それは、傲慢に原発を建て並べるのとは正反対の態度である。これは決して、地震国だから仕方なく取る消極的な姿勢ではなく、いま全人類が直面している地球規模の深刻な課題の解決につながる積極的な態度だと信ずる」という。(注98)

この他にも、多くの警告がなされている。「日本には現在54基の原子力発電所がありますが、それから流れてくる7度温かい水がどれくらいあるかというと、約1000億トンです。（日本のすべての川で一年間に流れる水量約4000億トンと比して—引用者注）これで、『環境に何らの影響もない』というほうが、むしろおかしいと思いませんか」、「もし安全な地球環境を子どもや孫に引き渡したいのであれば、その道はただ一つ。『知足』しかありません。代替エネルギーを開発することも大事ですが、まずはエネルギー消費の抑制にこそ目を向けなければなりません」と。(注99) 原発推進者からも、避難所生活で考え直し、その無念を公表する人もいる。(注100)

(四) 山本義隆『一六世紀文化革命』から科学と科学者のあり方を問う

前記五で引用したとおり、山本義隆『一六世紀文化革命』の末尾においては、「問題の根っこをたどれば、一六世紀までの職人たちがもっていた自然にたいする畏怖の念を一七世紀のエリート科学者が捨て去り、人間の技術が自然と対等、ないし自然を上回ると過信したところにあるのではないだろうか。……科学と技術に再検討を迫るいま一度の文化革命が求められているように思われる」と警告されていたが、山本義隆『福島の原発事故をめぐっていくつか学び考えたこと』(二〇一一年)においては、「第一にそのエネルギーは、ひとたび暴走をはじめたならば人間によるコントロールを回復させることがほとんど絶望的なまでに大きいことが挙げられる。……どう考えても人間の処理能力を超えている。第二に、原子力発電は建設から稼働のすべてにわたって、肥大化した官僚機構と複数の巨大企業からなる〝怪物〟的大プロジェクトであり、そのなかで個々の技術者や科学者は主体性を喪失してゆかざるを得なくなる。プロジェクト自体が人間を飲みこんでゆく」と分析している。(注101)

この切り口からは、三月十一日からテレビで楽観論を述べた原子力工学の関係者や班目委員長もまた、「〝怪物〟的大プロジェクトのなかで個々の技術者や科学者は主体性を喪失してゆかざるを得なくなる」人物であったという分析に至る。また、この「主体性」を、「既成の外在的な諸特権や諸擬制をひとつひとつはぎとりながら、そのような基盤の上に立つ自己を否定しつつ、ついに否定し切ることのできない人間(絶対的自己肯定)としての原点的〈自己〉を透視する地点(自由な批判主体の確立)」という基点(前記五の二つ目の●)に置き換えれば、物理学を対象化・相対化する科学論、学問論に基礎付けられる。山本前掲『磁力と重力の発見』、『一六世紀文化革命』

の展開に基礎付けられた言説であるがゆえに、「科学と技術に再検討を迫るいま一度の文化革命が求められている」(注102)、「自然界にはほとんど存在しなかったプルトニウムのような猛毒物質を人間の手で作りだすようなことは、本来、人間のキャパシティーを超えることであり許されるべきではないことを、思い知るべきであろう」(注103)という山本氏の言説は、近代西欧の大学論、科学論を踏まえたものであるがゆえに重い。

核燃料リサイクル施設については、社会学者からも批判されている。すなわち、「低レベル廃棄物、高レベル廃棄物（ガラス固化体）、使用済み核燃料、廃炉廃棄物という四種の『核のごみ』の受け入れ施設となりつつあり、工業開発というよりも、放射性廃棄物処理事業というべきものとなってきている」(注104)と。「人類が有していた自然にたいする畏れの感覚」(注105)を失った物理学が、地域社会を崩壊の一歩手前に導いてしまったことについて、物理学者・原子力工学者は、どのように考えるのであろうか。ここで改めて、前記五の「主体が既成の外在的な諸特権や諸擬制をひとつひとつはぎとりながら、そのような基盤の上に立つ自己を否定しつつ、ついに否定し切ることのできない人間（絶対的自己肯定）としての原点的〈自己〉を透視する地点（自由な批判主体の確立）」から近代科学を再構成することが求められるのではないか。そして、このことは、六八～六九東大闘争ひいては全国学園闘争で問われた、最も核心的な問いかけだったはずである。「一九六八年以後」に学園闘争の資料を整理した立場からは、そのように思う。

私がラルフ・ネーダー氏の日本講演に随行した時に初めてお会いした高木仁三郎氏は、「大学や企業のシステムのひきずる利害性を離れ、市民の中に入り込んで、エスタブリッシュメントから独立した一市民として『自前（市民）の科学』をする」という道を選び、(注106) 一九七三年八月、東京都立大学助教授の職を辞して、原子力資料情報室を創設し、自立した市民科学者として生きることの意味を問い、希望の科学としての「市民の科学」のあり方を模索した。ここで、本稿でも紹介した「消費者運動の草分け的存在野村かつ子氏などにもその頃知り合った」(注107) としている。同じ頃、高木仁三郎氏は、同人誌『ぷろじぇ』第一〇号に「遡及」と題する小論を発表し、「大学闘争以降五年を経た今日、これ迄の闘いを総括し、『告発する主体』として存在した我々自身を告発しながら、科学技術にかかわる人々に、その変革をめざして、実践的な提起を行っていくことが我々に迫られていると言えよう」(注108) と、課題を提示している。しかし、同時に、「すでに大学は全き正常化の中に、近代的管理を強化させ、学園は、大学闘争を全く知らない世代で占められている。大学闘争の基点となった大学においてさえ、大学闘争でつきつけられた問題は、ほとんど全く忘れ去られたかの様相を呈している。……人間に対する科学技術の破壊的な力は、ますますその猛威をふるっている。産軍学の一層の一本化、『エネルギー危機』のキャンペーンに駆り立てられた原発建設の大攻勢、空港・新幹線による騒音を主とした生活破壊、等々、情況は一層深刻化している」という情勢分析もなされている。(注109)

　ここでは高木仁三郎氏の小論での論証にとどめるが、「自己否定し切ることのできない人間〈絶対的自己肯定〉としての原点的〈自己〉」から近代科学を再構成するということなどは、公権力によって守られた「学問の自由」と「大学の自治」の教育環境において、ほとんど消え失せた。その延長で3・11以降のテレビに登場する原子力工学関係者や班目原子力安全委員長らが育っていったということになる。

原子力工学関係者の中には、若い頃より、国・電力会社やその外郭団体から、俸給をもらいながら専門的知識を生かす業務に加わり、やがては、原子力委員会や原子力安全委員会において名誉ある地位にも就く者がいる。高木仁三郎氏らが開拓した市民科学者の途とは異なり、物理学者、原子力工学関係者が何の疑いもなく歩むべき、進路がそこにあった。

しかし、その進路も、3・11福島第一原発事故によって、国民的信頼を失った。

東京電力福島原子力発電所事故調査委員会法に基づく、いわゆる国会事故調、東京電力福島原子力発電所事故調査委員会第四回委員会において、班目原子力安全委員会委員長と寺坂信昭・前保安院長は、主要ポイントとして、以下のとおり説明したとされている。

「○安全委員会の安全指針類は全面的な改訂が必要　安全委員会の班目委員長自身が安全指針類そのものに瑕疵（欠陥）があったことを認め、謝罪した。……○従来の原子力政策は緊急時の備えが不十分　両組織（原子力安全委員会及び保安院―引用者注）とも原子力の安全を担う使命を持っているものの、緊急時の備えが不十分であった。……○規制組織の専門性が欠如　組織としての専門性の欠如、組織の長としての専門性という問題も浮き彫りになり、独立性が高く科学的根拠に基づいた勧告や提言を出せる組織や制度の重要性があらためてクローズアップされた。……」（注110）。

何故、物理学者、原子力工学者は、3・11福島第一原発事故を防ぐことができなかったのか、すべての原子力情報の公開を前提とし、科学論、学問論の根源にたちかえり検討することが求められる。

一〇　原子力情報の公開のためにも求められる情報公開法改正

(一)　司法・法律学者は3・11福島第一原発事故を防ぐ理論構築に至らなかった

何故、3・11福島第一原発事故を防ぐことができなかったのかは、司法、法律学者においても問われるべき問題となった。

ここに至るまでに、裁判所は原発の設置や許可の取消訴訟など一八件の裁判において、名古屋高裁金沢支部二〇〇三(平成十五)年一月二十七日判決(判例時報一八一八号三頁)と、金沢地裁二〇〇六(平成十八)年三月二十四日判決(判例時報一九三〇号二五頁)を除くすべての判決で、設置許可等を適法と判断し、その差止を認めなかった。(注三)そもそもが、最高裁一九九二(平成四)年十月二十九日判決(民集四六巻七号一一七四頁)が伊方一号炉設置許可を適法と判断し、その際に定立した審理・判断の方法が、日本の原発の設置を支えてきた。

3・11日以降、この最高裁の審理・判断の方法を根底から見直し、その後の裁判例もすべて検証する必要がある。「安全神話」の果てのメルトダウンには、司法にも法律学者にも責任があるだろう。
この点、海渡雄一弁護士は、「いくつかの批判すべき点」を指摘しつつも、「伊方最高裁判決……の判示の枠組みをうまく生かすことができれば、原子力行政訴訟において正しい判断にたどり着くことができるものである」と論評している。(注112)
しかし、私は、海渡弁護士も指摘する「いくつかの批判すべき点」としての「安全審査の対象を詳細設計を除く基本設計に限定していることや、行政に一定の合理的裁量判断を認めていると読めること」について、最高裁判所は、フクシマメルトダウンに至った今となっては、実質的に判例変更をすべきであると考える。すなわち、裁判所が安全審査をした処分行政庁と同一の立場に立って原子炉施設の安全性について審理し、その結果と当該処分とを比較して判断するという方法（実体的判断代置方式）を採用する方向で改めて検討すべきものと考える。最高裁判決は、処分当時の科学技術水準によるのではなく「現在の科学技術水準に照らし」「被告行政庁（処分行政庁）の判断に不合理な点があるか否か」という観点から、裁判所の審理や判断が行なわれるべきであるとするにとどまっているのである。
この点は、阿部泰隆中央大学教授がかつて伊方原発訴訟と福島第二原発訴訟の際に、詳細に論じていたが、(注113)行政手続法や情報公開法が制度化され、争点整理手続、準備的口頭弁論手続、文書提出命令改正等がなされた民訴法改正に基づく民事訴訟手続で、実体的判断代置方式は十分可能であると考える。後述するとおり、情報公開法の再度の改正も必要である。司法判断に足りるべき情報が法廷に持たらされる必要がある。それは、従前の原発訴訟判決にみるとおり、上記二件の原告勝訴判決の例外を除いて、合理性裁量判断の審査は、行政に甘く認定されがちだからである。私は、情報公開法五条三号の「国の安全が害されるおそれ……があると行政機関の長が認めることにつき相当の理由がある情報」についての合理性審査が行政に甘く認定されがちであると考えているが、(注114)「物理学者の頭脳のみ」(山本義隆(注115))に頼るのではなく、すべての科学者の知恵を結集する立場から、以下、3・11福島第一原発事故以降の司法と法律学者のあり方、さらには、科学のあり方、学問のあり方について論じる必要があるだろう。

とりわけ、中越沖地震の後に判決が下された、浜岡原発にかかる静岡地裁二〇〇七(平成十九)年十月二十六日判決(判例集未登載、原子力資料情報室ＨＰ)については、司法と法律学者のあり方を問うについて重要な素材である。同判決は、原告らが安政東海地震が最大の東海地震とはいえないと主張したのに対し、「抽象的な可能性の域を出ない巨大地震を国の施策上むやみに考慮することは避けなければならない。……防災上の見地から地震モデルを策定するにあたって安政東海地震の地震動を再現することは科学的・合理的な態度というべきである」(一一五頁)として、「巨大地震を想定しないことをもって科学的・合理的な態度」と判示しているが、3・11を経験して評価をするに、この判決の非科学的・非合理的態度については、そのような判断に至る裁判官の存在被拘束性をも分析することが求められよう。この判決は、3・11東日本大震災及び福島第一原発事故以降も通用する科学的・合理的判断とは到底解することができないからである。

（二）　情報公開法の改正を求めて

原発事故を防ぐことができる法理論の構築に至らなかったことからは、情報公開法を改正し、より一層原子力情報が公開され、裁判所における主張立証に役立つ制度とすることが必要不可欠である。

一九九九年に行政機関情報公開法が、二〇〇一年に独立行政法人等情報公開法が、二〇〇九年に公文書管理法が、それぞれ制定された。これをもって、日本の行政機関にかかる情報公開制度が、ほぼ確立された。公文書管理法は、両制度の前提となる行政文書・法人文書の他に、裁判所や民間の重要な歴史公文書をも対象とする。その後、二〇一一年四月には行政機関情報公開法と独立行政法人等情報公開法の改正法案が、内閣による提出法案として国会に提出されたが、直前の東日本大震災とその後の国会の審議状況によって可決成立することなく審議未了、廃案となった。

しかし、二〇一一年三月十一日の東日本大震災と三月十二日の福島第一原発事故は、日本社会に新たな課題をつきつけたが、この複合災害は、情報公開法改正法案の廃案後も、なお、情報公開法制についても新たな課題を提示している。

東日本大震災の後、生活物資を被災地に配送するにあたっては、政府の被災者生活支援チームのホームページが役に立ったといわれている。政府の原子力災害対策本部などで議事録が作成されていなかったことなど、批判はあるものの、震災情報の迅速な公開が国民の不安を解消するのに役立った。もっとも、福島第一原発事故にあたり、東京電力が作成した原発敷地内の汚染地図は、作られてから一カ月以上も公開されなかった。また、「緊急時迅速放射能影響予測ネットワークシステム（SPEEDI）の拡散予測が公開されたのは五月に入ってからだった。また、災害救助の中枢を担う役所自体が津波に流され、原発事故の影響から役所自体が自治体の域外に避難せざるを得ないという事態によって、住民基本台帳情報等の電子情報が喪失し、災害時要援護者の情報を有効活用することができないという事態も生じた。

チェルノブイリ原発事故の情報非公開がソ連邦の崩壊につながったと言われているが、大震災と原発事故後のこのような情報非公開の現実を変えるためには、行政情報の原則公開を定めた、強い情報公開制度と、より一層の情報提供施策の充実が求められる。

情報公開法改正法案では、情報開示請求権制度の定着をふまえて「知る権利」の保障を端的に明記し、同法の解釈基準を明らかにすることを提案している。

「不開示情報」には個人情報（情報公開法五条一号）、法人情報（同五条二号）、行政運営情報の三種類の不開示情報がある。行政運営情報は、防衛・外交情報（同五条三号）、犯罪捜査等の公共安全情報（同五条四号）、審議検討過程情報（同五条五号）、狭義の行政運営情報（同五条六号）に分類される。これらの不開示情報に該当しなければ、必ずその情報を開示しなければならない。改正法案では、狭義の行政運営情報を除く、他の不開示情報の規定を、より公開度の高いものとすることと、部分公開度を高めるための部分公開義務規定（同六条一項）の改正をも提案している。この改正により、第三者から政府が入手した情報の適正な開示（たとえば東京電力が作成した原発敷地内の汚染地図）や、国民に混乱を生じるとして公開がためらわれる情報（たとえばSPEEDIの拡散予測）も迅速に開示されることとなろう。

情報公開法制定当初は、インカメラ審理は、憲法八二条一項が規定する裁判公開原則に反するか否か、理論的につめきれていなかった。しかし、その後、民事訴訟法の文書提出命令の規定の改正にあたり、裁判所が提出命令を認めるかの裁判のために限り、インカメラ審理を認める制度が採用された（民事訴訟法二二三条六項）。最高裁二〇〇九（平成二十一）年一月十五日判決（民集六三巻一号四六頁）においても、現在の訴訟手続では裁判におけるインカメラ審理を認めなかったものの、国会で情報公開法の中にインカメラ審理の規定を設けるべきであるという、最高裁裁判官の補足意見が出された。この補足意見に応えるものとして、情報公開法改正法案では、不開示とされた行政文書を対象とする証拠調べを新設し、その要件や手続に関し規定した。改正法案二四条一項において、「情報公開訴訟においては、裁判所は、事案の内容、審理の状況、前条に規定する資料の提出の有無、当該資料の記載内容その他の事情を考慮し、特に必要があると認めるときは、申立てにより、当事者の同意を得て、口頭弁論の期日外において、当事者を立ち会わせないで、当該情報公開訴訟に係る行政文書を目的とする文書（民事訴訟法（平成八年法律第一〇九号）第二三一条に規定する物件を含む）の証拠調べ又は検証をすることができる」とするものである。原子力情報の公開度を司法が審査するにあたり、インカメラ審理手続は重要である（いわゆる日韓会談に関する行政文書の開示請求にかかる東京地裁二〇一二（平成二十四）年十月十一日判決判例集未登載参照）。福島第一原発事故については、司法の行政チェックが機能しなかったことも原因であることに思いを至し、情報不開示処分の適否を司法審査に委ねる以上は、相応の審査手続も認めるべきであろう。

また、費用は請求の際に開示請求手数料と開示実施の際の実施手数料を納付しなければならないが、地方公共団体の情報公開条例では、開示請求手数料が無料であることと比べると、情報公開法は、市民が原子力情報にアクセスするためにも不便である。そこで、開示実施手数料の支払いにあたり、請求時の納付金を複写費用などに参入して控除した残額を支払うことになっているが、改正法案では、さらに、営利目的利用を除き、開示請求手数料を無料とする提案をしている（同一一条一項）。

二〇一二年十二月の政権交代後の政権は、情報公開法を改正しない方針のようであるが、先に述べたＳＰＥＥＤＩ情報の公開などにつながる不開示情報規定の改正や、司法による行政チェックのために必要とされる裁判所インカメラ審理手続規定の新設の他、原子力情報のより一層の公開により、放射能への不安を取り除くためにも、情報公開法の改正は必要であると解せられる。(注116)

折原ゼミ「主張することと立証すること」から四十一年目になるが、原子力情報の公開を求める営みにおいては、3・11後も新たな課題が提示されている。

注

注1 演習「主張することと立証すること」の開講の経緯については、折原浩『ヴェーバーとともに40年——社会科学の古典を学ぶ』（弘文堂、一九九六年）三〇頁。

注2 「ニソの杜」については、安間清編著『柳田國男の手紙—ニソの杜民俗誌』（大和書房、一九八〇年）二六頁、一六九頁。

注3 綱野善彦『「日本」とは何か』（講談社、二〇〇〇年）二八一頁、二八八頁。

注4 泊の歴史を知る会編『風の吹いてきた村—ノンフィクション韓国船遭難の救護の記録』（韓国船遭難救護一〇〇周年記念事業実行委員会、二〇〇〇年）。

注5 中島辰男『若狭路往還—ふるさとからの歴史発信』（洛西書院、二〇〇九年）二五九頁（酒井忠勝私論）、二一六頁（江戸の小浜藩邸跡と杉田玄白生誕地碑）。

注6 出口鉄城編『原田祖岳著作集一〜七』（原書房、二〇〇五年〜二〇〇七年）

注7 三宅弘『弁護士としての来し方とこれから福井でしたいこと—原田湛玄老師と折原浩教授からの〝学び〟をふまえて』（シングルカット社、二〇一三年刊行予定）資料編参照。

注8 竹西寛子『山川登美子』（講談社、一九八五年）二二〇頁。

注9 村上利夫『漢詩にみる梅田雲浜』（私家版、二〇一一年）。梅田薫『勤皇偉人梅田雲濱』（東京正生院出版部、一九四二年）。赤見貞「小浜藩学考」『蜘蛛の網—若狭の文化と伝統』（赤見貞先生喜寿記念出版会、一九七一年）五五頁。

注10 中島哲演『スリーマイル・チェルノブイリ・そして日本……原発銀座・若狭から』（光雲社、一九八八年）五四頁。

注11 廃止の経緯について、三宅弘「「異質なものへの理解と寛容の精神」を次代の教育理念として—ホーム制の崩壊から様々な展開を」ホーム制資料集編纂委員会編『縦割りホームルームの実践』（若狭高校、一九九七年）五〇六頁。

注12 苅谷剛彦＝荒川英央＝田中葉＝酒井朗＝越智康詞「ホーム制から見た戦後高校教育の展開—理念と実態の相関をめぐって」前掲11書三八七頁。苅谷剛彦＝酒井朗『教育理念と学校組織の社会学「異質なものへの理解と寛容」—縦割りホームルームの実践』（学事出版、一九九九年）。

注13 丸山眞男編『日本の思想六　歴史思想集』（筑摩書房、一九七二年）三三五頁。

注14 「学生通信」編集部編『考える高校生』（三省堂、一九六九年）一三二頁、鞠川了諦『正常の中の異常』（三省堂、一九六八年）一三五頁参照。

注15 灰庭久博遺稿集を刊行する会編『紡ぐことば』（私家版、一九八〇年）一三四頁。三宅弘『混迷の沈黙を究める—私たちはどう暮らすか、灰庭久博『紡ぐことば』を手掛りとして』（私家版、一九八九年）。

注16 浅間山荘事件を放送メディアの関係者として再検証したものとして久能靖『浅間山荘事件の真実』（河出書房新社、二〇〇〇年）。同事件についての参考文献については、同書三一九頁参照。

注17 折原前掲1書三〇頁

注18 レポート作成にあたり参考にした文献として、東大全学共闘会議編『砦の上にわれらの世界を』（亜紀書房、一九六九年）、東大農学部林学科集会編『身分世界への挽歌』（同、一九六九年）、東大全共闘・駒場共闘会議編『屈辱の埋葬』（同、一九七〇年）、安藤紀典編『大学革命の原理』（合同出版、一九六九年）、大原紀美子『時計台は高かった』（三一書房、一九六八年）、生越忠『東大・大学紛争の原理』（同、一九六八年）、内藤国夫『ドキュメント東大紛争』（文藝春秋、一九六九年）、東大紛争文書研究会編『東大紛争の記録』（日本評論社、一九六九年）、東大闘争統一被告・救対・弁護団編『東大一・一八、一九闘争裁判冒頭陳述書』（自立社、一九七〇年）、統一救対本部編『東大裁判闘争論集』（東大闘争統一救援対策本部、一九七〇年）、山本義隆『知性の叛乱』（前衛社、一九六九年）、衛藤瀋吉編『新しい大学像を求めて』（日本評論社、一九六九年）、折原浩『大学の頽廃の淵にて』（筑摩書房、一九六九年）、折原浩『人間の復権を求めて』（中央公論社、一九七一年）、折原浩「学園闘争以後の知識人状況によせて」『展望』一九七二年一二月号、花崎皋平『力と理性』（現代評論社、一九七二年）、滝沢克己『大学革命の原点を求めて』（新教出版社、一九六九年）、西村秀夫『教育をたずねて』（筑摩書房、一九七〇年）、東大闘争弁護団編『東大裁判』（田畑書房、一九六九年）、清水多吉編『反体制の思想』（自由国民社、一九七〇年）、山下肇『駒場の学生たち』（有信堂、一九七一年）、矢内原忠雄『大学について』（東大出版会、一九五二年）、高橋和巳『高橋和巳作品集七』（河出書房新社、一九七〇年）、高橋和巳『わが解体』（同、一九七一年）東京大学「東京大学の改革のために—資料と説明」（東京大学、一九七二年）。なお、佐々淳行『東大落城—安田講堂攻防七十二時間』（文藝春秋、一九九三年）は、一九六九年一月十八日から二日間の攻防を権力側から克明に記録している。加えて、学園紛争によって「『象牙の塔』『最高学府』としての大学の権威と、『末は博士か、大臣か』と崇められた最高教育機関としての社会的意義は、音をたてて崩れ落ち、大学教授の地位は急速に低下した」、「『自己破壊』した」とする（同書一二四頁）。ただし、同書の論調全体について、今井澄「『全共闘私記（上）』われらが運動に終幕なし」月刊Asahi五巻三号（一九九三年）八八頁は、「安田講堂闘争を単なるミニ戦争的事件としてとらえ、……全共闘運動その

ものの意味をまったく見ていない」と批判している。東大闘争裁判の記録は、杉山昌純弁護団長を会長とする「六八・六九を記録する会」によって国立国会図書館に納められている。
注19 高橋前掲18『わが解体』一六頁。
注20 高橋和巳対談集『生涯にわたる阿修羅として』(徳間書房、一九七三年)がある。その中で、高橋は、「私どもには非常な覚悟がいるわけでありまして、……つまり、どこへいっても免罪の場というのはないわけでありまして、生涯にわたる阿修羅といいますか、そういうものによってしか、ついにこの日本(あるいは人間という点では日本ということにこだわる必要がない)この世界の現実というものは、改変されないであろう」と述べた。(四五五頁)。高橋たか子『高橋和巳という人』(河出書房新社、一九九七年)、では、「もともと和己に、誰のものともわからぬ、たくさんの見知らぬ人々の業が、からみついているという生存態を、常に私は感知していた」と述べている(九二頁)。
注21 古川純「自己否定の思想」清水編前掲18書四六、四七、六三、六四頁。
注22 山本前掲18書一九八頁。
注23 西村前掲18書二二三頁。
注24 花崎前掲18書七八頁。
注25 一九七三年一月一八一九日東大斗争統一被告団(安田Bグループ)「東大一・一八、一九闘争裁判最終意見陳述書第二部第二章第二節」。
注26 山本前掲18書一五一頁。
注27 折原浩『大学―学問―教育論集』(三一書房、一九七七年)八七頁。
注28 折原浩『危機における人間と学問―マージナルマンの理論とウェーバー像の変貌』(未来社、一九六九年)、同前掲18『大学の頽廃の淵にて』、同前掲18『人間の復権を求めて』、同『東京大学―近代知性の病像』(三一書房、一九七三年)。
注29 折原前掲18『人間の復権を求めて』一〇五頁(「ヴェトナムの野と大学を貫くもの」)、一七九頁(「伝習館問題」)、一九六頁(「人間管理」を破砕する胎動)、二二二頁(企業の壁と技術者の抵抗)で述べられている。
注30 平井一博=村上一雄編『磯部四郎研究』(信山社、二〇〇七年)。
注31 東大全共闘編前掲18『砦の上にわれらの世界を』一一二頁、折原前掲28『東京大学』八二頁。
注32 折原前掲1書九〇頁において「朝日ジャーナル」一九六九年一一月二日号のHo教授の論文を引用。
注33 折原前掲1書二八頁。
注34 その一例として、原後山治先生追悼集刊行の会編『原後山治弁護士を偲ぶ』(原後綜合法律事務所、二〇一一年)二

七四頁。
注35　山本前掲18書三四～三五頁。
注36　山本前掲18書七四頁。
注37　最首悟「序／無際限の闘いの視座に立って」山本前掲18書四頁。
注38　滝沢克己前掲18書四一九～四二〇頁。当時の連作として、滝沢克己『現代への哲学的思惟』（三一書房、一九六九年）、『人間の原点とは何か』（同、一九七〇年）、『私の大学闘争』（同、一九七二年）、『日本人の精神構造』（講談社、一九七三年）、『「歎異抄」と現代』（三一書房、一九七四年）、『わが思索と闘争』（同、一九七五年）、『バルトとマルクス』（同、一九八一年）など。なお、滝沢インマヌエル哲学を総評するものとして、柴田秀『滝沢克己の世界』（春秋社、二〇〇一年）がある。
注39　滝沢克己「獄中の山本君に会う」東京全学助手共闘会議・最首悟編『山本義隆潜行記』（講談社、一九六九年）二三八頁。
注40　山本義隆『磁力と重力の発見1～3』（みすず書房、二〇〇三年）3、九三九頁。
注41　山本前掲40書3、九四六頁。
注42　山本義隆『一六世紀文化革命1～2』（みすず書房、二〇〇七年）2、七一五頁。
注43　山本前掲42書2、七三四頁。
注44　滝沢前掲38『私の大学闘争』一六一頁。
注45　折原前掲27書二四頁。
注46　折原前掲27書二九八頁。
注47　折原『デュルケームとウェーバー（下）』（三一書房、一九八一年）二八五～二九五頁
注48　折原『学園闘争以後十余年　一現場からの大学─知識人論』（三一書房、一九八二年）四三頁。
注49　折原前掲1書一頁。
注50　折原浩『ヴェーバーの未来　「倫理」論文の読解から歴史・社会科学の方法会得へ』（未来社、二〇〇五年）二一七頁。
注51　『丸山眞男書簡集5　一九九二─一九九六・補遺』（みすず書房、二〇〇四年）三一〇頁。
注52　丸山眞男『自己内対話』（みすず書房、一九九八年）一七五頁。
注53　丸山前掲52書一九二頁。

注54 丸山前掲52書一八七頁。

注55 高畠通敏「職業としての政治学者」『政治の論理と市民』（筑摩書房、一九七一年）二八五頁。栗原彬＝五十嵐暁郎編『高畠通敏集5政治学フィールド・ワーク』（岩波書店、二〇〇九年）二八八頁所収。

注56 高畠「「主体的市民」のための学問」栗原＝五十嵐編前掲55『高畠通敏集5』二八一頁、二八二頁。

注57 丸山の病状や「やりたい仕事を山ほどかかえてい」たことについては、清水靖久「丸山眞男と米国」法政研究七四巻四号八四一頁、八七八頁。この清水論文と清水「丸山眞男の秩序構想」政治思想研究第九号（二〇〇九年）一〇六頁は丸山眞男の業績と限界を知るうえで、本質的である。

注58 栗原＝五十嵐編前掲55『高畠通敏集5』三二一頁。

注59 神島二郎については、栗原＝五十嵐編前掲55『高畠通敏集5』二八四頁。京極純一については同書二八六、二八七頁。

注60 栗原＝五十嵐編前掲55『高畠通敏集5』三二一頁。

注61 本節は、三宅弘「フクシマメルトダウンと裁判所の責任」『自由と正義』二〇一一年一一月号五頁に加筆したものである。

注62 水上勉『破鞋』（岩波書店、一九九〇年）一八九、一九〇頁。同『若狭日記』（主婦の友社、一九八七年）七七頁でも「儀山和尚のこと」として紹介している。同書八九頁では、「雪門和尚の墓」として、金沢の卯辰山中腹に小庵を借りて在家禅をひらき、西田幾太郎と鈴木貞太郎（鈴木大拙）に禅を教えた、その雪門和尚が晩年、大島半島犬見の正経寺に居をおいて、なまこのこのわたづくりや真綿づくりを農民にすすめ、日常の生計の中で禅を生かす道を教えたことを紹介している。『破鞋』は、雪門玄松和尚の生涯を著したものである。雪門和尚を師とする西田幾太郎。その西田を師とする滝沢克己九州大学教授。私は、折原ゼミ「主張することと立証すること」をきっかけに現在に至るまで社会科学をすることとなった。同時に、滝沢教授の「ただのひと」論を手がかりに、禅の研究をも実践しているが、雪門和尚の終焉の地が、前記一の大飯原発のある地区であることを今回改めて確認した。私の参禅の経緯については、三宅前掲7書。

注63 中島前掲10書五四頁。

注64 今橋盛勝＝高寄昇三編『自治体の情報公開』（学陽書房、一九八二年）一八四頁（秋山幹男執筆）。

注65 自由人権協会における情報公開法立法運動については、三宅弘「日本・韓国・中国の情報公開法制定過程にみる東アジア共通法基盤形成の可能性—ヴェーバー法理論をふまえて」『獨協ロー・ジャーナル』七号（二〇一二年）一〇二頁。

注66 ラルフ・ネーダー氏歓迎市民委員会外編『情報公開法・製造物責任法を求めて』（第一書林、一九九二年）四一頁。

注67 ネーダー氏歓迎市民委員会外編前掲66書一〇六頁。

注68　ネーダー氏歓迎市民委員会外編前掲66書七一頁。
注69　野村かつ子「はじめに」ネーダー氏歓迎市民委員会外編前掲66書二頁。
注70　野村かつ子『わたしの消費者運動―野村かつ子評論集』（緑風出版、二〇〇三年）一〇三、一〇四頁。（市民セクター政策機構『社会運動』一九九七年六月一五日号初出）。
注71　ロバート・B・レフラー著・長澤道行訳『日本の医療と法　インフォームド・ルネッサンス』（勁草書房、二〇〇二年）。
注72　ロバート・B・レフラー教授に対する評価として、畔柳達雄「推薦の言葉」レフラー前掲71書一頁。
注73　アラン・モリソン「公益弁護士とは？」『自由と正義』五八巻二〇〇七年一〇月号一〇九頁（桜井健夫訳）。
注74　三宅弘「弔辞」前掲34書二一五、二一六頁。
注75　須田春海『須田春海採録2　市民自治体』（生活社、二〇一〇年）四〇頁、三〇頁。
注76　三宅前掲65論文、一〇六頁以下のとおり。
注77　三宅弘『情報公開ガイドブック　立法から活用の時代へ』（花伝社、一九九五年）二二五頁。
注78　三宅弘『情報公開法の手引き―逐条分析と立法過程』（花伝社、一九九九年）三〇七頁。
注79　海渡雄一『原発訴訟』（岩波書店、二〇一一年）三一頁。
注80　情報公開法を求める市民運動「情報公開」四二号（一九八九年八月）一頁、四三号（同年一一月）一五頁。『朝日新聞』一九八九年九月二四日朝刊。
注81　高木仁三郎『原発事故はなぜくりかえすのか』（岩波書店、二〇〇〇年）一六九頁。
注82　高木仁三郎『原子力神話からの解放』（光文社、二〇〇〇年）二七九頁。
注83　伊藤守『ドキュメント　テレビは原発事故をどう伝えたか』（平凡社、二〇一二年）二六二頁。
注84　伊藤前掲83書一二六頁。
注85　伊藤前掲83書一三五頁。
注86　伊藤前掲83書一三六頁。
注87　伊藤前掲83書一四二頁。
注88　伊藤前掲83書一五六頁。
注89　伊藤前掲83書一六七頁。
注90　伊藤前掲83書八八頁。

注91 伊藤前掲83書二五〇頁。

注92 武田徹『私たちはこうして「原発大国」を選んだ 増補版「核」論』(中央公論社、二〇一一年)六四頁。開沼博『「フクシマ」論 原子力ムラはなぜ生まれたのか』(青土社、二〇一一年)二三五頁。佐藤栄佐久『福島原発の真実』(平凡社、二〇一一年)一八四頁、福島原発事故独立検証委員会『福島原発事故独立検証委員会調査・検証報告書』(ディスカヴァー・トゥエンティワン、二〇一二年)三二七頁など。3・11後の報道においても、山田健太『3・11とメディア』(トランスビュー、二〇一三年)一三、一六頁。

注93 朝日新聞二〇一一年一〇月三日夕刊(原発とメディア:一)「平和利用」への道1元科学部長の悔恨。同二〇一一年一二月一日の「容認の内実1」から同二〇一二年一月三〇日「容認の内実37」まで。上丸洋一『原発とメディア 新聞ジャーナリズム 2度目の敗北』(二〇一二年)一一頁、一九五~三一六頁。

注94 朝日新聞特別報道部『プロメテウスの罠 明かされなかった福島原発事故の真実』(学研パブリッシング、二〇一二年)二四六頁。

注95 海渡前掲79書七五頁。

注96 参議院予算委員会二〇一一年三月二二日会議録。

注97 石橋克彦『原発震災 警鐘の軌跡』(七つ森書館、二〇一二年)四四頁。

注98 石橋前掲97書四一~四四頁。

注99 小出裕章『原発のウソ』(扶桑社、二〇一一年)一二二頁。一八二頁。

注100 北村俊郎『原発推進者の無念』(平凡社、二〇一一年)一八六頁。

注101 山本義隆『福島の原発事故をめぐって いくつか考えたこと』(みすず書房、二〇一一年)八九、九〇頁。

注102 山本前掲42書2、七三六頁。

注103 山本前掲101書九一頁。

注104 舩橋晴俊=長谷川公一=飯島伸子『核燃料サイクル施設の社会学―青森県六ヶ所村』(有斐閣、二〇一二)三九頁、九二頁。

注105 山本前掲101書九一頁。

注106 高木仁三郎『市民科学者として生きる』(岩波書店、一九九九年)一三四頁。

注107 高木前掲106書一四七頁。

注108 高木仁三郎『高木仁三郎著作集第七巻 市民科学者として生きる1』(七つ森書館、二〇〇二年)七〇一頁(一九七

四年五月刊『ぷろじぇ』第一〇号所収)。
注109　高木前掲108書七〇〇頁。
注110　東京電力福島原子力発電所事故調査委員会報告書要約版六二頁。
注111　海渡前掲79書ＸＸ頁。
注112　海渡雄一「日本の司法は原発をどのように裁いてきたか—行政追随の過ちを繰り返さないために」『世界』二〇一一年七月号八二頁、八三頁。
注113　阿部泰隆「原発訴訟をめぐる法律問題(三・完)—伊方一、二審判決、福島第二原発判決」判例評釈三二一号一八二頁。
注114　三宅弘「内閣府行政透明化検討チーム・「情報公開制度改正の方向性について」に関する論点整理」『獨協ロー・ジャーナル』六号四七頁。五六頁。同『情報公開法改正論集』(日本評論社、二〇一三年刊行予定)。
注115　山本前掲101書八九頁。
注116　三宅弘「三・一一福島第一原発事故にかかる裁判所・法学者の果した役割と改革の方向性—改めて原子力情報の公開を求めて」『獨協ロー・ジャーナル』八号(二〇一三年)所収予定。三宅前掲114書刊行予定。

第４章　東大闘争から「いのちと共生」へ

熊本一規

一　反原発運動の黎明期

熊取六人衆と七〇年代の反原発運動

福島原発事故の前後で、日本は大きく変わった。それは、長期にわたって放射能汚染に脅かされる社会になったという意味だけではない。今日、「原子力村」と呼ばれるようになった、原発推進で利益をむさぼってきた政官財学の面々、とりわけ東大・東工大・阪大などの御用学者たちの権威が地に落ち、国民から信用されなくなったという意味でも、福島原発事故の及ぼした影響は甚大であった。

「原子力村」とは対照的に、国民からの信頼を集めているのが、原発の危険性について研究し続けてきた、小出裕章氏、今中哲二氏、小林圭二氏など、京大原子炉研究所の「熊取六人衆」と呼ばれる研究者たちである。

小出裕章氏は、原発に夢を抱いて東北大学に入学したが、宮城県女川原発の住民運動に関わるようになり、次第に原発に批判的になっていったといわれている。六〇年代末から公害問題が噴出し、七〇年代は全国各地で反公害・反開発の住民運動が繰り広げられた時代であった。私も小出氏と同年代であり、同時代を住民運動に関わりながら生きてきた者として、当時の時代の空気も氏の歩みも肌でわかる。

七〇年代、東大でも原発推進派を追及する取り組みが行なわれていて、私も何度か傍聴したことがある。当時、原発推進派として東大で追及の対象とされていた御用学者は工学部機械学科の内田秀雄教授であった。内田氏は、原子力安全委員会の当時の委員長であり、現在の委員長の斑目春樹氏も工学部機械学科の出身だから、斑目氏の先輩、前任者に当たる人である。追及の主体は、助手共闘のメンバーであった機械学科助手の依田彦三郎氏や一橋大大学院生の菅井益郎氏らであった。

当時、原発に反対する研究者としては、水戸巌氏、市川定夫氏、久米三四郎氏等の名前が知られていた。また、全国の若手の原子力研究者がつくった団体として全原連（全国原子力科学技術者連合）があり、東大での内田教授追及も全原連のバックアップの下に行なわれていたようであった。全原連について、久米三四郎『科学としての反原発』には、次のように記されている。(注1)

こうした原発建設の動きは、原子力研究に携わる若い研究者にも強い影響を与えた。京大理学部原子核物理学専攻で京大工学部助手となっていた荻野晃也は、六九年に東大原子力工学科などへ行き、「研究者らによるなんらかの連合体を作ろう」「原子力三原則を無視しているウラン濃縮研究者を原子力学会で追及しよう」などと提案し、七月に合宿を行い、さらに十一月、東北大学で原子力学会が開催されたときに、学会を批判し「全国原子力科学技術者連合」（全原連）を結成する。全原連への参加は京大、東大、東北大、東工大、名大、阪大、九大などに及んだ。この中には後に京大原子炉実験所に入る小出裕章や今中哲二もいる。

京都では全原連に関係する人たちによって、七〇年八月にロシナンテ社が設立され、『月刊地域闘争』(現『月刊むすぶ』)が発行される。

(中略)

七一年に星野芳郎を中心とする瀬戸内海汚染調査が行われたが、そこに参加した全原連メンバーによって、原発予定地への取り組みが話し合われ、原発行脚と名付けた取り組みが始まった。

ロシナンテ社は、全原連のみならず、京大全共闘のメンバーを中心につくられ、現在でも京大全共闘の志を受け継いだ四方哲氏によって、月刊『むすぶ』が編集・発行されている。

さらに、一九七五年には、高木仁三郎氏、山口幸夫氏、西尾漠氏らによって原子力資料情報室が設立され、その後、現在に至るまで、反原発運動を支えている。

東京電力柏崎原発に関しては、東京で、一九七四年に結成された柏崎原発反対在京者青年会議(その後、「柏崎巻原発に反対する在京者の会」)が活発に活動していた。前述の菅井益郎氏は、この会の中心メンバーであった。

また、宇井純氏の自主講座の重鎮メンバーである松岡信夫氏が主宰されていた市民エネルギー研究所や自主講座原子力グループ、さらに大竹財団が市民団体として反原発の活動に取り組んでいた。

九州では、九州大学の全共闘運動を経て鹿児島大学に赴任されていた橋爪健郎氏を中心に、川内原発の反対運動が取り組まれていた。橋爪氏は、川内原発予定地に風車を建設することを企画されており、私も鹿児島大学に寄って、風車作りを手伝ったことがある。

以上のように、七〇年代の反原発運動は、学園闘争と関連して生まれたものが多い。

原発問題への関わり

私は、後述するように、学園闘争以後、鹿児島県の志布志湾開発計画反対の住民運動を初め、環境・開発問題に取り組んでいったのであるが、原発問題にも関わりを持つことになった。それは主として、当時、反原発の国会議員として活躍されていた吉田正雄議員（社会党参議院議員、後に衆議院議員）を通じてであった。

吉田正雄議員と初めてお会いしたのは、吉田議員が主宰され、社会党の石野久男・日野市朗両議員、三宅正一議員の秘書村山勝茂氏、理化学研究所の槌田敦氏、及び中東経済研究所の小山茂樹氏とともに持たれたエネルギー問題の合宿勉強会においてであった。

その後、吉田議員が企画されたエネルギー問題の研究会で二度目にお会いし、その際に志布志湾の国家石油備蓄基地に関して国会質問を依頼した。吉田議員の質問は、予算委員会を含め、三回述べ六時間にわたり、「石油税の税率を上げない限り志布志国家石油備蓄基地は建設できない」

との結論を山中貞則通産大臣に認めさせることができた。

その質問をつうじて信頼してくださった吉田議員から依頼を受けて作成した「原発の経済性」に関する質問も資源エネルギー庁が認めることとなった。(注2)その後、吉田議員が設立された吉田正雄政経研究所の事務局長を務めたり、選挙の際に地元の新潟県新発田・豊栄地域に応援に行ったりした。

原発現地への関わりも生まれた。志布志湾開発反対運動への取り組みをつうじて得た漁業補償についての知見を教えてほしいとの山戸順子氏（山口県上関町祝島）からの要請を受けて、一九八五年に上関原発計画が浮上して揺れていた祝島を訪ね、以来、上関原発には今日まで関わり続けている。二〇〇五年からは、地元で「のり島の権利」と呼ばれている岩のり採取の権利の法的性格に関し、意見書を書いてほしいとの依頼を受けて、島根原発三号機増設問題にも関わることとなった。

このように、私の原発への関わりは、志布志湾開発反対運動への関わりの延長線上に生じたものであり、反原発運動を担っていた方々と面識があったこととあいまって、何ら違和感なく、原発問題にも関わることとなった。

しかし、反原発と学園闘争との関連を理解してもらうためには、私自身がどのように学園闘争を経験したか、また、その後、どのようにして志布志湾開発反対運動などの現場に関わるようになったかの個人史を述べなければならないだろう。

二　東大闘争から漁民・住民のサポートへ

東大闘争の経験

私の入学年次は一九六八（昭和四三）年である。理科は好きではなかったものの、小学校以来、算数・数学にしか興味を持たなかったことから、理学部・工学部進学予定の理科一類に入学した。教養学部では、各学生はクラスに所属する。私のクラスは43SI17Bであった。「43」は入学年次を、「SI」は理科一類を、「17」は理科一類の二十数クラスのうちの番号を、「B」はドイツ語履修をそれぞれ意味する。

東大闘争の契機は、医学部全学闘争委員会（以下、医全闘委）の一九六八年六月十五日時計台占拠に対する六月十七日の機動隊導入による排除であった。機動隊導入に抗議して、各学部は次々に無期限ストライキに入っていった。教養学部も七月五日に無期限ストライキに入った。ストライキを決議したのは、各クラスから八名の代議員が参加する代議員大会である。

ストライキ中、各クラスでは、毎日クラス討論を行なった。クラス討論を通じて各クラスの意見が形成されるし、代議員も時折行なわれる改選によってメンバーが代わるので、学生の意思形成においてクラス討論は重要な位置を占める。

43SI17Bは、当初、共産党系の学生党派である民主青年同盟（以下、民青）の留年生に主導されていた。民青の主張は、反日共系の党派の主張と違って、一見穏和であり、一般学生にも受け入れられやすい。クラス討論でも、当初は「機動隊を導入した大学当局も悪いが、時計台を占拠した医全闘委も悪い」というような、民青系の意見が大半を占めていた。

しかし、時計台占拠に至るまでの背景、医全闘委の運動の内容、それに対する一九六八年三月十一日医学部学生の処分をはじめとする大学当局の対応、さらには、その背景にある、国と産業界の要請に応えて教育の改編を図ろうとする国立大学協会路線などについての認識が深まっていくと、次第に、表面的現象にのみとらわれない意見が増えていくことになった。学生の多くは機動隊導入に対して「大学の自治を守れ」という考えから反発したのであるが、認識が深まっていくと、国や産業界の意を汲んで教育改変を図ろうとする大学に、そもそも自治はあったのか、などといった疑問が湧いてくることになる。

実際、当時のキャンパスには、クラス討論などをつうじて、学生の問題意識が集団として成長していくような実感があった。問題を、より制度的、構造的にとらえていくような問題分析の訓練、あるいは、それまでの認識を絶えず相対化して、より高次の認識に達しようとする思考訓練がなされていたということであろう（注3）。

また、学園闘争のなかでは、それまでの自分の常識の多くが覆された。とりわけ大きかったのは、「批判があってこそ進歩がある」、「批判こそ連帯の証である」という考え方である。日本社会では、批判は反逆と受け止められ、批判者は、冷遇されたり、弾圧されたりするのが常である。

その結果、「物いえば唇寒し」といった風通しの悪い組織になったり、周囲をイエスマンで固めた独裁的組織が誕生したりしがちである。それに対して、学園闘争のなかでは、批判があってこそ改善があり進歩がある。批判された者は、批判者に対して、まずは「批判してくれて有り難い」との姿勢で批判を受け止める必要がある。批判を認めて改めるか否かは、その後に批判の内容を吟味すればよい、という考え方が次第に浸透していった。この点に関しては、特に全共闘から批判された際の折原浩の真摯な姿勢が及ぼした影響が大きい。

クラス討論の中身が深まっていくなかで、六八年秋には、43ＳⅠ17Ｂは、民青の留年生の影響力から離れ、民青系でも全共闘系でもない第三勢力として駒場に急速に台頭したクラス連合に加盟することになった。クラス連合は、クラスあるいは個人の学生が連合して、いわゆるノンセクト（無党派）学生たちを代表する意見を発していこうとの趣旨で創られた団体で、ノンセクト学生によって構成されていた。

クラス連合は、そもそも無党派で一般学生から親近感を持たれやすいうえに、リーダーの牛久保秀樹氏の演説が、セクト活動家の硬直的なアジ演説と違ってソフトな語り口で受け入れられやすいこともあって、駒場で急速に勢力を増していた。他方、民青は、共産党からの指示により一夜にして意見を豹変させるような主体性の無さや、表向きはソフトでも内実は全共闘系よりも暴力的であることなどから、逆に勢力を弱めていた。民青は、紛争収拾策として、六八年十二月頃から、大学当局との手打ちをするべく七学部集会の開催をめざすようになるが、教養学部が七学部集会に参加するには、クラス連合の協力がなければ不可能な状況であったことから、クラス連合との連携を深めるようになった。ふりかえってみれば、クラス連合の運動は、民青主導の紛争収拾に巧みに利用され、さらに、民青主導の紛争収拾の動きが大学当局に利用されたということになる。

七学部集会は、六九年一月十日、秩父宮ラグビー場で開かれた。その日までクラス連合のメンバーであった私は、機動隊に守られて開かれた七学部集会に、いたく失望した。「機動隊導入に抗議して始まった東大闘争の収拾が機動隊に守られて行なわれるとは何事か」という気持ちであった。その後、一月十八・十九日の安田講堂への機動隊導入の際には、立入禁止となった本郷キャンパスの周辺を歩き回りながら、次第に全共闘にシンパシーを覚えていくのを感じていた。

安田講堂への機動隊導入で全共闘を弾圧した大学当局は、その後、授業再開・試験強行を推し進めていった。その頃には、43SⅠ17Bは、すっかり全共闘の強いクラスになっており、授業再開に際しては、43SⅠ16Bと合同で持たれていた自然科学の授業も含め、すべての授業時間を討論の場に切り替えた。しかし、試験強行には、全共闘系の各自が東大闘争で考えたことをつづったレポートを同時に提出するという抵抗はしたものの、抗しきれなかった。

帝大解体・自己否定

私が次第に全共闘シンパになっていく背景には、全共闘が打ち出した「帝大解体（東大解体）」

や「自己否定」という理念への共鳴があった。

「帝大解体」とは、旧帝国大学の創設理由であり、かつ、創設時以降も維持し続けてきた、官僚をはじめとした国の支配者を養成するという機能を反省し、そのような大学のあり方を解体しようということである。また、「自己否定」とは、支配者・特権者として養成されようとしている自己を否定するということである。

当時、大学が差別選別機能を果たしているということがしばしば指摘された。国や産業界の要請に応じて、入試や単位認定や成績評価によって労働力商品を差別化して社会に送り込んでいくという大学の機能が批判されたのであった。全共闘は、国や産業界の要請に応えて教育改変を進める大学を問題視するとともに、医全闘委への大学の弾圧や学生の不当処分などの足元の不条理には目をつぶってひたすら自己の研究に埋没している大学教官のあり方をも問い、「大学とは何か」、「学問とは何か」、「研究とは何か」という問題を提起した。

六〇年安保の際、多くの教員や学生が、安保条約を問題視して街頭に繰り出し、大学は反体制運動の拠点となった。しかし、そこでは、大学自体は聖域視され、大学のあり方、学問・研究のありかた、ましてや自分の生き方が問題とされることはなかった。

しかし、全共闘運動は、批判の矛先を大学の内側にも向け、大学のあり方、学問・研究のあり方、さらには自分の生き方をも問うたのであった。その点では、六八年・六九年学園闘争は、六〇年安保闘争より質的に進化したといえるように思う。

解放連続シンポジウム『闘争と学問』

解放連続シンポジウム『闘争と学問』（以下、連続シンポ）は、東大闘争の提起した問題は何かを探るべく、正常化が進められた東大教養学部キャンパス（駒場）において、折原浩・西村秀夫・最首悟・石田保昭・信貴辰喜等の造反教官諸氏と全共闘系学生によって設けられた、報告と討論の場である（連続シンポ自体については折原論文を参照していただきたい）。試験強行に抗しきれず、正常化に屈服して悶々としていた私にとって、連続シンポは大変有難いものであり、砂漠の中でオアシスを見つけたような気持ちで熱心に参加した。

連続シンポ開始当初の実行委員は全共闘運動を担ってきたメンバーが中心で、一九六九年一月十八・十九日機動隊導入以降の新米全共闘シンパの私は、その後数カ月の後にようやく実行委員になったのだが、実行委員が次第に減少していくなかで、次第に立看作り・ビラ作り・ビラ配りなどの事務作業を中心になって担うようになった。

とともに、当時、水俣病患者さんが上京してチッソ前座り込みを始め、水俣病が大きな社会問題となったことから、駒場でも会津守氏とともに「水俣病問題を考える会」を創った。

都市工学科への進学

東大には進学振分けの制度がある。理科一類（理学部・工学部進学予定）、理科二類（農学部・薬学部進学予定）、文科三類（文学部進学予定）では、入学時に各科類に入るだけであり、二年次の前期を終えた段階で、各自に進学希望学科を提出させたうえで、それまでの成績に基づき、各学科への進学を振り分けるのである。

私は、連続シンポで公害問題を学んできたことから、また都市工学科の大学院生が田子の浦のヘドロ公害（静岡県富士市の製紙工場からの排水による水質汚濁）問題や水俣病患者さんの支援に取り組んでいたことから工学部都市工学科に進学した。

三年次からの授業は、すべて、駒場キャンパスではなく本郷キャンパスで開かれる。そのため、都市工学科に進学したとはいえ、駒場の連続シンポの事務に明け暮れていた私は授業にはほとんど出ることはなかった。その後、約三年間の学部生活で、都市工学科の授業に出た回数は、おそらく一桁である。

授業に出なかったからといって勉強しなかったわけではない。むしろ、通常の大学生とは逆に、受験勉強時以上に熱心に勉強した。折原浩の著書やそれに関連した実存哲学、精神医学、社会心理学などの本は、とくに熱心に読んだ。関心は次第に哲学・思想から、経済史や経済学・社会学等に移っていった。

そんな勉強を重ねているうちに、入学前は数学にしか興味がなく読書は大の苦手であった私が、いつのまにか、入学直後には全く歯が立たなかった本をもスムーズに読めるようになっていた。都市工学科は他学部からの単位取得を大幅に認めていたため、自分が興味を持っているテーマに関連した科目を履修登録しておき、試験だけ受けるという方法で、単位を取得した。

エチル化学労組の映画づくり

都市工学科の学生時代には、連続シンポの世話のほか、エチル化学労働組合の映画づくりに取り組んだ。

東洋エチル（山口県新南陽市）の労働組合であるエチル化学労働組合は、加鉛ガソリンに添加される四エチル鉛を初めて国産化しようとした会社に対し、「そんな製品をつくるべきでない」とする運動に取り組んだ。四エチル鉛は猛毒なので自分たちも危険に曝されるうえ、ガソリンに加えられた後には、自動車の排ガス中に鉛が含まれ、鉛公害をもたらすからである。当時、東京都牛込柳町で発生した鉛公害は広く知られていた。

それに対して、東洋エチルは、会社を閉鎖し、労働者は親会社の東洋曹達が雇用することとされたが、採用試験で、エチル化学労組四八名のうち井上護委員長・工野孝則書記長をはじめとした中心メンバー一五名が不採用になった。採用試験という、形式上は合法的な手段で、中心メンバーを狙い撃ちにしたのである。

労働者が、自分の会社の製品に対し、その存在意義を問うて「そんな製品はつくるべきでない」とした運動は画期的である。この企業内告発の意義を広く知ってもらおうとの趣旨から、地元出身の写真家福島菊次郎氏が映画づくりを提案されていた。その提案に大学内で内部告発を行なった折原浩が共鳴し、機械学科の助手依田彦三郎氏や院生も加わって「エチル化学労組を支援する会・東京連絡会」を創ったのであった。

大内田啓弥監督、一ノ瀬紀元カメラマンが福島氏の提案に応えて映画づくりを申し出てくださった。問題は資金であったが、前売り券を発売して資金に充てたほか、不足分は折原が負担した。私は、前売券の発売、上映先の開拓のほか、関東地方の上映場所にはフィルムを持参して自ら八ミリ技術者になって上映を行ない、資金回収に励んだ。

都市工学科大学院で

◆都市工学科大学院への進学

いまでこそ、環境問題は人類全体の課題であり、それに取り組むことが重要だとの認識が広まっているが、地球環境問題が叫ばれ始めた八〇年代末まで、とくに公害問題が噴出してきた六〇年代末から七〇年代にかけては、公害問題に取り組むことは反社会的行為とみなされがちであり、企業から敵視されていた。そのことを反映して、公害問題に取り組んでいた者が企業に就職することは、それだけで志を捨てることとみなされがちであった。

そんな風潮もあって、私は、四年次になっても就職活動は行なわず、大学院への進学を志した。折原を通じて社会学に関心を持ったことから四年次には社会学科の大学院を受験したが、中学校以来、算数・数学のみで入試をクリアしてきた者にとって数学がないうえに語学が重視される試験に合格するはずはなく、一年留年して都市工学科大学院に進学した。

連続シンポは、一九七二年秋の折原の授業再開に伴って、約三年間の幕を閉じた。私は、しばらくは再開された講義にもゼミにも参加したが、そこで知り合ったのが本書の共著者の三宅弘・清水靖久である。しかし、次第に、自分の課題に専念すべきとの思いが強くなったため、公害問題・開発問題についての研究を深めていく道を選び、折原が新たに始めた公開自主講座『人間―社会論』には、たまに参加するくらいで、運営には関わらなかった。

とはいえ、都市工学科大学院の授業に出たわけではない。都市工学科は計画コースと衛生工学コースに分かれており、実験に興味のない私は計画コースに属していたが、私の関心は、公害問題を社会科学を用いて分析すること、もっと正確にいえば、乱開発を止めることにあり、計画コースでそれに応えられる教官は皆無であった。また、国や産業界の側に立って開発を推進する教官ばかりで、開発に批判的な私は、都市工学科の教官とは思想的に相容れないため、都市工学科大学院の授業には一度も出なかった。形式上必要な指導教官は伊藤滋氏にお願いしていたものの実際に指導を受けたことはない。単位は、修士課程では半年に一回、博士課程では一年に一回、全教官の前で研究成果を発表すれば、ほぼ卒業単位を取得できた。そんな院生だったため、私は都市工学科教官から「はぐれ烏」と呼ばれていたそうである。

◆公害原論との関わり

都市工学科には、公害問題への取組みで有名な宇井純・中西準子の二名の助手がおられた。宇井氏は、東大闘争当時は学内におられなかったものの、六〇年代末から噴出してきた公害問題に取り組む「反公害の旗手」として、また東大本郷キャンパスで開かれた自主講座「公害原論」の主宰者として、他方、中西氏は、流域下水道（単独の市町村で設ける公共下水道に対し、複数の市町村にまたがって設置される広域の下水道）に反対する住民運動をサポートする研究者として、それぞれ活躍されていた。

公害原論は、全国各地の公害反対運動を担う人々が公害を出す側の権力の象徴たる東大キャンパスで報告の機会を持ったことからマスコミにも取り上げられて広く知られるところとなり、学内からの参加は少数であったものの、学外から多くの若者が参加して実行委員を担うようになった。

都市工学科のある工学部八号館の三階は、都市工学科の先輩たちの運動の成果で自主管理空間になっていて、そのうちの一番広い大部屋を公害原論が使用しており、そのお向かいに大学院の部屋があったことから、私は公害原論の実行委員の多くと面識があり、友好関係を持っていた。また、後述のように、志布志湾の住民運動に関わりだしてからは、自主講座志布志グループの会合に、東京に居る間は、ほぼ毎回参加していた。しかし、宇井氏も中西氏も汚水処理が専門であり、テーマが異なることもあって、両氏に付いて研究したことはない。

◆高橋晄正氏の生存基盤原論

大学院時代には、東大医学部の造反教官、高橋晄正氏が主宰された生存基盤原論の実行委員となって、実行委員会に参加し、その運営を担っていた。

高橋氏は、反骨を貫いた、見事な生き方をされた方である。東大闘争のなかでも、医学部学生の処分に関し、自ら九州まで出かけて調査され、それが不当であることを明らかにされた。医学の分野でも、サリドマイドやスモンなどの薬害問題に取り組まれ、製薬業界の手先となっていた医学会に対抗して反医学会を主宰し、薬害被害者をはじめとした市民とともに反医学会総会を開催されていた。『薬のひろば』という雑誌も定期的に発行され、日本消費者連盟とも連携して薬害問題を世に訴えられていた。

そんな高橋氏が、医学から視野を広げ、日本の生存基盤が崩壊しつつあるとの危機感をもたれて、生存基盤原論を提唱されたのであった。約四十年を経た今日の日本から振り返ってみて、その先見の明に感嘆するほかはない。

◆農民運動等への関わり

大学院時代には、時間の自由がきくようになったこともあり、さまざまな社会運動に関わった。農民運動では、とりわけ秋田県羽後町の高橋良蔵氏から多くを学んだ。著書を通じて感銘を受けていたむのたけじ氏（秋田県横手市）にも高橋氏の紹介でお会いすることができた。真っ当な生き方をしている農民を愛し、村内の女性差別、水田酪農、出稼ぎ、エサ米等々の問題に、弱者の立場に立って取り組まれてきた高橋氏の実践には大きな感銘を受けた。高橋氏からの依頼で、出稼ぎ者が労働災害にあって東京地裁に提訴した裁判の傍聴をして氏に報告する役を担ったこともあった。

千葉県大栄町で開発問題に取り組むなかから、二六歳で町長になった高柳功氏とも町長就任以前から親しくなり、農作業の実習をさせてもらいながら、農業知識を教えてもらった。また、有機農業にも関心を持ち、山形県高畠町の星寛治氏の田んぼで草取りをしたり、埼玉県金子美登氏をはじめとした農業者大学校一期生の方たちとも交流を重ねたりした。

出稼ぎ問題に関わったことから、東京山谷で日雇労働者の問題に取り組んでいる方たちとも知り合いになり、彼らの機関誌『軍手』（編集顧問鎌田慧氏）を都市工学科三階にある輪転機を使って一緒に作成した。そのなかの一人にお願いして、日雇労働の現場で働いたこともある。空調装置の下に潜り込んで一日中ボルトを締める作業であった。

連続シンポの縁で、栃木県田沼町における学校統合反対運動にも、自主授業の教師として参加し、かねてより自主授業を担われていた久能昭氏や反対運動のリーダー岩上高穂氏にお世話になった。

統合される地区の学校の校舎は、入会林野が町村合併によって自分たちの財産でなくなることから、区民が自ら入会林野を切り払って建設したものであった。区民がなぜ地区の学校に強い愛着を持っているか、なぜ統合に強く反対するかは、統合反対運動に関わった頃には不思議に思っていたものの、後に入会林野と町村合併の関係を本で読んだときに思い起こし、本の記述を、実感をもって、より深く理解することができた。

新しい学問

大学から外に出てさまざまな社会運動に関わるなかで、私の中に沈殿してきた思いは、既成の学問とは異なる「新しい学問」をつくりたいとの思いであった。それは、一言でいえば、「民衆のために、民衆によって握られる学問」である。

その頃、久能昭氏の紹介で雑誌『思想の科学』に執筆する機会があり、私は、「土法科学と生活者」というタイトルの寄稿をしている（一九七六年五月号）。その中で、既成の学問や専門家の問題点を「日常ばなれ」という言葉で説明するとともに、「新しい学問」＝「土法科学」を次のように記している。

川崎で公害問題にとりくんでいるKさんが、こんな話をしてくれたことがある。

小中高のなかでつちかわれてくる競争意識が大学で完成させられる。学園闘争を経てきた連中が、私たちの運動を弾圧する。彼らは〝あいつは俺より〇〇円給料が高い〟〝あいつは係長になるのが俺より〇年早かった〟といったところで互いに競争し、結果として企業の思いどおりに動くようになってしまう。

この話は、学園闘争にたいする痛烈な批判であると同時に、専門家がなぜ生活者を抑圧するようになるかの背景をみごとに描きだしている。

私たちは、教育のなかで地理や歴史や英語を学んだ。たとえば地理では、県の地理、日本の地理、世界の地理……というふうに、高学年になればなるほど、私たちの日常の生活から離れた、耳慣れない言葉や概念を学んだ。そうした耳慣れない言葉や概念を学ぶことが勉強であり学問であり、そのような学問をやってこそ「君たちはえらくなれるんだ」と教えられた。「そんなことをやって何になるんだ」との問いは、自ら発することもなかったし、人から尋ねられることもなかった。……

このような教育によって、私たちは次の二つのことを徹底的にたたきこまれた。ひとつは、「あいつは俺より○点高（低）かった」「あいつは俺より席次が○番上（下）だ」というふうに、点数や席次のメガネをとおして他人とつきあい、互いに競争していくという人間関係、もうひとつは、自分たちの日常生活からかけはなれた耳慣れない知識を得ることが学問であり、そうした「日常ばなれ」をすればするほどえらくなるのだという学問観、人生観。……

学問によって耳慣れない難しい言葉を覚えこめばこむほど、生活者の実感や共感や理解のおよぶ範囲から遠ざかっていけばいくほど、自分はえらくなるのだという意識は、大学において完成させられる。大学は、いまの社会において、特定の知識や技術を教え授けるという点よりも、むしろそれらの知識や技術をたいしたものだと信じこませ、たいした科学を身につけたと信じこんだ専門家群を送りだす点に、その役割を見出しているかのようにさえ私には見える。この役割は、大卒の専門家群が企業や官庁の中でどのように扱われるかを知ることによって、いっそうよく理解できる。

大卒の技術者と中卒、高卒の労働者は住む世界がちがう。たとえば昼休みのとき、労働者は地下の社員食堂で安い昼食を食うのに対し、技術者は車に乗り、自分たちだけでレストランへ食べにいく。結婚のときなどはもっとひどい。労働者は披露宴に課長をよぶかよぶまいかで深刻に悩んでしまう。よべば分不相応だと言われそうだし、よばなきゃよばないで失礼だととられそうだということで迷ってしまうのだ。それにひきかえ、技術者の場合は、式が北海道であろうと九州であろうと必ず部長か課長が飛行機で飛んで行く。私などだまって式をあげたところ、費用はこちらで持つからぜひもう一度やってくれ、と言われたほどだ。

ある電機メーカーの技術者がこう語ってくれた。この話から、私たちは、企業がいかに労働者と技術者を分断し、階層秩序を維持するかに細心の注意をはらっているかを知ることができる。企業にとって必要なのは、技術者や労働者の能力の中身であるよりも、むしろ分相応の意識であり、それによって保たれる職場秩序なのだろう。そして、すでに見たように、この意識は教育によって培われ、完成させられる。

大学でも事情は同じである。東京大学工学部の助手には、大学院を修了して採用される場合と、他の私立大学や工業専門学校や高校を卒業して採用される場合の二とおりがある。前者は助手↓講師↓助教授↓教授という大学の出世コースを昇れるのだが、後者は一生、実験や雑務を担当する下働きとしての助手にとどまらされる。

企業の中での労働者の扱われ方、大学の中での実験助手の扱われ方は、いずれも人間が労働や実践につくなかで知識を身につけ技術を身につけ成長していくということ、つまり生きる知恵の原理を全く無視している点において共通している。そして、こうした無視を許しているものこそ「たいした科学」「えらい専門家」の幻想であることは言うまでもない。

専門家が、なぜ生活者を抑圧するかは、もう明らかだろう。専門家は、「日常ばなれ」「大衆ばなれ」をすればするほどえらくなれたのであり、彼らから見れば、生活者は落ちこぼれて日常や大衆にとりのこされた落伍者、無能力者にすぎない。教育制度のなかで、日々差別感を培養された彼らが、生活者を差別し抑圧するようになるのは、むしろ当然のなりゆきともいえる。

「日常ばなれ」に成功した専門家群は、学者や官僚や政治家や経営者や技術者となって、学界や政界や財界を形成する。彼らは、「日常ばなれ」に成功した仲間どうしとして、大変仲がよく、一体となって生活者を抑圧する。

（中略）

土法科学というものを創りたいと思う。それは、一言でいえば、生活者の生きる知恵や生きる力を強めるような科学である。生活者自身の必要のために、生活者自身によって握られる科学である。

土法科学の特徴は、官製科学のそれと正反対のものでなければならない。

第一に、専門用語を駆使する官製科学とちがって、誰にでもわかるような言葉で誰にでもわかるように表現されなければならない。

第二に、現実から理論を抽出してそれを再び現実に還元するという科学本来のありかたを取りもどさなければならない。

第三に、現実の苦悩を自らのものとして受けとめ、それを解決しようとする立場からなされなければならない。

第四に、被支配者の観点をもたなければならない。支配と被支配の社会関係の中で被支配者の立場から支配関係をとらえなければならない。

私たちは、そのような土法科学が、すでに反公害運動の中から生まれつつあることを知っている。沼津・三島のコンビナート誘致反対運動では、鯉のぼりを利用した気流調査や牛乳びん放流による海流調査がおこなわれた。名古屋市の住民運動では、風鈴調査が生まれた。風鈴に金属片をつけて軒先に下げ、一定期間内の腐食状態によって汚染物質や濃度を推定し、それらの分布状態から汚染の径路を推定するというものである。熱帯魚飼育用のエアーポンプを応用した亜硫酸ガス濃度測定法も、住民運動の中から生まれた。
開発や公害など生活者の生活や生命をおびやかすものがあらわれると、それだけ生活者の生きる知恵は活発に働き、科学の知識とも結びついて、身辺の経験や材料が土法科学に転化されていく。こうして運動の中から土法科学が育ってゆく。

「土法科学」を以上のように既成科学と対比させたうえで、それをいかにつくっていくかについて、次のように述べている。

では、そのような状況のなかで、一体われわれに何ができるのだろうか。われわれは、公教育制度の中で官製科学を学ばされてきた。それは、すでにふれたようなさまざまな欠陥を持つものではあるけれども、それを逆手にとることはできないものだろうか。
われわれは、反公害運動・住民運動のなかで、生活者の立場から科学を活かして運動に寄与している方々を知っている。西岡昭夫氏をはじめとした高校の教師、高橋晄正氏等々。魚が死ぬということは、科学が前提とするべき事実ではあるけれども、それだけでは、何がどれだけ含まれており、従って汚染源がどこかはわからない。科学は、生きる知恵をおぎない、生活者の生きる力を強めてくれる。法律や経済などの知識も、運動のなかで切実に必要とされ、必要を感じた生活者たちが、自ら、あるいは教師などの助力を得ながら獲得していることを、われわれは知っている。

だが、われわれが大学で身につける科学が、そのままで生活者の力になるのでは、むろんない。すでにふれたように、大学で教えられる科学は、そのほとんどが官製科学であり、われわれの「日常ばなれ」を完成させるものでしかない。われわれに要請されているのは、そうした官製科学を練り直し、学ぶべき点は貪欲に学んで、それを土法科学につくりかえていくことなのだ。

そのためには、われわれはなにより生活者との接触の機会をできるだけ多くもつように努めなければならない。生活者がどのような生活を送り、何を考え、何に苦しんでいるか、を肌でとらえなくてはならない。「科学者の知識経験と漁民の経験やカンとの結合」。瀬戸内の漁民調査団はそう表現したが、この結合こそが、土法科学を創造し、ひいては生活者が科学を握ることを可能にするように思う。

官製科学の力はものすごい。試験や進学や就職や昇進の制度が、さらにその力を強めてくる。われわれがつとめて意識していないと、われわれの中に培われてきた「日常ばなれ」の習性が、われわれをその力の中にひきずりこんでしまう。まずは、生活者、それも資本や政府に抑圧され、反撃を続けている生活者との接点を、自分の生活の中に創ること、この現実の苦悩のなかに自らのぬきさしならぬ課題をもつこと、ここからすべては始まる。

学園闘争の中で唱えられた〝新しい科学〟とは、この土法科学を意味していたのではなかったか、といまにして思う。〝帝大解体〟や〝自己否定〟が何を意味していたのかも、いままでの論旨のなかで、ほぼあきらかになった、と思う。

漁民・住民運動の現場へ

上述のように、「学問とは何か」「研究とは何か」という東大闘争の問題提起を受けとめて「新しい学問をつくりたい」というのが大学院時代の私の思いであった。そして、はからずも、「新しい学問」を実践を通じてつくっていく機会に恵まれることとなった。

「志布志湾開発の対抗プランをつくらないか」――宇井純氏からそのような誘いを受けたのは、一九七六年春のことであった。実際に開発計画の現場を体験したいとの希望を持っていた私は、直ちに快諾した。

志布志湾開発とは、国の新全国総合開発計画（一九六九年）において、大規模工業基地の候補の一つとして指定された開発計画である。それに呼応して、鹿児島県は、一九七一年、新大隅開発計画一次試案を策定した。

私が初めて志布志湾を訪れたのは一九七六年七月、宮崎県の反対で廃案に追いこまれた「一次試案」に代わる「新大隅開発計画（案）」（通称「二次案」）が発表された直後のことである。

宇井氏から紹介された方を頼りに東串良町柏原という漁村に入ったが、その方は実際にはまったく反対運動を担っておらず、「三銃士」と自分たちを呼んでいた、池畑熊雄氏をはじめとした三名の方々に主としてお世話になった。志布志湾の北部に位置する志布志町では、藤後惣兵衛氏・橋口伸夫氏をはじめとした藤後病院の方々にお世話になった。志布志湾の南部に位置する高山町では、若松与吉氏をはじめとした漁民の方々にお世話になった。しかし、当時は、以後十五年余りも志布志湾に関わることになろうとは、夢にも思わなかった。

志布志で私が最初に手がけた作業は、新大隅開発計画に代わる地域振興策、いわば住民側からの対抗プランづくりであった。春夏秋冬の各季節に志布志湾を訪ね、橋口伸夫氏の車をお借りし、多くの住民からの協力を得ながら実態調査を重ねて、ようやく一年後に「真大隅振興計画」という私製パンフにまとめることができた。(注4) その後の調査の障害とならないよう、著者名は「鹿児島県」をもじって「籠島健《かごしまけん》」とした。

対抗プランをまとめたことで当初の目的は達成したのだが、その後も、年数回の志布志行を続けた。その理由は、対抗プランづくりをつうじて形成されてきた漁民・住民との人間関係にあった。金も権力もない住民が行政に抗して運動を続ける姿を見るにつけ、開発に関する資料・情報を住民に提供することは研究者の責務であると考えるようになったのである。

住民からの質問や依頼を受けると、東京に戻って資料収集し、丹念に調べては報告した。自分の専門領域など関係なく、開発を止めるうえで有効と思われることは何でも引き受けて調べた。

しかし、いろいろな手を打ちながら開発側の反応を見ていくなかで、開発を止めるうえで何が有効か、が次第にわかってきた。技術的な欠陥は、指摘すればいったんは進行が止まるものの、しばらくすると何らかの「対策」を講じられて解決されてしまう。

実は、開発側にとって、「対策」が有効か否かはどうでもよいことなのだ。有効でなく、その後事故などにつながったとしても、その時には、おそらく責任者や担当者が代わっているため、責任を免れ得るからである。

開発を止めるうえで有効なのは、技術論でなく法律である。なぜなら、開発側の行為は、必ず法的根拠を必要とするからである。開発側が依拠しなければならない法律でこちらが相手を圧倒すれば、それが最も効果的である。なかでも、とりわけ、近世以前から現代にまで続いている入会権ないし入会権的権利（漁業権、水利権、温泉権など）に関わる法律、及び海・川や海浜などの自然公物（あるがままの自然の状態で、一般公衆の共同利用に供されるもの）に関わる法律がきわめて効果的である。

漁業権と埋立・ダム・原発

漁業権について調べようと思ったきっかけは、青森県のむつ関根浜の訴訟を抱えていた長谷川純弁護士から「共同漁業権が漁民の権利であるとの主張ができないものか」との相談を受けたからである。その長谷川純弁護士に志布志湾開発をめぐる裁判を引き受けてもらい、また、かねてから信頼している後輩の三宅弘にも依頼して、二カ月に一度、三日間、ほとんど徹夜で準備書面づくりに没頭した。

準備書面づくりに備え、私は、漁業法に関する文献を渉猟するとともに、水産庁で「漁業法の神様」と呼ばれていた浜本幸生氏から漁業法を学んだ。水産庁八階の遊漁対策室におられる浜本氏を訪ねた回数は、それこそ一〇〇回近くに及んだことだろう。

浜本氏は、決して手取り足取りで教えてくれはしなかった。むしろ逆に、相撲のぶつかり稽古のように、胸を貸すことによって相手を鍛えようとする。Aを主張しようとすると、Aに都合の悪いことを次々に持ち出してくる。かといって、Aの主張をあきらめようとすると、今度はAに都合のいいことを次々に持ち出してくる。決してあきらめるな、というサインである。こちらも、何度も訪ねるうちに要領が分かってきて、わざとあきらめる振りをして、都合のいいことを浜本さんから引き出すようにしたものである。

何度か訪ねているうちに、運動を指導するとか反対を強要するとかでなく、漁民・住民がきちんとした判断ができるように正確な法解釈や情報を提供したい、との私の姿勢を理解してくださった。後年、よく「だから貴方を信頼したんだ」と言われていた。

埋立と漁業権についての研究は、長谷川純弁護士や三宅弘弁護士とともに取り組んだ志布志湾開発をめぐる裁判では、残念ながら成果につながらなかったが、その後、引き続き研究することをつうじて、沖縄県石垣島白保の石垣新空港計画、高知県大手の浜のマリンタウン計画・エコポート計画、熊本県天草のマリンタウン計画、大分県大入島の埋立計画、諫早湾の導流堤工事等々を止めるという成果を生んだ。

埋立計画のみならず、その後、ダムや原発を止めるうえでも漁業権を活用した。熊本県球磨川上流に計画された川辺川ダム計画を止めることもできたし、球磨川下流に設けられていた荒瀬ダムを日本で初めての撤去に追い込むこともできた。(注5) 上関原発計画では、中国電力が強行しようとした工事を何度も止めることができた。(注6)

漁業権を活かして埋立計画などを止められるのは、漁業権が財産権であり、財産権を侵害するには、原則として権利者の同意が必要だからである。つまり、権利者が同意しない限り、基本的に事業はできないのである。(注7)

たいていの漁民・住民運動では、国や県や電力会社などの事業者が漁民・住民よりもはるかに強いと思いこまされている。だからこそ、漁民・住民は、事業者に対して、陳情したりお願いしたりするのである。本当は、お願いしなければならないのは、事業者のほうであり、事業者よりも権利者たる漁民・住民のほうがはるかに強いのである。この真理に気づきさえすれば、埋立・ダム・原発は止められる。そのことは、何より、私がこれまで十数件、埋立・ダム・原発などの中止やダム撤去などを実現できた事実が証明している。

ただし、訴訟にだけは頼らないほうがよい。現代日本では、情けないことに、三権分立は全く機能しておらず、司法と行政とは一体である。行政や電力会社を相手に訴訟をすることは、敵に塩を送るようなもので、相手を喜ばせるだけである。(注8) 訴訟に頼らず、事業者との直接交渉をつうじて、場合によっては、官庁見解をも引き出しながら論破する手法が漁民・住民が勝つ秘訣である。

三 「漁民・住民が握る学問」は可能か

志を貫いている人たち

インターネット上では、全共闘運動に関わった人間として民主党の仙谷由人氏が有名になり、仙谷氏の評判が悪いことから全共闘運動も評判が悪く、単なる暴力ぐらいにしか思われていないことが多い。しかし、当時の学生の半数近くが関わった運動を、そのように理解することは、単純に過ぎる。また、全共闘運動を担った者たちにとっても、以後の世代にとっても不幸なことである。

私の知る、全共闘運動及びその後の連続シンポ等に関わってきた人たちの間では、インターネット上と同様、仙谷氏の評判はきわめて悪い。原発輸出をもくろみ、また原発再稼働を主導したことからだけでも当然のことである。

それらの人たちの多くは、この四十余年の間、さまざまな場で健闘されている。

当時、造反教官と呼ばれた人々に関していえば、本書の共著者である折原浩は、連続シンポに引き続き、公開講座「人間―社会論」を開いた。最首悟氏は、一九八六年頃から水俣病調査団（私も最首氏からの誘いで微力ながら団員として参加した）の団長を務めて以降、水俣病問題に持続的に関わっておられる。水俣病に関しては、折原や最首氏と親交のあった故原田正純氏の患者さんたちへの誠実な関わりぶりは広く知られるところである。内村鑑三―矢内原忠雄の系譜をひく無教会派クリスチャンの西村秀夫氏は、北海道に移り、障害者問題に持続的に関わられた。北大の造反教官、花崎皋平氏は、その後、伊達火力などの開発問題やアイヌ民族問題等に関わっておられる。日大闘争において古田体制に造反した小林忠太郎氏は、その後、農民運動に関わり、農業原論を主宰されるとともに、ドミニカ移民問題にも取り組まれた。また、東大地質学科の生越忠氏は、和光大学に移られて、地質の面から各地の反原発運動に貢献するとともに、自主講座「大学論」を主宰された。

助手共闘の依田彦三郎氏は、その後、ごみ問題や反原発運動に関わっておられる。依田氏によれば、班目春樹氏は学生時代から悪かったという。農学部の技官で、全共闘運動を支えておられた高木俊江氏は、前述の高橋良蔵氏を招いての講演会などを催されていたが、現在、松本市で自分の蔵書を子供向けの図書館に開放しておられる。一橋の大学院生であった菅井益郎氏（現在、国学院大学）は、引き続き反原発に取り組むとともに田中正造研究を続けておられる。川内原発予定地で風車づくりをしていた橋爪健郎氏は、九州における反原発運動に中心になって取り組み続けておられる。

駒場の水俣病問題を考える会を共に創った会津守氏（後に下田守に改姓、現在、下関市立大学）は、カネミ油症問題に関わり続け、後に入会して中心メンバーとなった矢作正氏（浦和大学元教員）は、水俣病の研究者に、久保田好生氏は、水俣病を告発する会の中心メンバーになって、それぞれ今でも活躍中である。矢作氏、生存基盤原論の実行委員であった内藤誠氏（ペンネーム）、及びエチル化学労組の映画づくりを共に担った吉江耕也氏は、武谷三男氏や星野芳郎氏らが創設され、社会問題に取り組む技術者の団体として知られる現代技術史研究会で活躍されている。

エチル化学労組の映画づくりを提唱された写真家福島菊次郎氏、機関誌『軍手』の監修者になってくださった鎌田慧氏が現在の脱原発運動で活躍されているのは周知のとおりである。上関原発問題に取り組むなかで福島氏と再会でき、工野孝則氏とも電話でお話しできた。

映画づくりから四十余年を経た二〇一三年二月十日、現代技術史研究会の神野玲子氏及び北川義雄氏（ペンネーム）の企画で主催のエチル化学労組映画上映会が東京で開かれた。山口県から井上護氏・工野孝則氏のほか、地元での支援の中心メンバーであった吉鶴猛氏が上京され、脱原発で活躍されている後藤政志氏・筒井哲郎氏をはじめとした現代技術史研究会のメンバー、折原浩・依田彦三郎氏・吉江耕也氏をはじめとしたエチル化学労組を支援する会・東京連絡会のメンバー等々が参加した。

エチル化学労組の運動と原発や原子力村の問題につうじるものがあることは、エチル化学労組の地元で現在取り組まれている上関原発反対運動に工野孝則氏・福島菊次郎氏や筆者が関わっていること、東京連絡会のメンバー依田彦三郎氏が反原発運動に取り組み続けておられること、また、この上映会自体、矢作正氏の提唱で開かれた拙著『脱原発の経済学』に関する現代技術史研究会主催の研究会（二〇一二年七月）がきっかけで開かれたこと等に示されている。

学生時代に連続シンポに参加していた家中茂氏は、その後、水俣の砂田明氏の一人芝居の付け人となったり、石垣島白保の新空港問題で反対同盟の迎里清委員長や山里節子氏をサポートしたりした後、現在、島根大学で農村問題やコモンズ（共有資源）を研究されている。

都市工学科の先輩では、嶋津暉之氏が、大学院時代以来、一貫して水問題・ダム問題に取り組んでおられ、田子の浦のヘドロ公害問題や水俣病に取り組んでおられた桜井国俊氏（沖縄大学）は、現在、沖縄の環境問題で奮闘されている。工学部建築学科の先輩では、内田雄造氏が一貫して被差別部落の問題に取り組み続けてこられたが、残念なことに、二〇一一年一月、急逝された。ＳＩ闘の中心メンバー舩橋晴俊氏（法政大学）は、巨大開発や原発の問題を研究されるとともに、環境社会学という新しい分野を切り開かれた。

早稲田大学で全共闘運動を担われた高須次郎氏は、月刊誌『技術と人間』の編集者として活躍された後、緑風出版を設立され、環境・エコロジー・人権・平和に関する良書を出し続けるとともに、中小出版社の協会（日本出版者協議会）のリーダーとしても活躍されている。同じく、早稲田大学出身で『技術と人間』の編集者であった天笠啓祐氏は、科学ジャーナリストとして脱原発や電磁波問題や遺伝子組み換え問題などで活躍されている。

一方で、全共闘運動から仙谷由人氏のような人間が出たことは弁解しようのない事実ではあるが、こうしてみると、私が知り合った、全共闘運動及びその後の連続シンポに関わってきた人たちは、今でも当時の志を貫き、健闘している方々が多い。とりわけ、連続シンポをつうじて知り合った人たちはそうである。当時の知人が、さまざまな場で健闘されていることを知るのは、嬉しいことでもあるし、自分の励みにもなる。また、当時は全く知らなかったものの、徳山ダム問題を通じて知り合った近藤ゆり子氏から駒場の全共闘であったと伺ったのも嬉しいことであった。

もちろん、知り合った当時には想像もできなかったような歩みをした方もいないわけではない。しかし、それは、どんな世代、どんな集団についても言えることであり、志を貫いている人の割合が他の世代や集団に比べてはるかに高いことは間違いない。また、一般的な傾向として、全共闘運動の高揚期に一時的に関わった、あるいは「革命」をめざして関わった人は変質しやすい一方、退潮期以降に具体的な問題に関わった人は持続することが多いといえるように思う。

「いい研究」とは何か

志布志湾の住民運動に関わり始めた当初、私の調査目的は、前述のように、新大隅開発計画の対抗プランを作ることにあった。だが、次第に、地元漁民・住民との関係が深まり、その思いを共有するようになるにつれ、地域で真っ当に生きている人たちの生活を押し潰してしまう新大隅開発計画を是非とも止めたいと思うようになり、調査目的も次第に新大隅開発を止めることに移っていった。

◆問題中心的研究

水俣の第一次調査団（色川大吉団長）に参加されていた小島麗逸氏から、水俣で「何のために調査するのか」と問われて、「事実を記録すること」と答えたと聞いたことがある。もちろん、それも大事なことであるが、水俣病のようにすでに起きてしまった問題についてはともかく、志布志湾のように開発がなされるか否かの場合には、それだけでは不十分なように思う。事実を記録して論文や本にするだけでは、その人の業績になるだけで、当事者に還元されるものは、ほとんどない。それでいて、開発がどんどん進んでしまっては、結局、学者は現場を利用することになってしまう。

私の場合、調査目的が新大隅開発を止めることに移ってからは、領域を問わず、開発を止めるうえで有効と思われる知識は、地質や土木などの理工系の知識でも法律や財政などの社会科学系の知識でも何でも吸収した。いわば、領域を横断した問題中心的研究である。

学者になるうえでの一般的な研究方法は、指導教員に付き、その領域の学会に属して、論文を書くという方法である。研究テーマは、指導教員によって与えられたり、学会の動向によって決められたり、先行研究が乏しいという理由で決められたりする。しかし、そのような研究方法からは、現場で苦しんでいる漁民・住民に貢献できる研究が生まれる可能性はきわめて少ない。むしろ、細分化された領域のなかで、重箱の隅をつつくような研究が量産されることになりがちである。

問題中心的研究をつうじて、さまざまな領域の学問を吸収していっても、研究対象は次第に収斂していく。なぜなら、研究成果を現実に開発側に突きつけることで、その有効性がわかるからであり、また、自分に適した領域も次第にわかってくるからである。私の場合、試行錯誤を繰り返すうちに、研究テーマは、次第に「埋立と漁業権」の法律問題に収斂していくことになった。「問題中心的研究では深い研究にはならない」との見解もあろう。しかし、三十余年の私の経験では、決してそんなことはない。その理由は、問題中心的研究では、現場に責任を負うことが多いから、あるいは負うことができるからである。自分の研究の成果次第では現場で苦しんでいる漁民・住民の苦悩が解消できるという研究動機は、いい論文を書いて学会で認められたいという程度の研究動機とは、比べ物にならないほど重く厳しいものであり、したがって、はるかに熱い情熱をこめて研究できる。間違ったことを漁民・住民に教えたら、その人たちの半生あるいは一生をかけた努力をふいにしてしまうため、問題中心的研究だから専門性の点で劣ってもやむを得ないなどといった甘えが生じる余地はない。

もう一つの理由は、現場は文献よりもはるかに豊かであり、往々にして新たな理解や新たな視点などを提供してくれるからである。文献をいくら読んでもわからなかった疑問が現場を見るだけで氷解することや、漁民・住民が現場で苦しんでいるからこそ持てる視点に学ぶことは決して少なくない。

実際、私が法学部出身でもなく、法学の授業など一度も受けたことがないにもかかわらず、漁業法や公有水面埋立法の解釈では多くの裁判において意見書を書いたり、証人になったりするようになったのは、志布志湾以来の問題中心的研究の成果である。

二〇一一年三月に福島原発事故が起きて以降、私は、原発問題に関し、『脱原発の経済学』（緑風出版、二〇一二年十一月）及び『がれき処理・除染はこれでよいのか』（緑風出版、二〇一二年七月）の二冊の本を書いた。

現実は総合的である。現実に起こる問題は、法律・経済・化学・生物・技術等々、あらゆる専門領域にそれぞれ関連した面を持っており、専門家が自らの専門にのみこだわっていては解明できるものではない。問題を解明するうえでは専門領域を超えて横断的に知識を吸収しようという姿勢で研究してきたからこそ、いいかえれば、これまで漁民・住民が苦しんできた問題を引き受けて研究してきた三十余年の蓄積があるからこそ、規模こそ違え、その延長として起こった福島原発事故に関しても短期間に本をまとめられたのだと思う。

◆中西準子氏の歩み

研究方法の点で想起されるのが、東大都市工学科の中西準子氏である。前述のように、七〇年代、中西氏は、茨城県鹿島や神奈川県藤沢などで流域下水道反対の住民運動を支えられていた稀有な研究者であった。当時の中西氏の住民運動への貢献は高く評価するものの、しかし、その後、中西氏は水処理からリスク論の研究者に転じられるとともに、次第に産業界との結びつきを強めるようになった。最近では、原発についても次のような評価をされている。（注9）

つらつらと考えて見るに、我々の周囲にはリスク不安が大きくて、その利用が極度に制限されている技術がある。……代表的なものは、原子力と遺伝子組み換え作物、もしかして、ナノテクノロジーもその仲間に入るかもしれない。……原子力[は]……わが国のエネルギー状況と、今のような管理技術を考えれば、もう少し利用されてもいいと思う。残念ながらリスク不安が大きく、原子力発電所の建設が市民に拒否される状況が続いている。

水処理研究時代の中西氏を知る者から見れば、この一節は明らかに氏の変容を意味しているように見える。この点について、インターネットなどでは不思議がる意見が多いが、私には思い当たる節がある。

私の院生時代、前述の大栄町農民高柳功氏から、「大栄町内に産廃処分場ができたが、何が持ち込まれているか不安なので分析してほしい」と産廃を持ちこまれたことがある。私は、衛生工学専攻ではないので分析方法を知らなかったが、無償で院生に頼むわけにもいかず、中西氏に付いている知り合いの院生から延べ三十分程度、分析機器の操作方法を教わって、三日間かけて分析した。ところが、その後、その院生が中西氏から「そんなことを手伝っていたら、いい研究ができないからやらないように」と忠告されたと耳にした。それを聞いて中西氏に抗議に行ったのだが、その際のやり取りで明らかになったのは、中西氏にとって大事なことは「いい研究」＝「学界で評価される研究」をやることであり、氏の住民運動への関わりは、たまたま「いい研究」が住民の主張と重なったからであるということだった。

私は、「学界で評価される研究」をめざしたことは一度もない。というより、私にとって「いい研究」とは「漁民・住民に貢献できる研究」であり、中西氏のように「学界で評価される研究」ではない。この点に、その後の中西氏の、表面的には「変容」に見える歩みの大きな原因があるように思われる。

中西氏に限らず、たいていの学者は「学界で評価される研究」をめざしている。自己の昇進のためには当然だとの反論があるかもしれないが、そのような姿勢だけでは、視野が狭くなり、社会との結びつきが見えなくなる。ましてや、社会に貢献できる研究をすることは困難になる。

◆学者の傲慢

それどころか、そのような学者は、学者の仲間意識に埋没して、漁民や市民に対して傲慢になりがちである。

志布志湾の住民運動の高揚期にも、高名な学者グループが志布志を訪ねたことがあったが、それは、二泊三日程度の、住民が至れり尽くせりでもてなすような大名旅行であった。案の定、結局、彼らは志布志湾の住民運動には何の貢献もせず、ただ、住民にお世話になっただけ、いいかえれば迷惑をかけただけで終わった。

ある高名な環境法学者A氏は、石垣島白保の婦人たちが地先海面で貝や海藻をとっていることについて「入会権が海面でも成り立つか否かという問題だ」と述べていた。入会権が内陸に限られたことは民法の成立過程で明らかになっており、この見解は漁業法を少しでも学んだ者にとっては話にならないような謬論であるが、私が「水産庁の浜本幸生氏の本を読めば、すぐに間違っていることがわかる」と言ったところ、「実務家だろ」と蔑むように言い放ったのであった。自分の不勉強を棚に上げ、学者であるというだけで実務家よりも優れていると思い込んでいる、このような学者に、「漁民・住民に貢献できる研究」ができるはずはない。

住民運動内部及び支援の問題点

しかし、住民運動側にも問題点は少なくない。三十余年の住民運動との関わりで痛感していることは、住民運動は、決して、マスコミが描くような無私・無謬の運動ではなく、そのなかにさまざまな問題点を抱えた運動だということである。

◆運動内部の問題点

まず、運動内部の問題点として、さまざまな私利私欲を持った住民が関わってくることも少なくない。また、当初は純粋でも事業者側から狙い撃ちされて崩される住民も出てくる。

志布志湾開発反対の住民運動では、柏原地区の当初の中心メンバーの「三銃士」のうち、当初は住民から英雄視されていたT氏は、運動が終わる頃には明るいうちに集落のなかを歩けなくなるほど住民からの信頼を失った。生活が苦しかったことに目をつけられて開発側から金で崩され、寝返ったからであった。「三銃士」のもう一人I氏は、運動から議員として選出されていながら、東京での省庁交渉に一度も参加せず、誘われても「総評が旅費を出すなら行くが、自腹なら行かない」と言い放つような人間に堕落した。

あるダム反対運動では、事務局メンバー数人が「個人でもらったカンパは個人で使ってよい」というルールを決めて、カンパを懐に入れた。中には、預けられたキャッシュカードで運動団体の金を自由に引き出し、帳簿をごまかしたうえ、収支が合わない責任を他人になすりつけた者もいた。

私の経験では、住民が経済的に苦しいなかを身銭を切って運動している間は健全であるが、運動が有名になり、全国からお金が集まってくるようになった時が危機である。集まった大金を、運動内部で公平・公正に使っていくことは、リーダーたちがよほど高潔でなければ困難である。自分が地位を得たり守ったりするために運動を利用する者も少なくない。自分たちの地位保全を条件に、ダム推進派と共謀して、ダム反対派を切り崩しにかかった「反対派」の漁協役員もいた。

企業であれば、首切りなどで対処できようが、住民運動では、来る者を拒めないことから、私利私欲で関わってくる者を排除し難い。そのため、それらの人間を内部に抱えながら運動を進めざるを得ないことが少なくないのである。

◆支援団体・学者の問題点

支援団体にも問題はある。

二〇〇二年のことである。有明海では、締切堤防に起因する汚染のために漁業被害が続き、すでに一九名もの漁民が自殺していた。他の漁民も、漁業収入が見込めないことから、他の地域に出稼ぎに行ったり、陸上の仕事に転業したりする者が相次いでいた。そんな中、有明海漁民の支援を掲げているNGO団体が悠長で時間のかかる方針をとっていたため、「貴方達のような方針をとっていたら、時間がかかって漁民がもたないよ。もっと短期決戦の方針で闘わないと漁民がいなくなるよ」と批判したところ、「私たちは、漁民がいなくなってもいいんです。市民運動ができれば」との回答が返ってきた。これでは、自分たちの市民運動のために漁民を利用しているようなものである。

だが、このように、運動の「支援」を標榜しながら、その実、運動を「利用」しているような市民団体は、決して珍しくはない。

住民運動に関わる学者・研究者も支援団体と同様である。それどころか、学者・研究者は、住民よりも自分たちのほうが知識があると思っているだけに、なおさら弊害は大きい。

石垣島白保の新石垣空港反対運動では、主として学者・研究者から構成される那覇のある支援団体が、白保の住民・漁民に対して、面と向かって「お前たちは赤ちゃんで何もわからない。自分たちが船頭役で船を操縦するから、黙って船に乗っておればよい」と言っていた。これほど傲慢な言葉を聞いても耐え忍ばなければならなかった地元住民・漁民たちの悔しさ・無念さは、いかばかりであったろう。

しかも、その「支援」団体の中心メンバーが、あの「反公害の旗手」、宇井純氏であった。宇井氏は東大から沖縄大学に移籍後、沖縄でしばしば、「自分はいろいろな運動から支援を依頼されるが、選別する基準を持っている。その基準とは勝つ運動か否かだ」と公言されていた。(注10)沖縄に移られる直前に、私にも「志布志の運動は、このままいけば負けるぞ。負ける運動に関わっていたら研究者として損するぞ。だから忠告する。志布志の運動から手を引け」と言われて大激論になり、それを機に私は宇井氏と絶交したのだが、(注11)沖縄に移られても、同様の発言を繰り返されていたのであった。「反公害の旗手」としての宇井氏の功績は高く評価するものの、その宇井氏にして、運動を利用する姿勢で住民運動に関わられていたことは、いかに運動を利用しようとする学者が多いかを示している。

◆内部討論・内部批判の欠如

さらに、住民運動に関わる学者の間で痛感するのは、内部討論・内部批判の欠如である。批判を進歩の原動力にできないのは、原子力村に象徴される体制側だけでなく、反権力の側も全く同様である。住民運動でも、批判は反逆として受け止められ、運動に水をさすものと受け止められがちである。これには、全共闘運動のなかで「批判こそ連帯の証である」との精神を身につけた私は、しばしば戸惑うこととなった。それればかりか、批判が反逆と受け止められ、非難されたことも少なくない。

八〇年代以来繰り返されている原発批判の主張に「原発をつくればつくるほど事業報酬が膨らみ電力会社がもうかる」というものがある。しかし、実は、この主張は誤りである。誤りの原因は、電気料金算定の際に見込まれる「事業報酬」が、設備投資の資金調達（銀行からの借入や増資など）に伴って必要となる利子や配当をまかなうための原資ということを理解せず、まるまる電力会社の利潤になっているとの誤解にある。(注12) しかし、誤りではあるが、一見わかりやすく電力会社を叩けるため、電気料金制度を詳しく調べない人たちに誤りと気づかれずに、繰り返し引用されて広まっているのである。

私は、八五年頃、この主張のそもそもの提唱者であるH氏とじかに会って誤りであると指摘したことがある。その際のH氏の回答は、「たしかに電力会社はもうからないが、借入金の利子の返済が保証されるので、銀行を含めた総資本がもうかる」との回答であった。借入金に対して利子を支払うことは当然のことであり、それを「総資本がもうかる」と批判することは難癖に近いと思われるが、そのうえ、誤りであることを知りつつ「電力会社がもうかる」と批判するのは、あまりにもフェアーさを欠いている。しかし、その後、私には、「反原発運動に水を差した」との非難が投げかけられたのであった。

◆石油公団小坂氏の追及

私は、漁民・住民サイドから乱開発や原発を批判してきているが、あくまで正当でフェアーな批判をしたいと心がけている。批判が誤っていることが判れば、運動への信頼をなくし、かえって逆効果になることも一つの理由であるが、もう一つの理由は、権力側にも立派な人たちがいて、その方たちの思いに応えたいという点にある。

この点に関し、私には印象深い思い出がある。

志布志国家石油備蓄基地に関して、『エコノミスト』誌に、石油備蓄基地の雇用効果や財政効果が小さいことを書いたことがある。財政効果については日本石油喜入基地のある喜入町の資料を入手して書いたものの、雇用効果については、一次資料を入手できず、地方財政の権威者であるI氏の喜入基地についての論文から、出典を明記したうえで引用した。

その後まもなく、論稿を書いた後であっても調査すべきと思い、喜入基地を訪ねたところ、『エコノミスト』誌を読んでおられた所長からI氏の論文が間違っていると追及され、「I氏論文からの引用であることは明記してあるので二次的責任だ」と言っても許してもらえず、結局、一次資料で確認することなく孫引きしたことを謝った。次いで、財政効果についても追及されたが、私が反論して、今度は私の主張が認められた。この一勝一敗のやり取りをつうじて、所長がすっかり信頼してくださり、その後昼食をごちそうになったのであった。

その後、数日を経て、志布志国家石油備蓄基地の推進主体である石油公団を訪ねた時のことである。運輸省から出向されていた小坂氏から、やはり、『エコノミスト』論稿の雇用効果が間違っていると厳しく追及され、謝ったところ、小坂氏は次のように言われた。

いわゆる反体制派の学者の主張は九九％間違っています。しかし、通常、我々は間違っていることを指摘しません。間違った主張が通用しているほうが、真実を追求されなくて有り難いからです。

今日、貴方を追及したのは、貴方を大事に思うからです。

この発言には、いたく感動した。小坂氏は、運輸省時代から志布志湾開発に関わっておられたので、それまでにも何度か話したことがあったが、「貴方のことは徹底的に調べたが、貴方を切り崩すことは無理だと諦めた」と言われたこともあるだけに、余計に心に響いた。(注13)

体制側にも少数ながら心ある人が居て、世に真っ当な批判が存在して、それが社会をよくすることを望んでいるのだ。立場の差はあれ、社会をよくしようという思いは共通なのだ――そう思った。私が、間違った批判をするまい、真っ当でフェアーな批判をしようと心に誓ったのは、その時のことである。

◆漁民・住民が握る学問

学者・研究者として三十年あまりを経てきた現在、遺憾ながら、学園闘争の問題提起がいかに「大学知らず」、「学者知らず」だったかを痛感せざるを得ない。学者の多くは、子供たちの多くが「よりよい学校」をめざすのと同様に、論文を書いて「よりよい職位」をめざしているにすぎない。あるいは、もっと単純にお金や地位や名誉が欲しいにすぎない。そのような学者たちに「学問とは何か」、「大学とは何か」を問うたこと自体が、ないものねだりだったのだと思う。

それればかりか、東大などでは、大学の独立採算制が強化されるなかで、企業と連携し、企業の資金を導入した冠講座を設けることが奨励さえされるようになっており、産業界に奉仕することが大学の使命であるような感覚さえ生まれている。「産学協同」が厳しく批判されていた七〇年当時の状況と比較して隔世の感がある。

であるからには、大学や学者の自浄作用に期待することはとうていできない。大学や学問は、市民との関わりをつうじて鍛えられなければならない。

高木仁三郎氏は「市民科学」について次のように述べている。(注14)

さまざまな困難下にはあるが、「市民の科学」の側にも、期待のできる状況がひろがっている。環境問題などでは、すでに、ＮＧＯの役割は、政策提言をし、今後の流れを方向づけるのに、グローバル（地球大）のレベルでも、ローカル（地域）のレベルでも無視し得ない存在となり、アカデミズム内の科学者にも、学問の方向づけに関して一定の刺激を与えていると思う。

さらに言えることは、このような流れの中で、科学（者）のありようが非常に多様化してきたことだ。専門コースを歩んで来なかったＮＧＯの活動家でも、市民の意識を注ぎこむことで科学の世界に新鮮な変化をもたらすことが可能だ（すでに多くの実例があるから）。また、専門的な修練を積んで来た人にも、直接ＮＧＯで働いたり、公私の助成金に基づいてそれと共同プロジェクトを組んで市民と作業することも、あたり前になりつつある。いずれは、大学の自然科学系の研究も市民参加型で進行していく可能性もある。

高木氏の「市民の科学」は、アカデミズムの科学に比べ、はるかに市民に貢献し得る科学である。しかし、それは「市民のための科学」をNGOの活動家などが担うことを広げていって、大学の研究者もそれに参加するというふうに構想されている。

自然科学であればそうなるのかもしれないが、私のめざしている「土法科学（新しい学問）」は、「漁民・住民のための学問」であるばかりでなく、「漁民・住民による学問」、「漁民・住民が握る学問」でもある。現場に出かけては、そこで漁民・住民の勉強会を重ねるのも、漁民・住民が自らの権利に関する知識を獲得して、運動の方針などを自ら判断し、決定し得るようにするためである。

通常の漁民・住民にそんなことができるものか、と思われる方も多いだろう。しかし、決してそんなことはない。一定の学力が必要なことは否定しないが、学歴はまったく必要がない。学歴が家庭の経済事情などに左右されるからでもあるが、そもそも、人間が生きることや社会を変革することとは無縁なところで、「何のために学ぶか」が不明なまま、細かな知識をむやみに記憶させたり、横文字を縦にすることばかりを強要するような教育で、人間の学力、ましてや能力など測れるはずがないからである。

学校での勉強が苦手だった漁民・住民も、自らの権利や生活に関わることは懸命になって学ぶ。

試験や成績のための勉強と違って、そんな勉強は確実に漁民・住民の血となり肉となっていく。また、地方には、弁護士に相談する経済的余裕のない漁民・住民の法律相談に日常的に乗っている篤志家がいるものである。そんな篤志家は、「土法科学」の担い手にも適している。

志布志湾の漁民、高山町（現「肝付町」）の若松与吉氏は、そんな篤志家だった。志布志湾の漁業権の勉強会は、いつも若松氏宅で、若松氏を中心に若手漁民数人が加わった形で行なった。そして、その後、若松氏らが学んだことを周辺に広げるという方法で理解を広めた。

「漁民・住民が握る学問」が最も成果を上げたのは、川辺川ダム反対運動及び荒瀬ダム撤去運動である。(注15)

川辺川ダム反対運動では、とりわけ三室勇氏（球磨川漁協元組合長）が、八十歳をはるかに超える高齢にもかかわらず、時折、一睡もしないで夜通し考え抜くほど熱心に勉強され、収用委員会においても、相手の法的誤りを指摘するなどの健闘をされた。

荒瀬ダム撤去運動では、地元坂本村の木本生光氏（球磨川漁協副組合長）が、河川法・漁業法を熱心に勉強され、熊本県も脱帽して河川法の説明を木本氏に依頼するほどにまで詳しくなられた。また、自分が勉強するだけでなく、坂本村で自ら講師となって週一回の勉強会を三カ月間続けられた。これが、日本で初のダム撤去の大きな原動力となったのである。

漁民・住民が官僚に勝てるはずがない、と思われている方が多いであろう。しかし、官僚は、一般に思われているほどたいしたものではない。その第一の理由は、二、三年毎に配属先が変わることである。二、三年間の蓄積を乗り越えることは決して難しくはない。第二の、より大きな理由は、集団で対処していることである。そのため、縦割り行政のなかで、各人は、細部については詳しくなっても総合的な判断を下しにくくなる。そのうえ、集団責任であるから、一人ひとりの責任が曖昧になり、情熱も希薄になる。情熱も責任感もない千人、万人を、情熱に溢れ、責任感に満ちた一人ないし数人が凌駕することは決して困難なことではない。

漁民・住民が官僚・役人に勝てることは、川辺川ダム・荒瀬ダムの運動が証明済みである。勝つための鍵は、漁民・住民の地元への愛情とそれに根ざした情熱である。

福島原発事故以降、原子力の権威者たちの御用学者ぶり、無能ぶりが明らかになり、その言動は、国民によって厳しく監視、批判されるようになった。「民衆が握る学問」をめざす私にとって、大変喜ばしい状況である。

しかし、ことは原子力の領域だけに限らない。原子力ほどではないにせよ、建設をはじめとした多くの領域で学問は大同小異であり、各領域に原子力村と同様の村が存在する。

それは、村の存在が、学者の保身や昇進志向に起因するからである。ピラミッド構造の学界のなかで「いい論文」を書いて、より上位の職位をめざそうとすればするほど、お金や地位によってからめとられて、御用学者の道を歩むことになりがちである。

したがって、学問を民衆が握るには、まず、原子力村によって、権威者たちの御用学者ぶり、無能ぶりに目覚めた国民が、あらゆる領域において、学者たちを監視し批判していく必要がある。

その積み重ねをつうじて、「漁民・住民が握る学問」も生まれ得る。多くの領域で「漁民・住民が握る学問」が実現すれば、民衆による「帝大解体」が実現することになる。

四　「いのちと共生」の国へ

共生の思想と新自由主義

ここ数年間に起きた数々の冤罪事件(注16)や福島原発事故をつうじて、一部の特権層によって支配され、抵抗者や多くの弱者が抑圧されている日本社会の構造が次第に明らかになってきた。明治時代に確立され、強化され続けてきたその支配構造は、小泉改革以来の格差社会の形成によって、さらに強化された。

しかし、福島原発事故以降、原子力村の実態が明らかになるなかで、より広範な国民に、支配構造が認識され、国民から指弾されるようになってきた。

であるからには、遠からず、支配者が国民によって批判され、支配が覆されるかというと、ことはそれほど単純ではない。なぜなら、住民運動の中の住民が決して無私の人たちばかりではないのと同様、一口に国民といってもさまざまであり、旧来の支配構造は、同時に多くの国民によってても支えられているからである。

今日、どの地方に行っても、「〇〇大学合格者△△人」といった予備校や学習塾の宣伝を目にする。支配の重層構造のなかで各人がどの層に落ち着くかは、主として教育の選別機能に拠っており、「よりよい学校」をめざしての進学競争が、総体として支配構造を支えている。

教育ばかりではない。候補者の政策や見識や人柄ではなく、自分にとって利益があるか否かを基準にして投票する多くの国民の投票行動もまた、利権を生み、支え、ひいては支配構造を支えている。

多くの国民が「自己の利益」を追求するからこそ、頂点に居るものたちによる支配は、安泰、かつ強固であり続けられるのである。

「自己否定」とは、支配構造を支える生き方とは異なる生き方を学生たちに迫った問いかけであった。だが、支配構造が同時に多くの国民によって支えられていることをも考慮すれば、自己否定は当時の学生に対してのみならず、当時も今も、多くの国民にも同時に迫られている問いでもあるはずである。

いいかえれば、学園闘争で問われた、自己否定や「学問とは何か」、「大学とは何か」は、つまるところ「何のために生きるのか」という問いである。端的にいえば、自分の利益のみを求めるのか、他人（弱者）や社会への貢献を求めるのか、という、古今東西、どの社会にも存在し、どの人間にも問われている問題、したがって、どの宗教の教義にも必ず含まれている問題に帰着する。

歴史を大きく括れば、宗教が「自己の利益追求」や「経済の独走」を規制していた時代から、宗教による規範力が衰えて「自己の利益追求」が野放しになり、「経済の独走」が始まって、労働災害などの人間破壊や公害などの自然破壊を広範にもたらし始めた時に、学生への問題提起として登場したのが「自己否定」の思想であったということができよう。

とすれば、「自己否定」の思想は、現代における「共生」の思想とほぼ同一である。競争を重ねて他人よりも多くの利益を求めるような生き方ではなく、差別や格差を否定し、他人や社会に貢献し、共に支えあいながら生きることに喜びを見出すような生き方を迫ったのである。

共生と正反対の思想が新自由主義である。それは、「努力した者が報われる」ことが大切だとして、また、富める者による富の追求の成果が貧者にももたらされるとして、果てしない競争や差別・格差を正当化する。

いのちか経済か

現代のもう一つの大きな争点は、「いのち」か経済かをめぐる争いである。すなわち、経済よりも「いのち」、すなわち、健康・生命、環境、人権などの価値を重視すべきという思想と「いのちよりも経済」の思想との争いである。

当然のことながら、「共生」は「いのち重視」の思想と、「新自由主義」は「いのちよりも経済」の思想とそれぞれ親和性を持つ。

これらの争点は、現代日本の政治上の二大問題、消費税増税と原発問題にも端的に現われている。貧者により重く、輸出戻し税をつうじて大企業が潤う消費税増税か、それとも所得税・相続税等の累進課税強化かの争いは、新自由主義と共生の思想との争いにほかならない。また、原発の再稼働をめざすか、それともできるかぎり早期の原発ゼロをめざすかの争いは、いのちと経済のいずれを重視するかの争いにほかならない。

「いのちと共生」の国デンマーク

今日、再生可能エネルギー先進国として知られるデンマークは、「いのちと共生」を重視する社会でもある。

デンマークの国づくりの基本方針は、第一に「いのち」である。

人間が生きていくために必要不可欠なのは、食料と水とエネルギーである。オイルショックをつうじて食料・水・エネルギー自給の大切さに気づいたデンマークは、「いのち重視」を国づくりの第一の基準とした。その結果、食料自給率三〇〇%、エネルギー自給率一五五%の自給度を達成するとともに、飲料水を依存している地下水を汚染から守る現在のデンマークができあがったのである。

第二の理念は共生である。

デンマークの国民高等学校では「共生の精神」を育んでいる。

デンマークでは教育も医療も出産も基本的に無料である。競争がないわけではないが、弱者を大切にする。その代わりに、よく知られているように税金が高いが、「納めた分がかえってくる」と思われているので不満はあまりない。その背景には、国民と行政の信頼関係がある。

日本と比べて職場への帰属意識は薄く、この職場では自分が成長しないと感じると会社を変えたり、別の職種をめざして勉強し始めたりするが、次の職業につくまでの最大三年間の生活が保障される。職業を柔軟に変えることができて、かつ生活が保障されるこの制度の特徴は、安全性（セキュリティ）と柔軟性（フレキシビリティ）を組み合わせた、「フレキシキュリティ」という言葉で呼ばれている。会社の利益よりも、みんなが助け合いながら自分が自分らしく生きていくことが尊重されているのである。

第三の理念は地域住民主体である。

デンマークの風力発電の八割近くが個人・共同所有であり、その基盤を作ったのは市民である。二〇〇〇年四月まで風力エネルギーは地元のエネルギー資源、地元住民の固有の財産とみなされ、風力発電の所有者はその設置場所の市町村の居住者に限定されていた。この制度が、デンマークの風力発電導入をおおいに促進した。農民や市民は、個人で、あるいは協同組合を作って、風力発電を設置した。

風力発電だけではない。デンマークの工業化は、農民が協同組合をつうじて工業化の担い手となってきた歴史がある。乳製品やハム・ソーセージなどの食品加工はいうまでもなく、世界一の風力発電メーカーであるベスタスも農機具メーカカに端を発している。

デンマークは、いのち重視、共生、及び地域住民主体という見事な理念に基づいて幸福度世界一の国を創りあげたのである。（注17）

「いのちと共生」をめざせば、国際競争力が落ち、三流国に転落するとの新自由主義からの反論が予想されるが、皮肉なことに、デンマークをはじめとした北欧諸国は一人あたりＧＤＰでもはるかに日本よりも上位であり、また学力世界一の国も、デンマークと同様の国づくりをしてきたフィンランドである。その教育理念は「落ちこぼれをつくらない」、つまり、共生の思想に根差し、一人ひとりの個性を尊重し、その開花を促すような教育である。

「いのちと共生」をめざして

明治時代以来、日本は、官僚主導・上意下達で、まずは軍事大国をめざし、敗戦で挫折した。戦後は経済大国をめざしたが、バブルの崩壊で挫折した。バブル崩壊以降、経済低迷がつづくなかで、日本は、目標としていた「一人あたりＧＤＰ」の指標でも世界で二十位あまりに低下し、自信を失うとともに、どのような目標をめざせばよいか、わからなくなっている。

ひるがえってみて、日本は、明治時代以来、国づくりを根本的に間違えていたのだと思う。一人ひとりの人間の成長や人権を無視し、人間をコマのように扱う、官僚主導・上意下達の国づくりは、決して国民を幸福にしないばかりか、外国にまで迷惑を及ぼしてしまうのだ。そのうえ、軍事大国や経済大国を実現するうえでも限界があったのだ。

今後、日本を「いのちと共生」の国に変えていくには、おそらく、明治以来現代までの百年余りと同じ、あるいはそれ以上の時間を要するであろう。

そのような状況の中、若者を中心に、インターネットやツイッターやフェイスブックなどの新たな媒体をつうじて集まった民衆によるデモが各地で生まれている。消費税増税や原発をめぐって彼らが掲げている理念は、明確に「いのちと共生」である。そして、若者が手にした新しい媒体は、マスコミによる歪曲や洗脳に対抗し得る、これまでの運動になかった強力な武器である。

日本の歴史上初めて、国民大衆が権力に対して堂々と物申す運動が、若者を中心として生まれている。その運動が掲げている「いのちと共生」の理念は、これからの日本が進むべき道を的確に示しており、多くの国民の共鳴を得ている。「持続的社会の創造」という地球的課題にも適っている。この運動は、確実に日本をその方向へと転換させていく原動力になるであろう。

しかし、格差社会が進み、若者のなかの非正規社員が五〇％近くになった状況において、多くの若者が自由な意思表示を阻まれている現実もある。それどころか、日々の生活に追われて、考える余裕もない若者も少なくない。高賃金が内需を豊かにすることを考慮せず、賃金をコストとのみみなして、その切り下げをひたすら追求してきた新自由主義の財界・政治家がもたらした結果である。

他方で、四十年以上前、「帝大解体」・「自己否定」を打ち出した当時の若者たちは、その多くが、いま定年を迎え、企業などによる呪縛から解放されて、自由に意思表示でき、行動できる状況にある。

そしてまた、当時、左翼によって「日本帝国主義」などといった抽象的概念で語られていた、この国の支配層の実態が、今では、かなりの具体性をもって顕わになっており、それだけ闘いやすくなっている。

若かりし頃、燃やした情熱は、そう簡単に消え去るものではない。「帝大解体」・「自己否定」の思想の現代版ともいえる「いのちと共生」をめざした若者たちの運動に連なり、サポートする時が、当時の若者たちに、いま訪れている。

注

注1　久米三四郎『科学としての反原発』（七つ森書館、二〇一〇年）、二二五～二二六頁。
注2　その質問をベースにまとめたのが「結論先行の電気料金論批判」（『市民のエネルギー白書』、経済評論別冊）であり、拙著『過剰社会を超えて』（八月書館、一九八五年）に収録した。また、そこで展開した「原発の電気が石炭火力よりも高い」との論に関し、福島原発事故以降、たびたび問い合わせを受けたことが契機となってまとめたのが拙著『脱原発の経済学』（緑風出版、二〇一一年）である。
注3　問題を構造的にとらえる必要があることの例としてしばしば引き合いに出されたのは、労働者と医者の関係である。過酷な労働環境から病にかかった労働者を診断して治療すること自体は、医者として当然のことである。しかし、医者が、その都度、診断・治療を行なうだけで過酷な労働環境の改善に取り組まないとすれば、労働者が次々に病に侵されることを防げず、過酷な労働環境を補完することになってしまう、という事例である。ミクロ（局所的）には人間的な行為がマクロ（大局的）には悪しき構造を支えてしまうことを示す好例であろう。
注4　主要部分は前掲『過剰社会を超えて』に収録した。
注5　川辺川ダムを中止に、また荒瀬ダムを撤去に追い込んだ取り組みについては、三室勇・木本生光・小鶴隆一郎・熊

本一規『よみがえれ！清流球磨川』（緑風出版、二〇一一年）を参照。

注6　上関原発の工事を止めた取り組みについては、前掲『脱原発の経済学』第3章2を参照。

注7　「強制収用がある」との反論があるかもしれないが、漁業権に関しては、強制収用すれば事業者は自分で自分の首を絞めるような結果を招くだけである。その理由は、土地の場合には、強制収用すれば事業者が土地所有権を取得するのに対し、水面の場合には、水面上にある権利を強制収用しても、水面は公共用水面（海、川など公共の福祉の維持増進を目的として一般公衆の共同使用に供される水面）のままだからである。詳しくは、前掲『よみがえれ！清流球磨川』第3章二を参照。

注8　その理由は、一つには、現代日本の裁判所は、行政や電力会社を相手にした訴訟では、必ず権力側に付くからである。というよりも、より正確には、裁判所自体が権力そのものだからである。第二の理由は、訴訟をすると、「係争中」を口実に事業者が一切の交渉に応じなくなることが多いからである。裁判所が密室審議で一方的に判決を出せるのに対し、行政や電力会社は、一応、交渉や話し合いに応じざるを得ない。交渉をつうじて緻密につめれば、法的には必ず勝てるのであるから、訴訟をすることは、わざわざ事業者に逃げ道を与えるようなものである。第三の理由は、いうまでもなく、訴訟にはお金も労力もかかるからである。荒瀬ダムの撤去をはじめ、埋立・ダムを止めた十数件の事例は、いずれも、訴訟をしない方法で勝ち取った（前掲『よみがえれ！清流球磨川』第5章を参照）。

注9　中西準子『環境リスク学――不安の海の羅針盤』（日本評論社、二〇〇四年）二四一頁。

注10　私の古くからの知人であった那覇市のH氏は、そんな宇井氏の発言を聞いても、「だから、宇井氏が関わられている白保の運動は勝つんだ」と喜んでいた。

注11　その後一度だけ、宇井氏からアプローチがあった。沖縄大学から東京に戻られた頃、宇井純・坂東克彦共編『戦後日本公害事件資料集成　坂東克彦史料』（柏書房、二〇〇三年）の出版記念会が開かれたが、その数日前に柏書房の方が私の研究室を訪ねて、「出版記念会に出席してほしい」旨の宇井氏からの要請を伝えられたのであった。一晩熟慮したが、丁重にお断りした。

注12　この主張が誤りであることについて、詳しくは前掲『脱原発の経済学』第1章を参照。

注13　その後に「ただし、地元はこれから徹底的に切り崩します」と宣言された。柏原地区の三銃士の一人T氏が住民から怪しまれる言動をとるようになったのは、それから間もなくのことであった。

注14　高木仁三郎『市民科学者として生きる』（岩波新書、一九九九年）

注15　詳しくは、前掲『よみがえれ！清流球磨川』を参照。

注16　小沢一郎氏が長期にわたって被告とされた陸山会事件は、結局のところ、単に政治資金収支報告書への記載の期ズレ（代金を支払い、仮登記をした年の報告書に記載せず、本登記の年の報告書に記載した）だけの問題にすぎなかった。にもかかわらず、小沢氏があれほどまでにマスコミ・検察・司法から叩かれたのは、小沢氏が政治家・官僚・財界・学界・報道及びその背後にいる米国から構成される現在の支配層に闘いを挑んでいる政治家だからである――そのような認識から、二〇一〇年秋以降、市民によるデモが行なわれるようになり、その動きが福島原発事故や原子力村によって増幅されて、今日では、毎週金曜日に国会周辺で脱原発デモが行なわれているうえ、時には数十万人規模のデモが行なわれるようになっている。

福島原発に関しても、東京電力や国にも直言を重ね、「闘う知事」として福島県で絶大な人気を誇っていた佐藤栄佐久元福島県知事は、建設会社からの収賄容疑で逮捕され、起訴された。公判では有罪とする根拠がすべて崩れたが、高裁判決は「収賄額ゼロの有罪」という世にも奇妙な判決となった。収賄の容疑は晴れたものの、そのときには佐藤栄佐久氏は既に政治生命を失っていた。

注17　詳しくは、前掲『脱原発の経済学』第4章3（3）を参照。

あとがき

二〇一一年三月の東日本大震災と原発事故で言葉を失った経験を忘れないようにしたい。荒れはてた廃墟を前にして、何かが間違っていたのではないかと私たちは考えた。とくに原子力発電について、いくつもの疑問が生じた。科学者たちはこのような事故を起こさないために何をしてきたのだろうか、反原発の運動が原発を止められなかったのはなぜだろうか、多くの人々が重大事故は起きないかのように思い込んでいたのではないか。そのような問いから、原子爆弾が落とされて廃墟が拡がった第二次世界大戦後の歴史を振返り、一九六八〜六九年の東大闘争に焦点を結んだ。

東大闘争でも原発事故でも、問われたのは同じようなことだった。第一に科学者の責任。科学者は、学生処分であれ原発事故であれ、都合の悪い事実を直視しなければならないのに、肝腎なところで見逃したりごまかしたりした。第二に運動の困難。大学の不当処分を撤回させる運動も、危険な原発を止める運動も、いつか少数の者が支えなければならなくなったが、ムラ的な利益の構造が強固だったからだ。第三に秩序の神話。東大闘争では、学生の問いにはまともに答えないで、授業さえ再開すれば大学の秩序は回復するという神話があり、機動隊の力によって正常化が進められた。原発事故でも、重大事故は絶対に起きないという安全神話がつくられ、国策の威力と電力業界の財力によって人々の意識に浸透させられた。

本書の主な執筆者は、そのような科学者と運動と神話を早くから問い直してきた。本書では、それぞれの東大闘争の経験（あるいは追体験）を出発点とし、それからの歩みを振返りながら、原発事故の問題までを考えてきた。この「あとがき」では、四人の原稿を読み返して、本書が試みたことを明らかにしたい。本書の構成は、東大闘争を経験した二人の原稿を前後の柱とし、追体験した二人の原稿を間に置いた（第一章を補足する原稿を第二章とした）が、ここでは章立ての順にではなく、東大闘争の経験順に記す。

折原浩は、東大闘争における一教師として、全共闘の主張の基本的な正しさを認め、東大当局の事実誤認と隠蔽を批判して、六九年三月からの授業再開を拒否したが、本書第一章「授業拒否とその前後——東大闘争へのかかわり」でそのことを自ら総括している。争点だった医学部と文学部の学生処分を詳細に検討して、東大当局や法学者が「理性の府」の神話と権威にとらわれて、事実誤認のうえに強弁と隠蔽を重ねたことを改めて論証している。東大当局は七項目要求を大部分受諾したのに全共闘は闘争をやめなかったという見方は当時もあったし今もある（たとえば小熊英二『1968』）が、当時折原が文学部処分の事実誤認を感知し論証したにもかかわらず、その見方が一種の伝説として流布した結果、全共闘が七項目要求のうち二つの学生処分撤回に固執したのはなぜかが蔽い隠されてきたからだろう。また折原は、原発御用学者の欺瞞の言語として「東大話法」を問題とした最近の著作を評価しているが、同じような欺瞞の言語が当時から用いられていたこと、折原がその欺瞞を論証しても改められないできたことも示している。

折原の授業再開拒否は、日本社会では生じにくい組織の内部告発や内部批判の重要な実例だった。それを支えたものは何か、首を切られなかったのはなぜか、同僚から警告や脅かしはなかったのかが、折原の論述から読みとれる。折原は、三年半の授業拒否闘争を「敗北」の二字にまとめているが、ただ孤立した闘いを続けたのではなく、駒場の連続シンポジウムで東大闘争を語るとともに、教育・差別・公害にかかわる運動をし、各大学で抵抗する教員と連帯して共済基金組合を構想してもいた。七二年秋からの授業再開後の論述は短いが、折原がかつて授業を拒否したことを知らない学生にも、また、のちに有名になる学生にも、ならない学生にも、折原の授業は強い印象を残した（たとえば『一冊の本』〇一年八月号の岡田克也、『論座』〇四年十月号の山口二郎）。しかも折原は、教授会に復帰してからも、組織内部で理非曲直を明らかにする闘いを継続した。

折原は、授業拒否前後の記述を削ぎ落として、生涯の先達としたヴェーバーの科学論や合理化論に原稿の末尾を割いている。そこでは、目的に対する手段の選択、結果の予測、目的の意義の反省という科学の三権能にもとづいて、科学知による責任倫理が要請され、また、真理を探究する科学と効率に仕える技術との緊張を前提として、技術を批判する科学本来の使命が説かれている。折原が東大闘争に深入りしていったのは、六八年六月下旬のゼミで、いまヴェーバーの著作の整合的な解釈について文献上の詮索に耽っている時かと問うた学生（聞くところでは近藤和彦）に応えようとしたからだった。また、対立する大学当局と学生との双方の主張を「価値自由」に比較対照するヴェーバーの社会科学の方法からでもあった。『ヴェーバーとともに四〇年』は九六年の折原の著書だが、この原稿でも折原は一貫して「ヴェーバーとともに」考えており、「特異技術」としての原発の廃棄を展望している。

第四章「東大闘争から『いのちと共生』へ」は、東大闘争を新入生として経験した熊本一規が、七〇年代から各地の反公害・反開発の住民運動を支えてきた貴重な記録である。熊本は、六八年にはクラス連合の一員として活動したが、六九年一月以後、全共闘が後退期に入ったとき、その理念に共鳴した。全共闘の批判を受けとめた折原に触発され、授業再開に屈した自分の生き方への問いもあって、やがて解放連続シンポジウム「闘争と学問」に参加した。その事務作業を中心になって担った熊本は、反公害運動や労働運動、農民運動に取り組むなかで、「日常ばなれ」した「官製科学」とは正反対に、「生活者の生きる知恵や生きる力を強める科学」として「土法科学」をつくろうとした。七六年から志布志湾開発に対抗する運動に入ってからは、「漁民・住民が握る学問」としてそれを具体化していった。開発を止めるのに有効なのは技術論ではなく法律だと会得した熊本は、行政に苦しめられる住民の側に立って、行政と一体化した司法には期待せず、入会的権利を堅固なものにする総有の理論を切り拓いてきた。

熊本が記すように、黎明期の反原発運動は、学園闘争と関連して生まれたものが多い。七〇年代に反公害・反開発の住民運動が各地で高まったのは、高度経済成長の矛盾が露呈したからだが、当時は公害問題に取り組むことが反社会的行為とみなされがちであり、学園闘争の志を貫く者がいなければ難しかった。そのなかから反原発の運動を担う人たちが出て、原発推進派の東大教授を追及したし、京大の熊取六人衆のように結束して、今日まで闘いつづける人たちもいる。もっとも当時の学生からは、政官財学の原子力ムラに巣食う御用学者も出たし、住民運動の内部にも私利私欲の者がいたとか、運動を支援する学者に傲慢な者がいたとか、開発側の官僚にも立派な人がいたとか、案外な事実も隠さずに記している。熊本自身は、八七年に明治学院大学の教員になるまで大学に属さず、現場の漁民・住民に貢献できる研究をしてきたが、その独力の闘いは注目に値する。

その熊本からすれば、四十年余り前の学園闘争で、学問とは何か、大学とは何かと問うたことはないものねだりであり、「大学知らず」「学者知らず」だったという。学者の多くは、「よい論文」を書いて学界で認められたいだけだからだ。この痛烈な批判は、論文が書けなくて苦しんでいる者にはこたえるが、原子力の学界では「よい論文」の神話がとくに強いだろう。原子力ムラと同様の構造はどの学界にもあり、学者は保身と上昇志向から御用学者の道を歩みがちであり、それは明治以来「一部の特権層によって支配され、抵抗者や多くの弱者が抑圧されている日本社会の構造」の一部だという。その支配の構造と闘う熊本は、二〇一一年には『脱原発の経済学』

を書いて、原発の安全神話と安価神話を批判し、脱原発社会を構想してきた。

第三章「『主張することと立証すること』から原子力情報の公開を求めて」は、東大闘争のころ中学生だった三宅弘が、大学入学の七二年に折原の授業再開に遭遇し、のちに弁護士として情報公開制度を開拓するとともに、早くから原発問題に取り組んできた軌跡をくっきりと描いている。三宅は、高校で東大闘争における自己否定の論理を知り、生地近くの大飯原発誘致反対運動を見聞していたが、東大に入って何を学んだか、とくに折原ゼミでどのように東大闘争を追体験したかを振返るなかに、七〇年代の一学生の模索を再現している。政治学専攻を志望していた三宅が、自己否定的なテクノクラートとしての法律実務家をめざす方向に転換したのは、折原の著書『東京大学――近代知性の病像』贈呈に対する七四年一月八日の丸山書簡を見たのがきっかけだった。

八三年に弁護士になった三宅は、原子力情報の公開を視野に入れて、情報公開法を制定する運動に取り組んできた。情報公開制度は八〇年代に徐々に地方自治体に拡がっていたが、日本の政官業の癒着構造の強さからして、政府の行政機関が国民の知る権利を認めるなど想像を絶することだった。それゆえ三宅らが着実に運動して、九九年の情報公開法制定に漕ぎつけたことは歴史に残る。その運動のなかにも、全共闘の人たちがいたという。東日本大震災時の政府の議事録不作成問題とも取り組んだ三宅は、原発事故を再び起こさせないためにも原子力情報の公開を求め、そのためにも情報公開法の改正を説いている。熊本も指摘するように日本では司法と行政とは一体であり、とくに原発を止めるのに裁判は全く役に立たなかった。原発事故以降の司法と法学者のあり方、科学と学問のあり方を論じる三宅は、生地の福井に根を下ろして原発を裁こうとしている。

第二章「さまざまな不服従」で清水靖久は、折原の授業再開拒否を主に論じながら、造反教官と当時呼ばれた教員たちが各地の大学で選んだ不服従についても調べて記した。大学入学から四十年、語るに足る軌跡が清水にないからだが、六九年の不服従の事実を知ることが今後の脱原発の運動に役立つからでもある。そのとき折原が企てていたことは何か、授業拒否がどのように見られていたのかをほぼ当時の文献だけによって記している。丸山眞男の見方に触れたのは、東大紛争での彼の言動を理解したいからでもあり、彼と出発点を同じくしたように見える折原との関係が鍵であることは、なぜかほとんど触れられてこなかった。七四年一月八日の丸山の折原宛書簡から衝撃を受けたのは三宅だけではないが、それを論じるのはまだ清水の手に余る。

本書が試みたのは、東大闘争を出発点として原発事故の問題までを考えることだった。東大闘争後の数年間の記述に終始した原稿もあるが、それぞれに四十年余りの歩みを振返った。その出発点には東大闘争があり、とくに折原の授業再開拒否の闘いがあった。熊本や三宅は、折原とは異なる領域で闘ってきたが、やはり折原の闘いに促されていた。それは、学者の責任を問い、運動の困難を支え、秩序の神話を砕くものであり、原発への依存を止めるものだろう。大学闘争を経験し追体験した人たちは、本書の四人の執筆者に限らず、廃墟からの問いを共有する者が少なくなかった。今後は、もっと広い範囲の当事者に語ってほしい。大学闘争を闘った人たちが語り出すとき，ともに歴史をつくっていくことができるだろう。

本書の出版は、環境・エコロジー・人権などの問題に取り組む出版社として知られる緑風出版にお願いした。本書第四章で触れたように、同社社長の高須次郎氏もまた、早稲田大学で学園闘争を経験し、その志を抱き続けておられる方である。厳しい出版事情のなか、本書の出版を快く引き受けてくださった高須次郎氏、また編集・装丁を担当してくださった高須ますみ氏および斎藤あかね氏に心からお礼申し上げる。

（清水靖久、二〇一三・六・二七）

[著者略歴]

折原 浩（おりはら ひろし）

1935 年 東京に生まれる。1964 年 東京大学大学院社会学専攻単位取得退学。1965-96 年 東京大学教養学部、1996-99 年 名古屋大学文学部、1999-2002 年 椙山女学園大学人間関係学部 教員。専門は社会学。著書『危機における人間と学問』（未来社、1969 年）、『デュルケームとウェーバー』（三一書房、1981）、『ヴェーバー「経済と社会」の再構成』（東大出版会、1996）、『マックス・ヴェーバーにとって社会学とは何か』（勁草書房、2007）、『マックス・ヴェーバーとアジア』（平凡社、2010）他。

熊本一規（くまもと かずき）

1949 年 佐賀県小城町に生まれる。1973 年 東京大学工学部都市工学科卒業。1980 年 東京大学工系大学院博士課程修了（工学博士）。現在、明治学院大学教授。ごみ問題で市民サイドからの政策批判を行なうとともに、埋立・ダム・原発で漁民・住民のサポートを続けている。著書『日本の循環型社会づくりはどこが間違っているのか？』（合同出版、2009 年）、『海はだれのものか』（日本評論社、2010 年）、『脱原発の経済学』（緑風出版、2011 年）、『がれき処理・除染はこれでよいのか』（共著、緑風出版、2012 年）など多数。

三宅 弘（みやけ ひろし）

1953 年 福井県小浜市に生まれる。1978 年 東京大学法学部卒業。1993 年 筑波大学経営・政策科学研究科修士課程修了。総務省・情報公開法の制度運営に関する研究会委員、日本弁護士連合会・情報問題対策委員会委員長、内閣府・行政透明化検討チーム座長代理などを歴任。現在、弁護士、獨協大学法科大学院特任教授、内閣府・公文書管理委員会委員。著書『情報公開ガイドブック』（花伝社、1995 年）、『情報公開法解説』第 2 版（共著、三省堂、2003 年）、『情報公開を進めるための公文書管理法解説』（共著、日本評論社、2011 年）など。

清水靖久（しみず やすひさ）

1954 年 広島県三原市に生まれる。1984 年 東京大学大学院法学政治学研究科退学、九州大学教養部で社会思想史担当。現在は九州大学大学院比較社会文化研究院で日本政治思想史を研究教育している。著書『野生の信徒 木下尚江』（九州大学出版会、2002 年）。論文「丸山眞男、戦後民主主義以前」（『法政研究』2011 年 12 月）など。

shimizuy@scs.kyushu-u.ac.jp

東大闘争《とうだいとうそう》と原発事故《げんぱつじこ》——廃墟《はいきょ》からの問《と》い

2013年8月15日　初版第1刷発行　　定価2500円＋税

著　者　折原浩・熊本一規・三宅弘・清水靖久 ©

発行者　高須次郎

発行所　緑風出版
〒113-0033　東京都文京区本郷2-17-5　ツイン壱岐坂
［電話］03-3812-9420　［FAX］03-3812-7262［郵便振替］00100-9-30776
［E-mail］info@ryokufu.com［URL］http://www.ryokufu.com/

装　幀　斎藤あかね
制　作　R 企 画　　印　刷　シナノ・巣鴨美術印刷
製　本　シナノ　　用　紙　シナノ・大宝紙業　　E1000

Printed in Japan ……………………………………… ISBN978-4-8461-1316-2　C0036

◎緑風出版の本

■全国どの書店でもご購入いただけます。
■店頭にない場合は、なるべく書店を通じてご注文ください。
■表示価格には消費税が加算されます。

脱原発の経済学

熊本一規著

四六判上製
二三二頁
２２００円

脱原発すべきか否か。今や人びとにとって差し迫った問題である。原発の電気がいかに高く、いかに電力が余っているか、いかに地域社会を破壊してきたかを明らかにし、脱原発が必要かつ可能であることを経済学的観点から提言。

終りのない惨劇
チェルノブイリの教訓から

ミシェル・フェルネクス／ソランジュ・フェルネクス／ロザリー・バーテル著／竹内雅文訳

四六判上製
二一六頁
２２００円

チェルノブイリ原発事故による死者は、すでに数十万人だが、公式の死者数を急性被曝などの数十人しか認めない。ＩＡＥＡやＷＨＯがどのようにして死者数や健康被害を隠蔽しているのかを明らかにし、被害の実像に迫る。

わたしの消費者運動
野村かつ子評論集

野村かつ子著／石見尚編

四六判上製
三一八頁
２８００円

日本の消費者運動を常にリードし、その可能性を追求し続けた著者の思索と実践による評論集。本書は、戦中・戦後から現代まで、日本の消費者運動の形成の過程の歴史的な貴重かつ生きた証言である。運動関係者必読の書。

放射性廃棄物
原子力の悪夢

ロール・ヌアラ著／及川美枝訳

四六判上製
二三二頁
２３００円

過去に放射能に汚染された地域が何千年もの間、汚染されたままであること、使用済み核燃料の「再処理」は事実上存在しないこと、原子力産業は放射能汚染を「浄化」できないのにそれを隠していることを、知っているだろうか？